Tarot divinatoire des cristaux - MÉTHODES & INTERPRETATIONS DES TIRAGES DE CARTES

Chemin des Chalets 7, 1279 Chavannes-de-Bogis, SUISSE.
www.editions-ambre.fr ou .ch
contact@editionscheminsdevie.ch

Maquette, mise en page, photomontages et illustrations : © Reynald Boschiero
Crédit photographique : © Reynald Boschiero
L'auteur et l'éditeur ne sont pas parvenus à identifier les ayants droits de certaines illustrations qui participent aux planches photographique de cet ouvrage. S'ils existent, ils sont priés de se faire connaître auprès de l'éditeur.

ISBN : 978-2-940594-58-0

Achevé d'imprimé par PulsioPrint, Europe. Dépôt légal 2e trimestre 2022

Reynald Georges BOSCHIERO

TAROT DIVINATOIRE DES CRISTAUX

MÉTHODES & INTERPRÉTATIONS DES TIRAGES DE CARTES

avec la collaboration de
Chrystelle MILLET
pour les guidances

AMBRE
EDITIONS

Avant-propos

Beaucoup de mes lecteurs connaissent la démarche rigoureuse qui m'a conduit à développer une approche méthodique dans le domaine de la lithothérapie afin de la rendre plus efficace dans un but thérapeutique. Certains seront surpris que j'en revienne à des origines plus ésotériques de la lithothérapie en publiant ce **TAROT DIVINATOIRE DES CRISTAUX.**

Il est vrai que lorsque j'avais commencé à étudier ce projet en 2008, je l'avais envisagé prioritairement comme un jeu ludique (utilisable par exemple comme un « Jeu des sept familles », avec un but éducatif car il permettrait de reconnaître de nombreuses pierres). Parfaitement conscient qu'il s'écartait de ma démarche thérapeutique, je l'avais mis de côté et presque oublié dans les dédales de mon ordinateur.

Cependant, après de longues discussions avec des amis plus intéressés par des thèses ésotériques que par mes références scientifiques, j'ai décidé de l'exhumer après 13 ans d'oubli alors qu'il avait mûri dans mon esprit sans que je m'en sois réellement rendu compte.

Je me suis donc remis au travail pour structurer de jeu, enrichir les images et expérimenter des méthodes de tirages de cartes. C'est pendant cette période que j'ai pris conscience qu'il pouvait avoir une réel intérêt dans les arts divinatoires grâce au soutien que m'ont apporté des ami(e)s voyantes, médiums, astrologues et bien d'autres personnes dont la sensibilité et les ressentis ont mis en valeur les réelles qualités de ce jeu.

Le jeu a été édité en octobre 2021 avec un petit fascicule explicatif qui ne demandait qu'à être développé et précisé. C'est l'objet de ce manuel qui décrit avec soin les méthodes et les interprétations des tirages de cartes avec ce **TAROT DIVINATOIRE DES CRISTAUX**.

Ces méthodes ne sont pas limitatives: seule votre imagination vous permettra d'en développer de nouvelles, peut-être plus originales et plus précises. C'est pourquoi j'ai ouvert un groupe de discussions sur Facebook dans lequel vous pourrez ajouter vos commentaires et vos créations en matière de tirages de cartes avec ce jeu. Connectez-vous sur: **https://www.facebook.com/groups/510449150035840**.

Bien entendu, ce jeu n'est pas destiné à se substituer à une approche thérapeutique développée par un professionnel agréé par l'Institut Fédératif Européen de la Lithothérapie (IFEL).

J'espère que vous prendrez beaucoup de plaisir à exercer vos capacités divinatoires avec ce jeu.

Reynald Georges BOSCHIERO

Les principes d'analyse

Contrairement à la plupart des tarots divinatoire et oracles que l'on trouve dans le commerce, l'analyse des lames du **TAROT DIVINATOIRE DES CRISTAUX** ne repose pas seulement sur des concepts empruntés au symbolisme mais surtout sur des données plus objectives qui correspondent aux travaux que j'ai menés sur la lithothérapie à but thérapeutique depuis plus de trente-cinq ans.

Les fonctions du chakra correspondant

Les chakras sont de centre d'échanges énergétiques entre le corps physique et l'environnement. Lorsque les énergies véhiculées par chacun de vos chakras est fluide, bien équilibrée et harmonieuse entre tous les chakras, vous n'avez que très peu de problèmes dans votre vie. Hélas, il est rare d'atteindre en permanence un équilibre parfait: les circonstances de la vie se font un malin plaisir de rompre cet équilibre. Chaque carte présente en partie supérieure l'image du chakra qui correspond à la pierre que vous avez tirée. Or, chaque chakra présente des caractéristiques bien spécifiques dont votre analyse doit tenir compte car le chaque carte présente en partie supérieure l'image du chakra qui correspond à la pierre que vous avez tirée. Or, chaque chakra présente des caractéristiques bien spécifiques dont votre analyse doit tenir compte car le simple fait de tirer une carte qui représente un chakra signifie que ce chakra est très probablement en carence énergétique. Il vous faudra donc essayer d'augmenter son taux vibratoire.

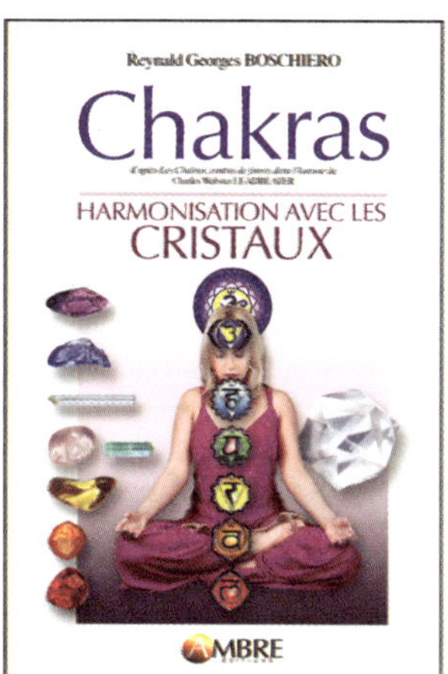

Si nous répétons systématiquement un résumé des caractéristiques de chaque chakra pour chacune des pierres, c'est pour vous simplifier l'analyse de votre tirage en disposant d'une vue complète sur la significa tion de la pierre que vous avez tirée.

Si vous désirez approfondir votre connaissance du fonctionnement des chakras et correctement les harmoniser, nous vous recommandons un livre très complet: ***CHAKRAS - Harmonisation avec les cristaux*** (Ambre éditions).

Les propriétés énergétiques de la pierre

Elles sont fondamentales pour bien interpréter votre tirage.

Chaque pierre dispose de propriétés particulières qui agissent sur différents plans : physiologique (votre santé), psychologique (votre comportement dans votre environnement social), spirituel (vos croyances en termes de religion ou d'ésotérisme). Vous trouverez certainement dans ces descriptifs des traits caractéristiques qui vous concernent sur un ou plusieurs de ces plans. Vous devrez en tenir compte afin d'interpréter correctement votre tirage.

Ces résumés sont tirés du ***Dictionnaire de la Lithothérapie*** (Ambre éditions). N'hésitez pas à vous le procurer plus d'informations sur les pierres.

L'oligoélément utile

Toutes les pierres naturelles contiennent des oligoéléments. Ces oligoéléments sont indispensables au bon fonctionnement de votre métabolisme. Ils sont une garantie de votre bonne santé.

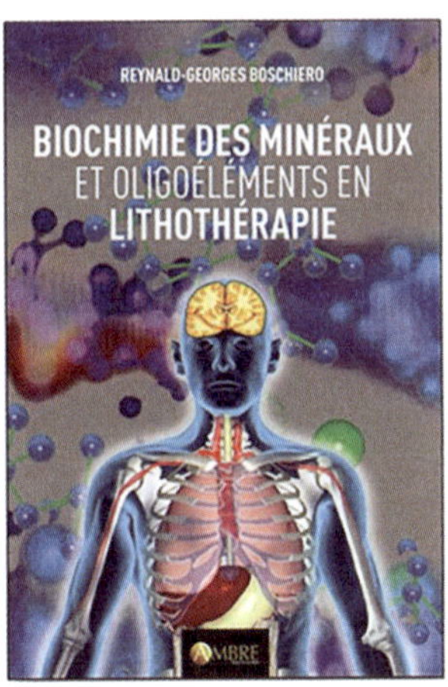

Toutes les pierres naturelles contiennent des oligoéléments. Ces oligoéléments sont indispensables au bon fonctionnement de votre métabolisme. Ils sont une garantie de votre bonne santé.

Mais toutes les pierres ne permettent pas de ménager ces équilibres. Vous verrez dans les descriptifs de chaque carte certaine pierres qui ne sont pas particulièrement utiles pour renforcer ces équilibres.
Il est cependant indispensable de bien connaître l'action des oligoéléments afin d'interpréter correctement votre tirage de carte.

Pour tout savoir sur les oligoéléments et leurs actions sur le métabolisme, nous vous recommandons ce livre : ***Biochimie des minéraux et oligoéléments en Lithothérapie*** (Ambre éditions).

Les conclusions des experts

Il est évident que pour tirer des conclusions cohérentes de votre tirage, il est indispensable de tenir compte de l'ensemble des informations que votre carte contient:
- Les fonctions du chakra correspondant.
- Les propriétés énergétiques de la pierre.
- L'oligoélément utile.

C'est à partir de ces éléments que vous pourrez établir votre synthèse et interpréter correctement votre tirage, mais en matière d'arts divinatoires, ce n'est jamais suffi sant: encore faut-il se sentir bien connecté spirituellement.

Deux experts se sont penchés sur le problème afin de pouvoir vous proposer une guidance:

• **Reynald Georges BOSCHIERO**, pionnier de la Lithothérapie, auteur de nombreux ouvrages sur la Lithothérapie, conférencier et formateur, créateur du **TAROT DIVINATOIRE DES CRISTAUX.**

• **Chrystelle MILLET**, naturopathe, géobiologue, énergéticienne, praticienne en Lithothérapie, formatrice en Lithothérapie agréée par l'Institut Fédératif Européen de la Lithothérapie (IFEL). Elle anime chaque année de nombreux stages pour vous initier et vous perfectionner aux soins par les pierres.

TAROT DIVINATOIRE DES CRISTAUX

I

DESCRIPTION & SIGNIFICATION DES CARTES

JE SUIS

La carte nominative

Elle symbolise la volonté d'élévation, aussi bien sur le plan physique ou matériel que dans le domaine de la spiritualité, ainsi que dans l'ensemble de l'environnement social : famille, amis, collègues de travail, rencontres aléatoires, etc.

C'est la carte qui vous représente si vous réalisez un tirage de carte pour vous-même ou la carte qui symbolise la personne pour laquelle vous tirez les cartes.
Elle est d'une grande importance car elle permet de représenter symboliquement la personne.
En la positionnant systématiquement en partie supérieure du tirage, quelque soit la configuration, elle imprègne de ses énergies l'ensemble de la table, y compris la personne qui tire les cartes car elle établit une connexion avec le sujet. Il suffit que le sujet se concentre sur cette carte pendant une petit minute pour bien l'imprégner des ses énergies.
Elle place alors la personne qui tire les cartes dans de bonnes conditions de réceptivité des énergies de son sujet. Elle oriente les conclusions dans la bonne direction et affine la guidance.
Lors de certains tirages élaborés, elle est l'élément central du jeu.

PAIX• ÉQUILIBRE•HARMONIE

Première carte universelle

Cette carte symbolise l'équilibre énergétique et une circulation fluides des énergies sur l'ensemble du canal de circulation des énergies. Elle est donc un gage de bonne santé sur tous les plans, matériels et spirituels.

Elle n'est cependant pas facile à interpréter, particulièrement lorsque l'on fait un tirage de cartes pour soi-même car les conclusions pourraient bien être diamétralement opposées: est-ce réellement le constat d'un équilibre parfait ou est-ce un besoin de retrouver un équilibre qui a été rompu par des circonstances particulières de la vie?

Lorsqu'une personne pratique un autotirage de cartes, il est préférable que cette personne soit dans un haut niveau de conscience et de sagesse pour interpréter correctement cette carte.

Si vous ne vous en sentez pas capable, si vous avez des doutes et des hésitations, il est préférable de faire appel à une autre personne en laquelle vous avez confiance pour interpréter correctement ce tirage.

FORCE•PROTECTION ENRACINEMENT

Seconde carte universelle

Cette carte symbolise la puissante protection de la Terre-Mère, le courage et la force que l'on peut puiser en son sein.

Comme c'est le cas de la première carte universelle «Paix•Equilibre•Harmonie», elle n'est pas facile à interpréter, particulièrement lorsque l'on fait un tirage de cartes pour soi-même car les conclusions pourraient bien être diamétralement opposées : est-ce réellement le constat d'une protection absolue contre tous les revers de la vie ou est-ce un besoin de mettre en place un encacinement qui pourra vous protéger contre les aléas de la vie en vous donnant la force et le courage de réagir ?

Lorsqu'une personne pratique un auto-tirage de cartes, il est préférable que cette personne soit dans un haut niveau de conscience et de sagesse pour interpréter correctement cette carte.

Si vous ne vous en sentez pas capable, si vous avez des doutes et des hésitations, il est préférable de faire appel à une autre personne en laquelle vous avez confiance pour interpréter correctement ce tirage.

CARTE N°10
GRENAT

Les fonctions du chakra correspondant : Chakra Racine

Les fonctions du chakra racine sont presqu'exclusivement physiques et concernent tout ce qui est dur dans notre corps : les os, le squelette et ses articulations, les dents, les ongles et les cheveux.

En cas de carence en énergies au niveau du chakra racine, nous constatons des diarrhées fréquentes, des problèmes osseux ou dentaires, des douleurs articulaires, des problèmes de dos, une mauvaise circulation sanguine dans les jambes, des varices, les pieds froids et une sensibilité accrue aux risques inflammatoire et microbiens.
Lorsqu'il y a une carence en énergies au niveau du chakra racine, nous avons des gens qui manquent sérieusement de dynamisme, de confiance en eux, Ils sont paresseux et n'aiment pas les exercices physiques qu'ils ne les pratiquent pas, ou trop peu. Ils sont velléitaires et vivent d'étranges état d'irréalité. Ils sont rêveurs, étourdis, distraits, manquent de mémoire, sont apathiques, souvent somnolents mais leur sommeil n'est jamais totalement réparateur. Leur instabilité professionnelle ou familiale les incite à avoir de fréquents désirs de déménagement ou à se replier sur eux-mêmes dans le contexte familial, à s'isoler. Leur laisser-aller peut les conduire à négliger leur hygiène corporelle élémentaire. Ils accumulent des problèmes matériels qu'ils sont incapables de résoudre : en les éliminant de leur conscience, ils s'imaginent qu'ils vont les faire disparaître. De ce fait, ils subissent en permanence un sentiment d'insécurité.

Les principales propriétés énergétiques de votre pierre

Le grenat rouge (almandin ou pyrope) régule les troubles du cœur, la tension artérielle et la circulation sanguine (chakra du cœur). C'est une excellente pierre pour compenser les insuffisances veineuses (mains ou pieds froids, jambes lourdes…).
Le grenat rouge (almandin ou pyrope) régule les troubles du cœur, la ten-

sion artérielle et la circulation sanguine (chakra du cœur). C'est une excellente pierre pour compenser les insuffisances veineuses (mains ou pieds froids, jambes lourdes...).
Stimulation et régulation du cœur, purification du sang, force, courage et détermination, sens des réalités sont ses principales qualités.
Il donne la force et le courage de lutter contre les maladies face auxquelles on a déjà eu tendance à baisser les bras. Ce courage va se manifester par un regain de dynamisme qui fera obstacle aux dépressions nerveuses et aux tendances à la neurasthénie qui sont souvent consécutives à un renoncement psychologique.
Il peut aider à s'engager pour une cause, à construire et réaliser un projet personnel : c'est une pierre d'engagement qui écarte les idées déviantes

Fe

L'oligoélément utile : le fer (Fe)

Le fer est l'élément le plus abondant sur Terre. Il est aussi l'oligoélément le plus présent dans le corps humain.
L'hémoglobine du sang est une protéine qui contient un complexe ferreux. C'est ce fer qui permet aux globules rouges de transporter l'oxygène des poumons aux organes, leur permettant ainsi d'assurer leurs fonctions, et aux muscles qui vont stocker l'oxygène grâce à la myoglobine avant de le brûler lors des efforts physiques.
Le fer est facilement assimilable lorsqu'on est à jeun, même avec une faible quantité absorbée. La carence en fer est très courante. Sa manifestation la plus connue est l'anémie, mais d'autres symptômes en sont souvent révélateurs : fatigue et moindre résistance à un effort physique prolongé, tendance à la somnolence diurne et à l'apathie, diminution des capacités intellectuelles, difficultés de concentration, distraction, plus grande vulnérabilité face aux risques infectieux.
Ces symptômes se rencontrent souvent chez les enfants, les femmes en période de grossesse ou de ménopause et les personnes âgées. La carence en fer peut entraîner l'apparition de varices et d'hémorroïdes, des problèmes au niveau du système digestif, des risques d'accouchement prématuré, voire de malformation du fœtus.

CONCLUSIONS

Il se peut que ayez une insuffisance veineuse.
On peut supposer que vous êtes à l'aube de la réalisation d'un projet personnel mais que des événements extérieur bloquent ou retardent sa réalisation. Le grenat rouge (pyrope ou almandin) pourrait vous être utile. Il vous permettra de lever les blocages et les freins en passant à l'action.

CARTE N°11
HÉMATITE

Les fonctions du chakra correspondant : Chakra Racine

Les fonctions du chakra racine sont presqu'exclusivement physiques et concernent tout ce qui est dur dans notre corps: les os, le squelette et ses articulations, les dents, les ongles et les cheveux.

En cas de carence en énergies au niveau du chakra racine, nous constatons des diarrhées fréquentes, des problèmes osseux ou dentaires, des douleurs articulaires, des problèmes de dos, une mauvaise circulation sanguine dans les jambes, des varices, les pieds froids et une sensibilité accrue aux risques inflammatoire et microbiens.
Lorsqu'il y a une carence en énergies au niveau du chakra racine, nous avons des gens qui manquent sérieusement de dynamisme, de confiance en eux, Ils sont paresseux et n'aiment pas les exercices physiques qu'ils ne les pratiquent pas, ou trop peu. Ils sont velléitaires et vivent d'étranges état d'irréalité. Ils sont rêveurs, étourdis, distraits, manquent de mémoire, sont apathiques, souvent somnolents mais leur sommeil n'est jamais totalement réparateur. Leur instabilité professionnelle ou familiale les incite à avoir de fréquents désirs de déménagement ou à se replier sur eux-mêmes dans le contexte familial, à s'isoler. Leur laisser-aller peut les conduire à négliger leur hygiène corporelle élémentaire. Ils accumulent des problèmes matériels qu'ils sont incapables de résoudre: en les éliminant de leur conscience, ils s'imaginent qu'ils vont les faire disparaître. De ce fait, ils subissent en permanence un sentiment d'insécurité.

Les principales propriétés énergétiques de votre pierre

L'hématite a des effets défatigants et déstressants. Elle apaise, détend, purifie et dynamise. Bien que noire en apparence, elle appartient à la catégorie des pierres rouges. Elle peut cependant être portée en toute sécurité par une personne hypertendue, colérique ou autoritaire qui aurait besoin de se revigorer pendant quelque temps. Elle convient aux apathiques auxquels elle

Elle développe la patience et donne la force d'absorber et de surmonter vos problèmes.

Fe

L'oligoélément utile en soins : le fer (Fe)

Le fer est l'élément le plus abondant sur Terre. Il est aussi l'oligoélément le plus présent dans le corps humain.
L'hémoglobine du sang est une protéine qui contient un complexe ferreux. C'est ce fer qui permet aux globules rouges de transporter l'oxygène des poumons aux organes, leur permettant ainsi d'assurer leurs fonctions, et aux muscles qui vont stocker l'oxygène grâce à la myoglobine avant de le brûler lors des efforts physiques.
Le fer est facilement assimilable lorsqu'on est à jeun, même avec une faible quantité absorbée. La carence en fer est très courante. Sa manifestation la plus connue est l'anémie, mais d'autres symptômes en sont souvent révélateurs : fatigue et moindre résistance à un effort physique prolongé, tendance à la somnolence diurne et à l'apathie, diminution des capacités intellectuelles, difficultés de concentration, distraction, plus grande vulnérabilité face aux risques infectieux.
Ces symptômes se rencontrent souvent chez les enfants, les femmes en période de grossesse ou de ménopause et les personnes âgées. La carence en fer peut entraîner l'apparition de varices et d'hémorroïdes, des problèmes au niveau du système digestif, des risques d'accouchement prématuré, voire de malformation du fœtus.

CONCLUSIONS

L'apparition de cette carte dans votre tirage laisserait supposer que vous manquez de fer. Une prise de sang chez votre médecin pour le vérifier serait de bon ton.
Vous avez du mal à prolonger un effort physique, vous vous sentez fatigué(e), vos mouvement sont difficiles, vous n'avez envie de rien et vous préférez ne rien faire. Tout vous demande un effort et vous vous noyez dans un verre d'eau quand il vous faut réaliser une action.
L'hématite est indiquée pour vous car elle vous permettra de retrouver la force vitale qui vous manque pour vous mettre en mouvement. Soyez à votre écoute et l'hématite vous aidera à savoir ce qui ne va pas chez vous et notamment sur le plan physique.

Sortez de chez vous, oxygénez-vous, en bref, bougez vous

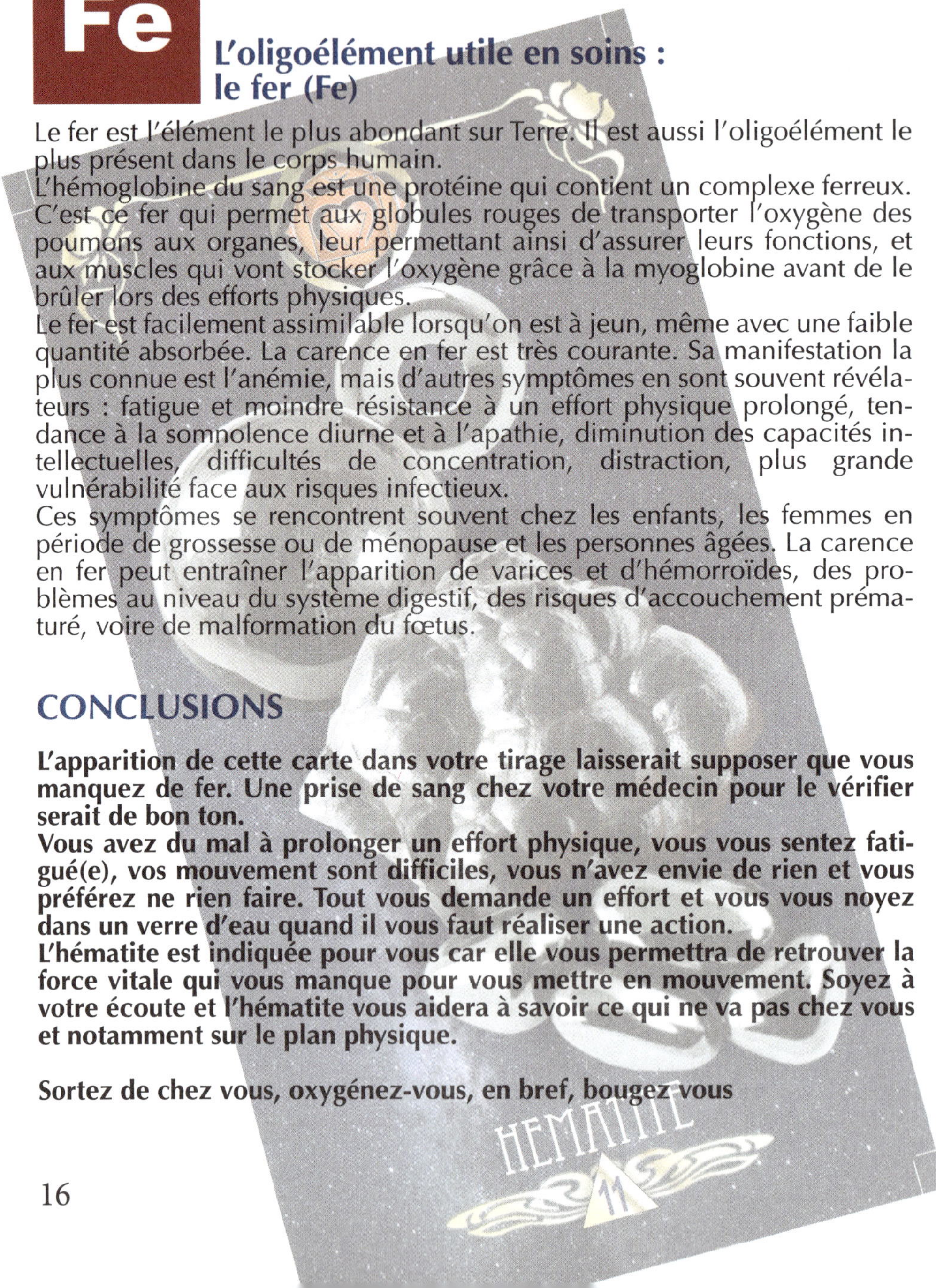

CARTE N°12
ŒIL DE FER

Les fonctions du chakra correspondant : Chakra Racine

Les fonctions du chakra racine sont presqu'exclusivement physiques et concernent tout ce qui est dur dans notre corps : les os, le squelette et ses articulations, les dents, les ongles et les cheveux.

En cas de carence en énergies au niveau du chakra racine, nous constatons des diarrhées fréquentes, des problèmes osseux ou dentaires, des douleurs articulaires, des problèmes de dos, une mauvaise circulation sanguine dans les jambes, des varices, les pieds froids et une sensibilité accrue aux risques inflammatoire et microbiens.

Lorsqu'il y a une carence en énergies au niveau du chakra racine, nous avons des gens qui manquent sérieusement de dynamisme, de confiance en eux, Ils sont paresseux et n'aiment pas les exercices physiques qu'ils ne les pratiquent pas, ou trop peu. Ils sont vélléitaires et vivent d'étranges état d'irréalité. Ils sont rêveurs, étourdis, distraits, manquent de mémoire, sont apathiques, souvent somnolents mais leur sommeil n'est jamais totalement réparateur. Leur instabilité professionnelle ou familiale les incite à avoir de fréquents désirs de déménagement ou à se replier sur eux-même dans le contexte familial, à s'isoler. Leur laisser-aller peut les conduire à négliger leur hygiène corporelle élémentaire. Ils accumulent des problèmes matériels qu'ils sont incapables de résoudre : en les éliminant de leur conscience, ils s'imaginent qu'ils vont les faire disparaître. De ce fait, ils subissent en permanence un sentiment d'insécurité.

Les principales propriétés énergétiques de votre pierre

L'Œil de fer est force, audace et énergie. Il convient particulièrement bien aux personnes fatiguées, apathiques, tristes, hésitantes, peu sûres d'elles-mêmes. Il agit particulièrement bien pour la régulation du rythme cardiaque et convient aux sportifs qui doivent fournir un effort soutenu et prolongé.

La qualité majeure de l'œil de fer, c'est la stabilité. C'est la pierre de la confiance en soi, celle qui vous permet de vous affirmer dans votre environnement social et de mener à bien vos projets en toute sérénité.

Fe

L'oligoélément utile en soins : le fer (Fe)

Le fer est l'élément le plus abondant sur Terre. Il est aussi l'oligoélément le plus présent dans le corps humain.

L'hémoglobine du sang est une protéine qui contient un complexe ferreux. C'est ce fer qui permet aux globules rouges de transporter l'oxygène des poumons aux organes, leur permettant ainsi d'assurer leurs fonctions, et aux muscles qui vont stocker l'oxygène grâce à la myoglobine avant de le brûler lors des efforts physiques.

Le fer est facilement assimilable lorsqu'on est à jeun, même avec une faible quantité absorbée. La carence en fer est très courante. Sa manifestation la plus connue est l'anémie, mais d'autres symptômes en sont souvent révélateurs : fatigue et moindre résistance à un effort physique prolongé, tendance à la somnolence diurne et à l'apathie, diminution des capacités intellectuelles, difficultés de concentration, distraction, plus grande vulnérabilité face aux risques infectieux.

Ces symptômes se rencontrent souvent chez les enfants, les femmes en période de grossesse ou de ménopause et les personnes âgées. La carence en fer peut entraîner l'apparition de varices et d'hémorroïdes, des problèmes au niveau du système digestif, des risques d'accouchement prématuré, voire de malformation du fœtus.

CONCLUSIONS

Il se peut que vous ayez des difficultés dans la relation que vous entretenez ou que vous avez eue avec votre mère. Dans l'archétype de ce qu'apporte la mère à l'enfant, la notion de confiance en soi est véhiculée par celle-ci et son « travail » serait de faire passer à l'enfant, quoi qu'il fasse la notion : « elle l'aime ». C'est une force centripète : de soi à l'intérieur de soi. C'est naturellement au chakra racine que l'on travaille cette notion, car la mère, la Terre-Mère nourricière, celle que les amérindiens nomment « La Pachamama » est donc la Terre-Mère, perçue comme un être vivant évolutif, un macrocosme dans votre microcosme qui génère et pourvoit aux besoins de tout ce qui vous compose. L'eau qui coule sur Terre peut être assimilée au sang qui irrigue ce grand organisme. Avec l'œil de fer vous pourrez ainsi travailler sur cette notion de confiance en vous en vous affirmant sur ce que vous êtes réellement et ainsi trouver la force de revisiter vos relations maternelles.

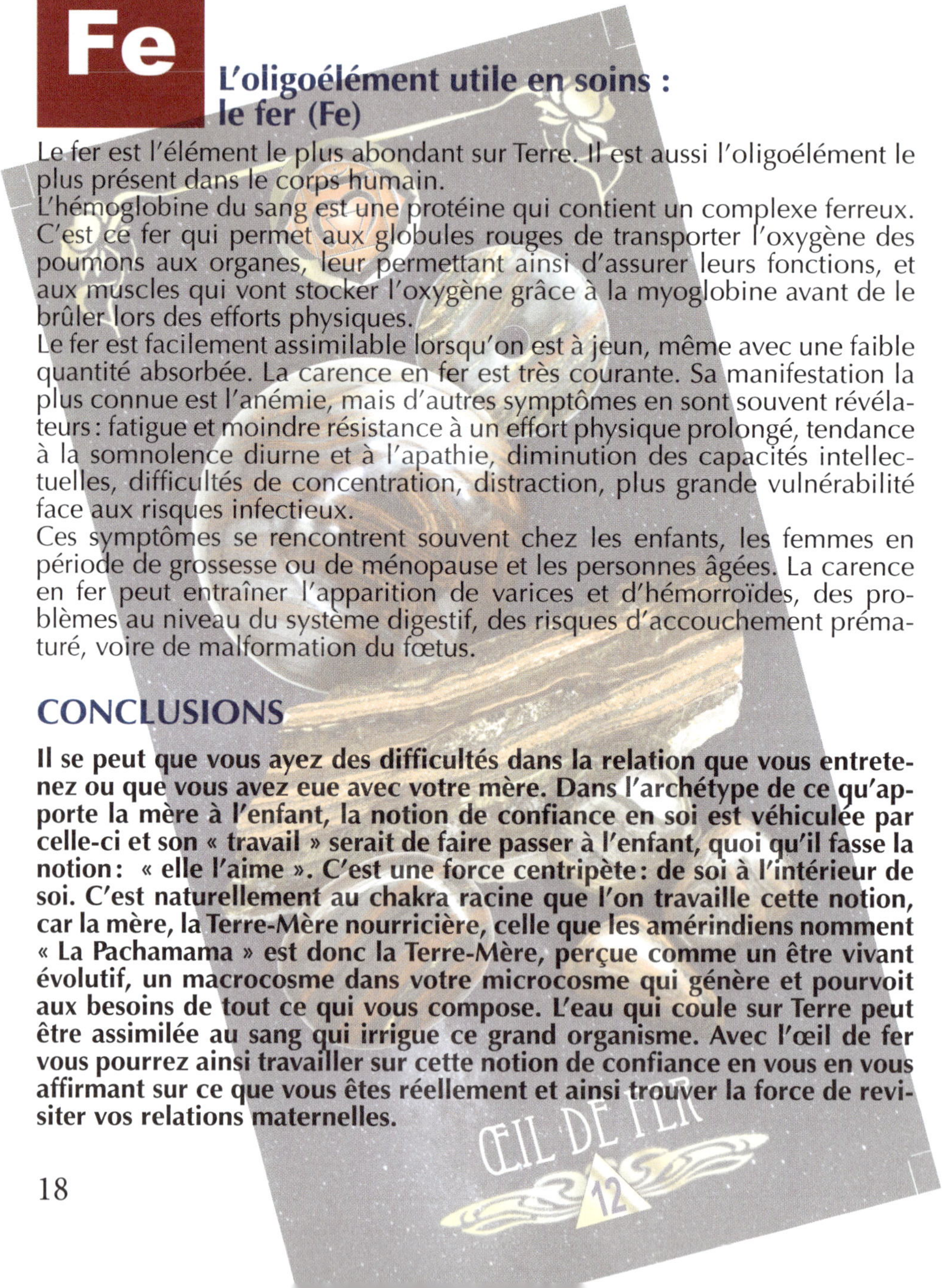

CARTE N°13
QUARTZ ENFUMÉ

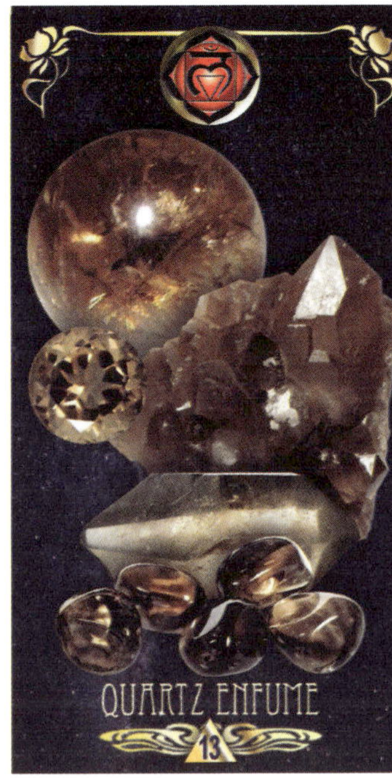

Les fonctions du chakra correspondant : Chakra Racine

Les fonctions du chakra racine sont presqu'exclusivement physiques et concernent tout ce qui est dur dans notre corps: les os, le squelette et ses articulations, les dents, les ongles et les cheveux.

En cas de carence en énergies au niveau du chakra racine, nous constatons des diarrhées fréquentes, des problèmes osseux ou dentaires, des douleurs articulaires, des problèmes de dos, une mauvaise circulation sanguine dans les jambes, des varices, les pieds froids et une sensibilité accrue aux risques inflammatoire et microbiens.

Lorsqu'il y a une carence en énergies au niveau du chakra racine, nous avons des gens qui manquent sérieusement de dynamisme, de confiance en eux, Ils sont paresseux et n'aiment pas les exercices physiques qu'ils ne les pratiquent pas, ou trop peu. Ils sont vélléitaires et vivent d'étranges état d'irréalité. Ils sont rêveurs, étourdis, distraits, manquent de mémoire, sont apathiques, souvent somnolents mais leur sommeil n'est jamais totalement réparateur. Leur instabilité professionnelle ou familiale les incite à avoir de fréquents désirs de déménagement ou à se replier sur eux-même dans le contexte familial, à s'isoler. Leur laisser-aller peut les conduire à négliger leur hygiène corporelle élémentaire. Ils accumulent des problèmes matériels qu'ils sont incapables de résoudre: en les éliminant de leur conscience, ils s'imaginent qu'ils vont les faire disparaître. De ce fait, ils subissent en permanence un sentiment d'insécurité.

Les principales propriétés énergétiques de votre pierre

Le Quartz Fumé est une pierre concrète qui permet de relever des défis. De ce fait, il est très utile lors des cures de désintoxication tabagiques: il protège les bronches et les poumons en contribuant à éliminer les goudrons accumulés.

Lorsque l'on se promène dans la nature avec un quartz enfumé, on prend mieux conscience de son appartenance au monde vivant : développement des sens de l'ouïe et de l'odorat, acuité visuelle accrue, conscience de la vie qui nous entoure, sentiment d'être en synergie avec la nature.
Le quartz enfumé chasse les idées noires, compense les tendances à la morosité, à la dépression. Il permet aux idéalistes, qui ont des difficultés à atteindre un idéal parfois trop élevé, à faire la part des choses et à recentrer leurs aspirations sur des objectifs accessibles : le quartz enfumé rend lucide et élimine les peurs et les angoisses irraisonnées. Il donne de la confiance en soi, le sens des responsabilités, une plus grande générosité dans l'ouverture aux autres.
Son pragmatisme autorise de saines réflexions, claire, précises, débarrassées des contradictions et des a priori culturels ou fantasmatiques.
Le quartz enfumé est une pierre qui engage à la réflexion, à prendre son temps. Il est recommandé aux gens toujours trop pressés.
C'est une pierre d'enracinement au sol, de conscience concrète, de rééquilibrage pour les personnes qui ont des tendances trop marquées à la spiritualité, au rêve éveillé. Elle agit avec beaucoup de douceur et canalise admirablement vers la terre les énergies qui circulent entre le chakra de la base et celui du sommet. Ce faisant, il active les forces primales du corps, les instincts animaux, la faim, la protection, la survie, la pérennité, le repos. En un mot, il permet de prendre conscience de son corps, d'en comprendre les mécanismes, de s'accepter soi-même, tel que l'on est physiquement.

Si

L'oligoélément utile en soins : : le silicium (Si)

Le silicium est le principal composant du collagène. Il permet l'assemblage de toutes les cellules du corps. C'est dans l'artère aorte, dans la peau et le thymus que l'on trouve les plus grandes concentrations de silicium. Son taux diminue avec l'âge dans des proportions importantes, engendrant une perte d'élasticité et une rigidification, d'où un risque sérieux d'hypertension artérielle, voire de rupture de vaisseaux sanguins.
Les globules blancs sont gros consommateurs de silicium. Ce sont les meilleurs défenseurs de notre organisme contre les infections microbiennes. Le silicium participe donc activement à nos défenses immunitaires naturelles, d'autant plus qu'il est impliqué dans la synthèse des anticorps.
Le silicium favorise la fixation du calcium dans les os et les dents, surtout en période de croissance des enfants, chez la femme enceinte, allaitante ou en période de ménopause pour contrer les risques d'ostéoporose, et chez les personnes âgées.
Le taux de silicium devrait être surveillé chez les personnes qui ont des activités sportives, car elles risquent de multiples incidents dus à une ca-

rence claquages musculaires, tendinites, entorses et microfractures.
Les os, les tendons, les ligaments et les muscles ont besoin de conserver toute leur élasticité tributaire de la présence de silicium dans le collagène et l'élastine.
Bon stimulateur des glandes endocrines, le silicium contribue à un développement harmonieux du système nerveux et préserve des risques de déficience intellectuelle, de pertes de mémoire et d'atonie cérébrale, surtout en période de croissance.
Le silicium a un effet diurétique puissant. Il est recommandé aux personnes qui ont de la cellulite et qui font de la rétention d'eau.
La présence de silicium dans la peau aide à la conserver en bon état et contribue à la réparation des blessures et des inflammations en facilitant la cicatrisation.
Les prostatites proviennent d'un durcissement des parois de la prostate. Le silicium permet de soulager des prostatites en rendant leur souplesse aux parois par le biais du collagène et de l'élastine.
Le silicium est souvent utilisé en cosmétique comme antirides.

CONCLUSIONS

Selon votre âge, il se peut que ayez une petite carence en silicium qui pourrait vous rendre vulnérable aux infections microbiennes, ou élever vos risques à l'ostéoporose, ou limiter vos capacités mémorielles.
Le quartz fumé pourrait vous être utile.

Il vous aidera pour une prise de décision concrète si vous avez des difficultés à vous débarrasser d'une addiction tabagique. De plus, sur un plan physique il contribuera à dégager vos bronches et poumons des goudrons accumulés par le tabac mais attention les pierres ne sont pas des outils miraculeux. Il vous faut de la volonté. Or, le quartz fumé est précisément une pierre qui vous aidera à renforcer cette volonté. C'est donc à vous de jouer.

Sur un plan spirituel, le quartz enfumé vous permettra un état de conscience concret : vous aurez le sentiment d'être un individu qui fait partie d'un tout.

On rejoint ici les notions de macrocosme et de microcosme des philosophies Taoïstes. Si vous avez un goût prononcé pour les méditations, n'hésitez surtout pas.

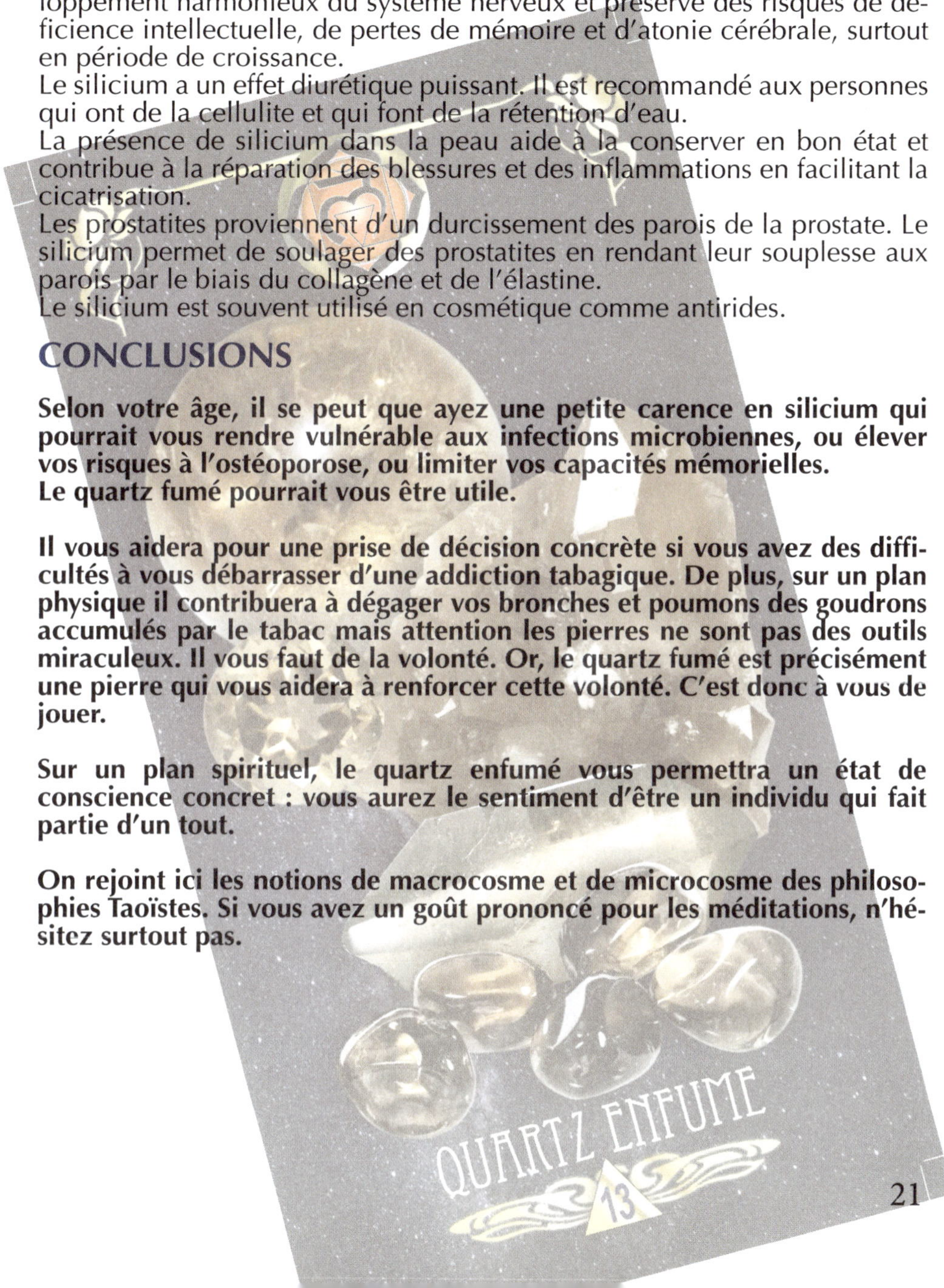

CARTE N°14
RUBIS

Les fonctions du chakra correspondant : Chakra Racine

Les fonctions du chakra racine sont presqu'exclusivement physiques et concernent tout ce qui est dur dans notre corps : les os, le squelette et ses articulations, les dents, les ongles et les cheveux.

En cas de carence en énergies au niveau du chakra racine, nous constatons des diarrhées fréquentes, des problèmes osseux ou dentaires, des douleurs articulaires, des problèmes de dos, une mauvaise circulation sanguine dans les jambes, des varices, les pieds froids et une sensibilité accrue aux risques inflammatoire et microbiens.

Lorsqu'il y a une carence en énergies au niveau du chakra racine, nous avons des gens qui manquent sérieusement de dynamisme, de confiance en eux, Ils sont paresseux et n'aiment pas les exercices physiques qu'ils ne les pratiquent pas, ou trop peu. Ils sont vélléitaires et vivent d'étranges état d'irréalité. Ils sont rêveurs, étourdis, distraits, manquent de mémoire, sont apathiques, souvent somnolents mais leur sommeil n'est jamais totalement réparateur. Leur instabilité professionnelle ou familiale les incite à avoir de fréquents désirs de déménagement ou à se replier sur eux-même dans le contexte familial, à s'isoler. Leur laisser-aller peut les conduire à négliger leur hygiène corporelle élémentaire. Ils accumulent des problèmes matériels qu'ils sont incapables de résoudre : en les éliminant de leur conscience, ils s'imaginent qu'ils vont les faire disparaître. De ce fait, ils subissent en permanence un sentiment d'insécurité.

Les principales propriétés énergétiques de votre pierre

Comme pour les grenats rouges, ce sont souvent des gens autoritaires, voire violents, qui se sentent attirés par cette pierre. D'évidence, ils auraient plutôt besoin d'un rééquilibrage dans le vert, couleur complémentaire du rouge, qui convient au chakra du cœur en lui apportant générosité et compassion, C'est pourquoi nous le déconseillons formellement aux personnes autoritaires, colériques ou hypertendues.

Le rubis est un puissant stimulateur et un bon régulateur de l'ensemble du système sanguin. Il repousse la fatigue lors d'efforts physiques intenses, il secoue les apathiques et les paresseux.

Symbole de pouvoir, il donne force et courage aux gens timides et faibles. C'est la pierre du courage qui mène aux combats dont on sort victorieux. Mais il faut être vigilant pour ne pas basculer vers le côté obscur de sa force, les instincts de domination et d'asservissement des autres.

Matérialiste et concret, il ramène au réalisme les personnes rêveuses à la spiritualité excessive, les aide à percevoir, comprendre et accepter les problèmes du quotidien, de l'environnement socioculturel, administratif, affectif, financier, de tout ce qui compose la vie matérielle.

Il éloigne les pensées mélancoliques et annihile les tendances suicidaires. Profondément matérialiste, il fait aimer la vie.

Al

L'oligoélément utile en soins : l'aluminium (Al)

On en trouve essentiellement dans les os, les poumons et le foie.

Une carence en aluminium peut entraîner des pathologies similaires à une carence en vitamine B1, et notamment asthénie, anorexie, insuffisance cardiaque, problèmes neurologiques, irritabilité, troubles de la mémoire, difficultés de concentration.

L'aluminium agit essentiellement au niveau du système nerveux. Il est donc prescrit dans les cas de difficultés de concentration et de tensions nerveuses qui génèrent du stress, de l'anxiété, des insomnies. Ces tensions peuvent générer des troubles gastriques et de l'acidité. L'aluminium est un excellent antiacide.

Chez l'enfant hypoactif, l'aluminium contribue à un développement harmonieux et stimule ses capacités cognitives. Chez l'enfant agité comme chez l'adulte stressé, l'aluminium permettra de trouver le sommeil plus facilement. On pourra l'associer au manganèse.

CONCLUSIONS

Il se peut que ayez besoin actuellement de mener des actions fortes dans votre vie et que vous ayez des difficultés à les assumer.

Il se pourrait que vous soyez victime d'un stress latent et que vous ayez des difficultés à assumer vos contraintes matérielles et des difficultés relationnelles avec le pouvoir. Le rubis saura vous montrez ou en sont vos excès et vous permettra de faire le point sur votre faculté à le mettre en œuvre.

CARTE N°15
ZIRCON

Les fonctions du chakra correspondant : Chakra Racine

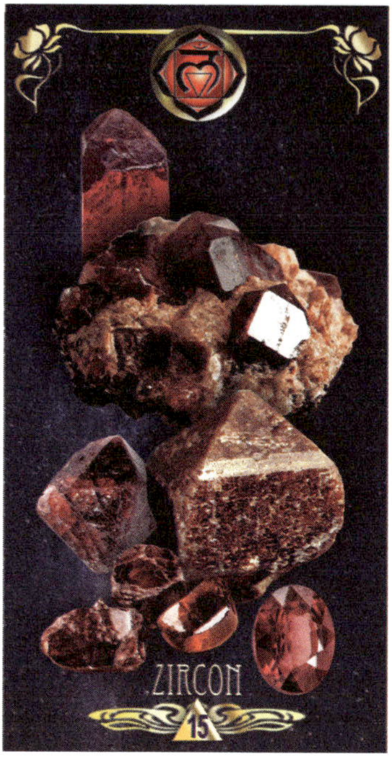

Les fonctions du chakra racine sont presqu'exclusivement physiques et concernent tout ce qui est dur dans notre corps : les os, le squelette et ses articulations, les dents, les ongles et les cheveux.

En cas de carence en énergies au niveau du chakra racine, nous constatons des diarrhées fréquentes, des problèmes osseux ou dentaires, des douleurs articulaires, des problèmes de dos, une mauvaise circulation sanguine dans les jambes, des varices, les pieds froids et une sensibilité accrue aux risques inflammatoire et microbiens.

Lorsqu'il y a une carence en énergies au niveau du chakra racine, nous avons des gens qui manquent sérieusement de dynamisme, de confiance en eux, Ils sont paresseux et n'aiment pas les exercices physiques qu'ils ne les pratiquent pas, ou trop peu. Ils sont vélléitaires et vivent d'étranges état d'irréalité. Ils sont rêveurs, étourdis, distraits, manquent de mémoire, sont apathiques, souvent somnolents mais leur sommeil n'est jamais totalement réparateur. Leur instabilité professionnelle ou familiale les incite à avoir de fréquents désirs de déménagement ou à se replier sur eux-même dans le contexte familial, à s'isoler. Leur laisser-aller peut les conduire à négliger leur hygiène corporelle élémentaire. Ils accumulent des problèmes matériels qu'ils sont incapables de résoudre : en les éliminant de leur conscience, ils s'imaginent qu'ils vont les faire disparaître. De ce fait, ils subissent en permanence un sentiment d'insécurité.

Les principales propriétés énergétiques de votre pierre

La variété la plus courante est le zircon hyacinthe, rouge orangé à orangé brun.

Le zircon a une teneur relativement élevée en éléments radioactifs (uranium, thorium). C'est une pierre de forte puissance à n'utiliser qu'avec dis-

cernement. On évitera de la porter en permanence sur soi, sauf en cas de cancer.
En complément d'un traitement médical, c'est une excellente pierre thérapeutique qui contribue efficacement à lutter contre la prolifération des cellules cancéreuses. Elle contribue à apaiser la douleur, s'attaque aux cellules malades ou atteintes par un virus ou un parasite, renforce le système immunitaire, contribue à arrêter les infections.
On l'utilisera aussi en assistance préventive aux séances de chimiothérapie, pour lutter contre les effets secondaires désagréables de ces traitements (fatigues, nausées, douleurs abdominales…).

On peut l'utiliser sur le chakra du plexus solaire (action sur l'estomac, les intestins, les reins, le foie, le pancréas, les ovaires), le chakra sacré (prostate, testicules), le chakra du cœur (poumons), le chakra de la gorge (gorge, langue, thyroïde).
Pour les mélanomes et les os : pierre ou application d'élixir directement sur zone ou au chakra racine.

Le zircon fortifie le muscle cardiaque, en ralentit le rythme et le régule. C'est une excellente pierre pour les sportifs.
C'est une pierre d'énergie contenue. Elle dynamise, développe l'enthousiasme et la gaieté sans extériorisation excessive.
Elle donne du courage : le courage d'affronter la réalité, d'accepter la maladie, le courage de se battre contre elle.
Elle donne aussi de la force : la force de supporter les effets du mal, la force de surmonter les épreuves, la force vitale.
Elle attire à elle la bonne fortune, avec discrétion.
Elle canalise les énergies cosmiques vers le plan physique. Elle irrigue de lumière divine les organes fragilisés

Si

L'oligoélément utile en soins : le silicium (Si)

Le silicium est le principal composant du collagène. Il permet l'assemblage de toutes les cellules du corps. C'est dans l'artère aorte, dans la peau et le thymus que l'on trouve les plus grandes concentrations de silicium. Son taux diminue avec l'âge dans des proportions importantes, engendrant une perte d'élasticité et une rigidification, d'où un risque sérieux d'hypertension artérielle, voire de rupture de vaisseaux sanguins.
Les globules blancs sont gros consommateurs de silicium. Ce sont les meilleurs défenseurs de notre organisme contre les infections microbiennes. Le silicium participe donc activement à nos défenses immunitaires naturelles, d'autant plus qu'il est impliqué dans la synthèse des anticorps.

Le silicium favorise la fixation du calcium dans les os et les dents, surtout en période de croissance des enfants, chez la femme enceinte, allaitante ou en période de ménopause pour contrer les risques d'ostéoporose, et chez les personnes âgées.
Le taux de silicium devrait être surveillé chez les personnes qui ont des activités sportives, car elles risquent de multiples incidents dus à une carence claquages musculaires, tendinites, entorses et microfractures.
Les os, les tendons, les ligaments et les muscles ont besoin de conserver toute leur élasticité tributaire de la présence de silicium dans le collagène et l'élastine.
Bon stimulateur des glandes endocrines, le silicium contribue à un développement harmonieux du système nerveux et préserve des risques de déficience intellectuelle, de pertes de mémoire et d'atonie cérébrale, surtout en période de croissance.
Le silicium a un effet diurétique puissant. Il est recommandé aux personnes qui ont de la cellulite et qui font de la rétention d'eau.
La présence de silicium dans la peau aide à la conserver en bon état et contribue à la réparation des blessures et des inflammations en facilitant la cicatrisation.
Les prostatites proviennent d'un durcissement des parois de la prostate. Le silicium permet de soulager des prostatites en rendant leur souplesse aux parois par le biais du collagène et de l'élastine.
Le silicium est souvent utilisé en cosmétique comme antirides.

CONCLUSIONS

Il se peut que vous ayez besoin actuellement de surveiller de temps en temps votre santé su vous avez des symptômes précurseurs ou des doutes concernant l'apparition possible de cellules cancéreuses. Mais ne paniquez pas, les cancers se soignent généralement très bien lorsqu'ils sont identifiés suffisamment tôt. Il est aussi tout à fait possible que votre attrait pour le zircon n'ait aucun rapport avec cette pathologie.
En effet, le silicium présent dans ce minéral pourrait avoir sur vous un effet dominant. Selon votre âge, il se peut que vous ayez une petite carence en silicium qui pourrait vous rendre vulnérable aux infections microbiennes, ou élever vos risques à l'ostéoporose, ou limiter vos capacités mémorielles.
Le zircon pourrait vous être utile pour décrypter un problème de santé. Lorsqu'il apparaît dans un tirage, il est prudent de consulter un médecin et de lui demander un check up médical. Il pourra vous apporter la force, le courage et l'énergie suffisante pour lutter contre une maladie. Le zircon vous donne le message important qu'il n'est jamais trop tard de prendre soin de soi et de son véhicule énergétique qu'est notre corps.

CARTE N°16
BOIS FOSSILE

Les fonctions du chakra correspondant : Chakra Racine

Les fonctions du chakra racine sont presqu'exclusivement physiques et concernent tout ce qui est dur dans notre corps: les os, le squelette et ses articulations, les dents, les ongles et les cheveux.

En cas de carence en énergies au niveau du chakra racine, nous constatons des diarrhées fréquentes, des problèmes osseux ou dentaires, des douleurs articulaires, des problèmes de dos, une mauvaise circulation sanguine dans les jambes, des varices, les pieds froids et une sensibilité accrue aux risques inflammatoire et microbiens.

Lorsqu'il y a une carence en énergies au niveau du chakra racine, nous avons des gens qui manquent sérieusement de dynamisme, de confiance en eux, Ils sont paresseux et n'aiment pas les exercices physiques qu'ils ne les pratiquent pas, ou trop peu. Ils sont vélléitaires et vivent d'étranges état d'irréalité. Ils sont rêveurs, étourdis, distraits, manquent de mémoire, sont apathiques, souvent somnolents mais leur sommeil n'est jamais totalement réparateur. Leur instabilité professionnelle ou familiale les incite à avoir de fréquents désirs de déménagement ou à se replier sur eux-même dans le contexte familial, à s'isoler. Leur laisser-aller peut les conduire à négliger leur hygiène corporelle élémentaire. Ils accumulent des problèmes matériels qu'ils sont incapables de résoudre: en les éliminant de leur conscience, ils s'imaginent qu'ils vont les faire disparaître. De ce fait, ils subissent en permanence un sentiment d'insécurité.

Les principales propriétés énergétiques de votre pierre

Le Bois Fossilisé est excellent pour les gens distrait, les personnes qui ont des difficultés mémorielles, ou celles qui ne trouvent pas leur équilibre entre matérialisme et une spiritualité trop active qui les éloignent de la réalité. Elle est recommandée aux personnes âgées, d'autant qu'elle est une

bonne protection contre les fractures osseuses. Symboliquement, c'est la matière organique (le bois) transformée en pierre. Elle favorise la croissance physique et intellectuelle des enfants, surtout lorsqu'ils sont un peu turbulents.
C'est une pierre calme, de bonheur tranquille. Elle est concrète, lucide, s'enracine profondément au sol avec un grand sens des réalités.

L'oligoélément utile en soins : le silicium (Si)

Le silicium est le principal composant du collagène. Il permet l'assemblage de toutes les cellules du corps. C'est dans l'artère aorte, dans la peau et le thymus que l'on trouve les plus grandes concentrations de silicium. Son taux diminue avec l'âge dans des proportions importantes, engendrant une perte d'élasticité et une rigidification, d'où un risque sérieux d'hypertension artérielle, voire de rupture de vaisseaux sanguins.
Les globules blancs sont gros consommateurs de silicium. Ce sont les meilleurs défenseurs de notre organisme contre les infections microbiennes. Le silicium participe donc activement à nos défenses immunitaires naturelles, d'autant plus qu'il est impliqué dans la synthèse des anticorps.
Le silicium favorise la fixation du calcium dans les os et les dents, surtout en période de croissance des enfants, chez la femme enceinte, allaitante ou en période de ménopause pour contrer les risques d'ostéoporose, et chez les personnes âgées.
Le taux de silicium devrait être surveillé chez les personnes qui ont des activités sportives, car elles risquent de multiples incidents dus à une carence claquages musculaires, tendinites, entorses et microfractures.
Les os, les tendons, les ligaments et les muscles ont besoin de conserver toute leur élasticité tributaire de la présence de silicium dans le collagène et l'élastine.
Bon stimulateur des glandes endocrines, le silicium contribue à un développement harmonieux du système nerveux et préserve des risques de déficience intellectuelle, de pertes de mémoire et d'atonie cérébrale, surtout en période de croissance.
Le silicium a un effet diurétique puissant. Il est recommandé aux personnes qui ont de la cellulite et qui font de la rétention d'eau.
La présence de silicium dans la peau aide à la conserver en bon état et contribue à la réparation des blessures et des inflammations en facilitant la cicatrisation.
Les prostatites proviennent d'un durcissement des parois de la prostate. Le silicium permet de soulager des prostatites en rendant leur souplesse aux parois par le biais du collagène et de l'élastine.
Le silicium est souvent utilisé en cosmétique comme antirides.

CONCLUSIONS

Il se peut que vous ayez besoin actuellement de vous recentrer sur le domaine des contrainte matérielles de la société dans laquelle nous vivons, de mieux vous enraciner aux réalités.
Cependant, le silicium présent dans ce minéral pourrait avoir sur vous un effet dominant. Selon votre âge, il se peut que vous ayez une petite carence en silicium qui pourrait vous rendre vulnérable aux infections microbiennes, ou élever vos risques à l'ostéoporose, ou limiter vos capacités mémorielles.
Le bois Fossilisé pourrait vous être utile sur le plan physique pour renforcer votre canal de circulation des énergies du bas (chakra racine), vers le haut (chakra coronal) en vous accrochant au sol. C'est par essence la pierre du « Grundig ». Mais attention cette pierre est aussi celle de la descente profonde dans vos racines. Il concerne votre mère, vos lignées ancestrales féminines.

Descendez dans votre intériorité profonde, découvrez ce que sont les schémas répétitifs de votre histoire et celle des femmes qui l'ont écrite. Avec le bois fossilisé soyez certaine que vous aurez envie d'aller les visiter. Si vous vous ressentez le besoin de consulter un psychogénéalogiste ou un constellateur familial parce que vous sentez en vous une charge émotionnelle trop violente, n'hésitez pas.

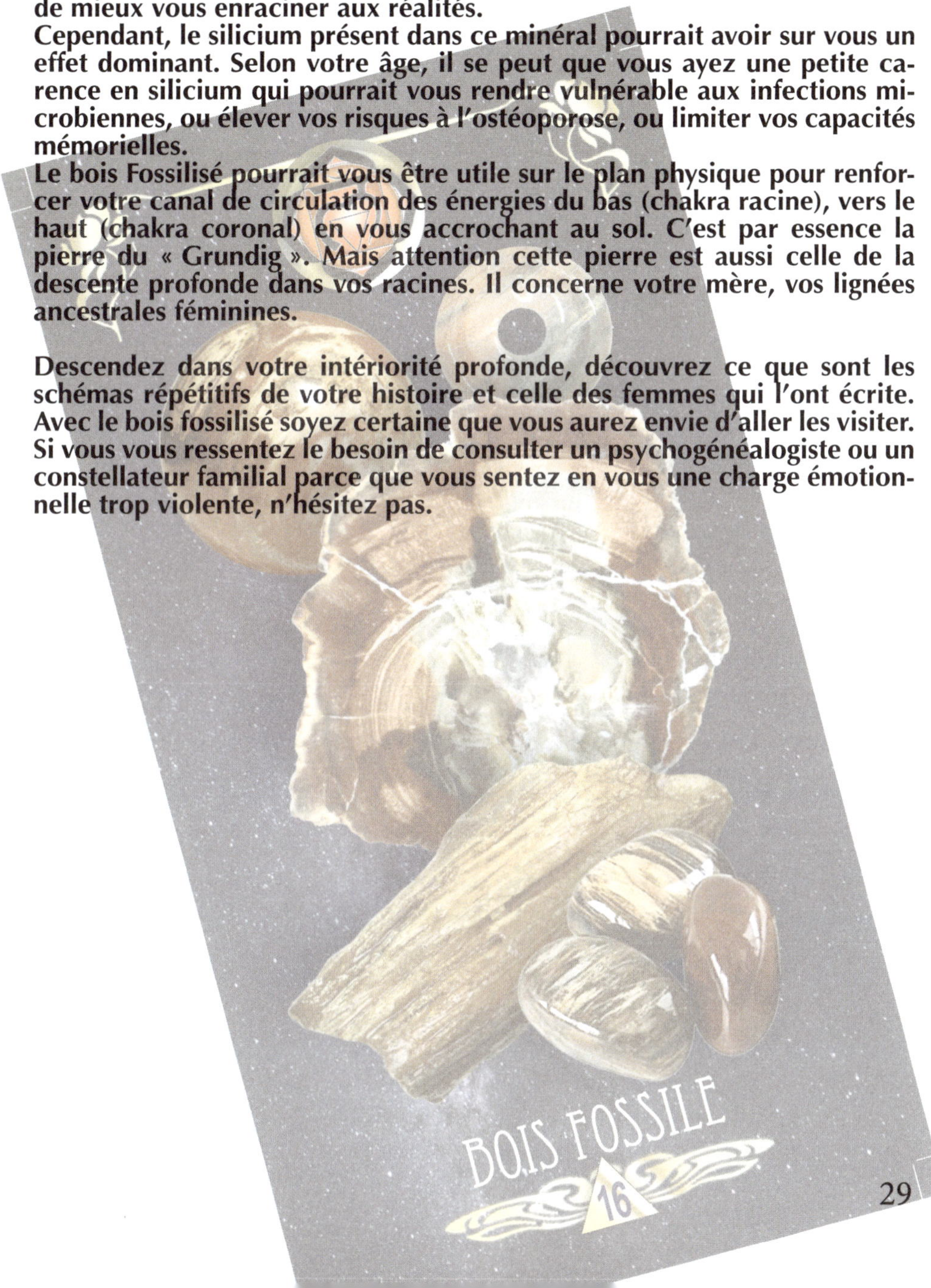

CARTE N°17
CINABRE

Les fonctions du chakra correspondant : Chakra Racine

Les fonctions du chakra racine sont presqu'exclusivement physiques et concernent tout ce qui est dur dans notre corps : les os, le squelette et ses articulations, les dents, les ongles et les cheveux.

En cas de carence en énergies au niveau du chakra racine, nous constatons des diarrhées fréquentes, des problèmes osseux ou dentaires, des douleurs articulaires, des problèmes de dos, une mauvaise circulation sanguine dans les jambes, des varices, les pieds froids et une sensibilité accrue aux risques inflammatoire et microbiens.
Lorsqu'il y a une carence en énergies au niveau du chakra racine, nous avons des gens qui manquent sérieusement de dynamisme, de confiance en eux, Ils sont paresseux et n'aiment pas les exercices physiques qu'ils ne les pratiquent pas, ou trop peu. Ils sont vélléitaires et vivent d'étranges état d'irréalité. Ils sont rêveurs, étourdis, distraits, manquent de mémoire, sont apathiques, souvent somnolents mais leur sommeil n'est jamais totalement réparateur. Leur instabilité professionnelle ou familiale les incite à avoir de fréquents désirs de déménagement ou à se replier sur eux-même dans le contexte familial, à s'isoler. Leur laisser-aller peut les conduire à négliger leur hygiène corporelle élémentaire. Ils accumulent des problèmes matériels qu'ils sont incapables de résoudre : en les éliminant de leur conscience, ils s'imaginent qu'ils vont les faire disparaître. De ce fait, ils subissent en permanence un sentiment d'insécurité.

Les principales propriétés énergétiques de votre pierre

Soufre et mercure sont les deux éléments de base de l'alchimie.
Le cinabre symbolise l'alternance de la vie et de la mort, la régénération perpétuelle (la calcination du cinabre libère le mercure, le mercure retourne au cinabre).
Le rouge des cristaux de cinabre est extraordinairement dense. C'est donc

une des pierres de prédilection du chakra racine et, dans certaines nuances dominées par le vermillon, du chakra sacré.
Le cinabre est une pierre de force et de courage. Son action est bienfaisante sur la purification du sang et le bon état de tout le système circulatoire.
Il agit également sur la structure du squelette qu'il renforce.
Le cinabre est cependant contre-indiqué aux personnes qui souffrent de dysfonctionnements du système nerveux, aux handicapés physiques, aux personnes hypertendues, colériques ou cardiaques.
Attention : le cinabre est toxique et ne doit jamais être ingéré sous forme de poudre ou d'élixir, bien que la tradition chinoise ait prescrit, quatre millénaires auparavant, des pilules d'immortalité à base de cinabre… immortalité garantie !
Le cinabre permet d'affronter bien des situations désespérées et d'y faire face. Il renforce les capacités de négociations commerciales et le sens des affaires en fluidifiant les énergies mentales et la parole.

Hg

L'oligoélément utile en soins : le mercure (Hg)

Le mercure a été longtemps utilisé pour l'élaboration de médicaments à l'efficacité douteuse, il existe encore de nos jours une préparation homéopathique, le *mercurius solubilis*, prescrit dans des cas d'angine, de rhume et de rhinopharyngite, d'oreillons, de conjonctivites purulentes, d'affections bronchiques, etc. Bien que je n'aie aucun a priori négatif contre l'homéopathie, dont on utilise de nombreux principes en lithothérapie, la présentation des bienfaits de ce remède par certains fabricants est si vaste que cela tiendrait du miracle divin si toutes ses propriétés étaient aussi efficaces qu'ils le prétendent. Mais qu'en est-il exactement des propriétés du mercure, tant controversé comme oligoélément ? En vérité, nous ne disposons d'aucune étude fiable qui permettrait d'attester que le mercure pourrait avoir une action bénéfique sur l'organisme. Une seule certitude, c'est bien sur le système nerveux qu'il agit, mais ses effets destructeurs sont bien plus évidents que ses effets bénéfiques supposés. Le mercure est un puissant neurotoxique et il affecte les fonctions rénales. En conclusion, oligoélément ou pas, l'utilisation du mercure dans les soins est à éviter.

CONCLUSIONS

Votre attirance pour le cinabre pourrait révéler chez vous certaines prédispositions pour les mystères de l'alchimie et de l'ésotérisme.
Le cinabre pourrait vous être utile à trouver votre voie sur le chemin de la spiritualité et de l'ésotérisme alchimique. Mais attention on ne joue pas avec ces notions impunément. Documentez-vous, soyez curieux. Ne jouez pas avec le feu, car il peut aussi bien purifier, que vous brûler.

CARTE N°18
RUTILE

Les fonctions du chakra correspondant : Chakra Racine

Les fonctions du chakra racine sont presqu'exclusivement physiques et concernent tout ce qui est dur dans notre corps : les os, le squelette et ses articulations, les dents, les ongles et les cheveux.

En cas de carence en énergies au niveau du chakra racine, nous constatons des diarrhées fréquentes, des problèmes osseux ou dentaires, des douleurs articulaires, des problèmes de dos, une mauvaise circulation sanguine dans les jambes, des varices, les pieds froids et une sensibilité accrue aux risques inflammatoire et microbiens.

Lorsqu'il y a une carence en énergies au niveau du chakra racine, nous avons des gens qui manquent sérieusement de dynamisme, de confiance en eux, Ils sont paresseux et n'aiment pas les exercices physiques qu'ils ne les pratiquent pas, ou trop peu. Ils sont vélléitaires et vivent d'étranges état d'irréalité. Ils sont rêveurs, étourdis, distraits, manquent de mémoire, sont apathiques, souvent somnolents mais leur sommeil n'est jamais totalement réparateur. Leur instabilité professionnelle ou familiale les incite à avoir de fréquents désirs de déménagement ou à se replier sur eux-même dans le contexte familial, à s'isoler. Leur laisser-aller peut les conduire à négliger leur hygiène corporelle élémentaire. Ils accumulent des problèmes matériels qu'ils sont incapables de résoudre : en les éliminant de leur conscience, ils s'imaginent qu'ils vont les faire disparaître. De ce fait, ils subissent en permanence un sentiment d'insécurité.

Les principales propriétés énergétiques de votre pierre

Aussi puissant et fort soit-il, le rutile sait rester modeste et discret.
Le cristal de rutile est un puissant tonique musculaire.
Il donne la puissance, la force, la résistance et la dureté. Il augmente la résistance des os.

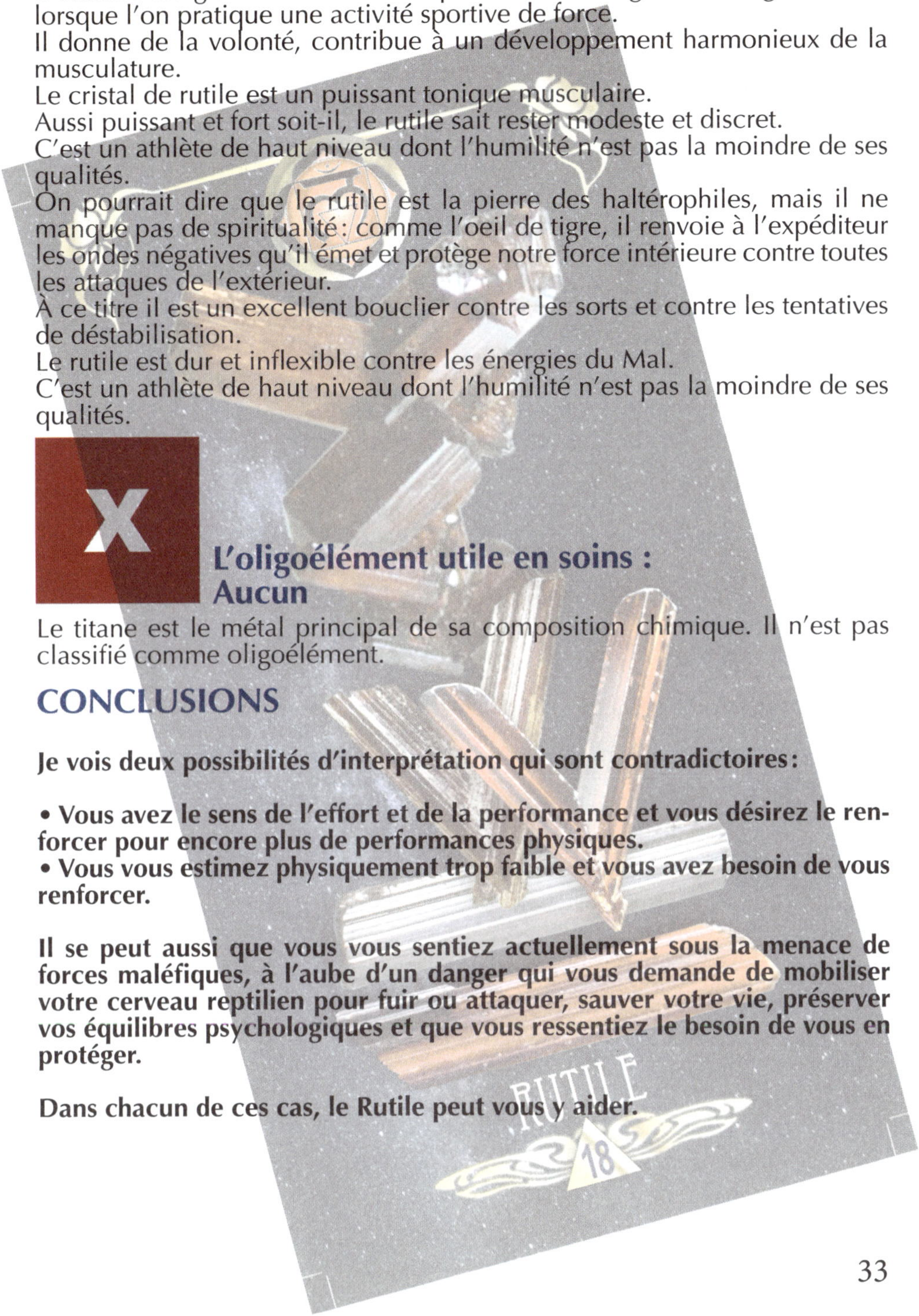

Il élimine les graisses. Il est bon à porter lors de régimes amaigrissants et lorsque l'on pratique une activité sportive de force.
Il donne de la volonté, contribue à un développement harmonieux de la musculature.
Le cristal de rutile est un puissant tonique musculaire.
Aussi puissant et fort soit-il, le rutile sait rester modeste et discret.
C'est un athlète de haut niveau dont l'humilité n'est pas la moindre de ses qualités.
On pourrait dire que le rutile est la pierre des haltérophiles, mais il ne manque pas de spiritualité : comme l'oeil de tigre, il renvoie à l'expéditeur les ondes négatives qu'il émet et protège notre force intérieure contre toutes les attaques de l'extérieur.
À ce titre il est un excellent bouclier contre les sorts et contre les tentatives de déstabilisation.
Le rutile est dur et inflexible contre les énergies du Mal.
C'est un athlète de haut niveau dont l'humilité n'est pas la moindre de ses qualités.

X L'oligoélément utile en soins : Aucun

Le titane est le métal principal de sa composition chimique. Il n'est pas classifié comme oligoélément.

CONCLUSIONS

Je vois deux possibilités d'interprétation qui sont contradictoires :

- **Vous avez le sens de l'effort et de la performance et vous désirez le renforcer pour encore plus de performances physiques.**
- **Vous vous estimez physiquement trop faible et vous avez besoin de vous renforcer.**

Il se peut aussi que vous vous sentiez actuellement sous la menace de forces maléfiques, à l'aube d'un danger qui vous demande de mobiliser votre cerveau reptilien pour fuir ou attaquer, sauver votre vie, préserver vos équilibres psychologiques et que vous ressentiez le besoin de vous en protéger.

Dans chacun de ces cas, le Rutile peut vous y aider.

CARTE N°20 AMBRE

Les fonctions du chakra correspondant : Chakra Sacré

Le chakra sacré est bien le siège des énergies sexuelles. Sa symbolique l'associe à l'eau en tant qu'élément de la fertilité et considère que la fécondation est un acte de création. Le chakra sacré est associé à cette énergie que l'on nomme libido, ou Éros. C'est elle qui détermine notre capacité à tisser des liens avec autrui, à cultiver le plaisir et à développer sa créativité. Il est donc directement lié à la sexualité, mais pas exclusivement.
L'eau vise à s'épandre, à se ramifier en prenant le chemin le plus aisé, et s'adapte à tous les contenants. Symboliquement, elle est la source de toute sociabilité et de la spontanéité innocente et joyeuse qui libère un contact créatif avec toutes les nouvelles rencontres, en toutes circonstances.

L'eau doit être considérée en tant qu'élément purificateur qui agit par dissolution ou expulsion des corps impurs. Cette purification entraîne à chaque fois une sorte de nouvelle naissance ou une renaissance perpétuelle. L'acte sexuel est une communion, une démarche d'unification, de fusion intime et généreuse qui repousse l'ego.
Le chakra sacré détermine également l'identification de la personne à ses émotions, parfois excessivement et sans grande discrimination, et la recherche exclusive des contacts gratifiants, qu'ils soient sociaux, consommateurs ou esthétiques.
Le chakra sacré agit sur tous les liquides vitaux de notre corps. Il est important de prendre conscience que notre corps physique est composé de près de 73 % d'eau. Ce liquide est réparti dans l'ensemble des cellules de notre corps sous la forme du liquide interstitiel. De ce fait, il nous est possible d'atteindre à partir de ce chakra la moindre cellule contenant cet élément liquide.
Notre corps contient aussi d'autres fluides : le sang, le liquide céphalorachidien, par exemple. Nos cellules produisent des liquides : transpiration, sperme, urine, sucs gastriques, etc. Il est donc possible d'intervenir directement sur la gestion de ces liquides via le chakra sacré.

Le chakra sacré agit par proximité sur de nombreux organes: la vessie, les reins, chez les hommes sur les testicules, le pénis, notamment sur sa fonction érectile via l'irrigation sanguine des corps caverneux, chez les femmes sur le vagin, la sensibilité clitoridienne, les ovaires, les menstruations.

Lorsque le chakra sacré est trop faiblement irrigué en énergies, on constate des raideurs corporelles, particulièrement dans la zone dorsale inférieure, une fatigue chronique due à la lassitude, conséquence d'une vitalité insuffisante. On rencontre également des problèmes digestifs, de l'acidité gastrique, des flatulences, de la rétention d'eau. Chez les hommes, ce sont des affections testiculaires, des prostatites, des difficultés urinaires, de l'impuissance. Chez les femmes, nous trouverons des cystites à répétition, des menstruations irrégulières, des douleurs ovariennes, des mycoses, des problème utérins et vaginaux.

Lorsque le chakra sacré ne brasse pas suffisamment d'énergies, cela peut occasionner des blocages qui sont souvent dus à une éducation trop rigide ou trop prude qui aurait interdit, occulté ou dénaturé le thème des relations sexuelles.

Cela peut entraîner des tendances à la timidité, un manque d'assurance et de naturel, des comportements de compensation, un repli sur soi, de l'onanisme, trop de discrétion, ou d'effacement. Il faudra alors ouvrir le chakra sacré pour compenser les chakras plus spirituels ou affectifs généralement surdimensionnés ou perturbés dans ces cas de figures. Il faudra aussi fréquemment activer le chakra de la gorge pour une meilleure communication.

Les principales propriétés énergétiques de votre pierre

L'ambre est une résine fossile de pin (50 millions d'années). « Fossile » signifie qu'il y a eu minéralisation. De ce fait, l'ambre est bien une pierre. Mais attention aux imitations (plastiques, résines synthétiques, poussières d'ambre fondues...). Le copal est une résine non fossilisée parfois vendue pour de l'ambre.

L'ambre condense et décharge les énergies négatives de ceux qui le portent en amulette. Symboliquement, c'est l'Attraction solaire, spirituelle et divine. Pureté et immortalité.

L'Ambre a d'excellentes propriétés électromagnétiques qui renforcent les flux électriques du système nerveux. Il combat le froid, l'humidité et les maladies qu'ils engendrent (grippes, rhumes, maux de gorge). Protège les voies respiratoires. Adoucit les crises d'asthme et apaise les douleurs dentaires. Il donne de l'énergie et de la gaieté, combat la fatigue et les angoisses, calme les tendances dépressives ou suicidaires. Soulage les maux d'estomac.

L'ambre orangé peut être utilisé en tant que stimulateur sexuel.

Il ouvre la porte du corps astral pour bien structurer un excès d'émotions perturbantes.

C'est une pierre solaire qui réchauffe l'ensemble du système énergétique et agit en purificateur. De ce fait, l'ambre peut être appliqué simultanément à tous les chakras pour une action de réchauffement et de purification de tout le canal de circulation des énergies.

X L'oligoélément utile en soins : Aucun

L'ambre étant un minéral issu de composés organique, aucun oligoélément remarquable n'est présent dans sa composition chimique.

CONCLUSIONS

L'ambre est une pierre de circonstance pendant l'hiver, particulièrement lorsqu'on a besoin de se protéger des infections pulmonaires.
Il n'est donc pas surprenant que vous ayez choisi cette pierre.

L'ambre pourrait vous être utile car il sait où se situe un manque de mouvement et d'action pour retrouver une pleine satisfaction dans votre vie. L'ambre est un réchauffeur du système énergétique. Interrogez-vous : de quel type de chaleur manquez-vous ? Celle des émotions, des sentiments, du désir ?

L'ambre pourra vous être utile pour prendre conscience de vos manques et d'y remédier en vous donnant la force de changer certains paramétrages dans votre vie. Il vous aidera à identifier vos carences en chaleur et à y remédier.

CARTE N°21
CALCITE MIEL

Les fonctions du chakra correspondant : Chakra Sacré

Le chakra sacré est bien le siège des énergies sexuelles. Sa symbolique l'associe à l'eau en tant qu'élément de la fertilité et considère que la fécondation est un acte de création. Le chakra sacré est associé à cette énergie que l'on nomme libido, ou Éros. C'est elle qui détermine notre capacité à tisser des liens avec autrui, à cultiver le plaisir et à développer sa créativité. Il est donc directement lié à la sexualité, mais pas exclusivement.
L'eau vise à s'épandre, à se ramifier en prenant le chemin le plus aisé, et s'adapte à tous les contenants. Symboliquement, elle est la source de toute sociabilité et de la spontanéité innocente et joyeuse qui libère un contact créatif avec toutes les nouvelles rencontres, en toutes circonstances.

L'eau doit être considérée en tant qu'élément purificateur qui agit par dissolution ou expulsion des corps impurs. Cette purification entraîne à chaque fois une sorte de nouvelle naissance ou une renaissance perpétuelle. L'acte sexuel est une communion, une démarche d'unification, de fusion intime et généreuse qui repousse l'ego. Le chakra sacré détermine également l'identification de la personne à ses émotions, parfois excessivement et sans grande discrimination, et la recherche exclusive des contacts gratifiants, qu'ils soient sociaux, consommateurs ou esthétiques.
Le chakra sacré agit sur tous les liquides vitaux de notre corps. Il est important de prendre conscience que notre corps physique est composé de près de 73 % d'eau. Ce liquide est réparti dans l'ensemble des cellules de notre corps sous la forme du liquide interstitiel. De ce fait, il nous est possible d'atteindre à partir de ce chakra la moindre cellule contenant cet élément liquide.
Notre corps contient aussi d'autres fluides : le sang, le liquide céphalorachidien, par exemple. Nos cellules produisent des liquides : transpiration, sperme, urine, sucs gastriques, etc. Il est donc possible d'intervenir directement sur la gestion de ces liquides via le chakra sacré.

Le chakra sacré agit par proximité sur de nombreux organes : la vessie, les reins, chez les hommes sur les testicules, le pénis, notamment sur sa fonction érectile via l'irrigation sanguine des corps caverneux, chez les femmes sur le vagin, la sensibilité clitoridienne, les ovaires, les menstruations.
Lorsque le chakra sacré est trop faiblement irrigué en énergies, on constate des raideurs corporelles, particulièrement dans la zone dorsale inférieure, une fatigue chronique due à la lassitude, conséquence d'une vitalité insuffisante. On rencontre également des problèmes digestifs, de l'acidité gastrique, des flatulences, de la rétention d'eau. Chez les hommes, ce sont des affections testiculaires, des prostatites, des difficultés urinaires, de l'impuissance. Chez les femmes, nous trouverons des cystites à répétition, des menstruations irrégulières, des douleurs ovariennes, des mycoses, des problème utérins et vaginaux.
Lorsque le chakra sacré ne brasse pas suffisamment d'énergies, cela peut occasionner des blocages qui sont souvent dus à une éducation trop rigide ou trop prude qui aurait interdit, occulté ou dénaturé le thème des relations sexuelles.
Cela peut entraîner des tendances à la timidité, un manque d'assurance et de naturel, des comportements de compensation, un repli sur soi, de l'onanisme, trop de discrétion, ou d'effacement. Il faudra alors ouvrir le chakra sacré pour compenser les chakras plus spirituels ou affectifs généralement surdimensionnés ou perturbés dans ces cas de figures. Il faudra aussi fréquemment activer le chakra de la gorge pour une meilleure communication.

Les principales propriétés énergétiques de votre pierre

Toutes les variétés de calcite ont un rapport chimique et vibratoire étroit avec les os, le squelette, sa cohésion, la réparation de ses accidents. La Calcite Miel est très positive. C'est une bonne pierre pour les convalescents. Elle combat la souffrance physique et psychologique en la faisant transcender (chakra du plexus solaire ou directement sur zone).
C'est aussi un bon stimulant sexuel qui déverrouille les blocages et aide à accepter les contacts physiques et les caresses.
C'est une pierre d'approche qui permet de fluidifier les énergies avant de réaliser un travail plus en profondeur avec une pierre plus active.

Ca

L'oligoélément utile en soins : le calcium (Ca)

Le calcium est le métal le plus abondant dans le corps humain. Ses fonctions biochimiques sont fondamentales pour développer et maintenir une ossature saine. Il est indispensable chez les jeunes en phase de croissance, chez les adultes et les personnes âgées afin d'éviter la décalcification, qui entraîne une fragilisation osseuse et donc des risques de fractures. On trouve le calcium dans les os et dans les dents sous forme de phosphate de calcium.

Chez la femme en période de ménopause ou de maternité, la carence en calcium entraîne des problèmes d'ostéoporose qui peuvent être résolus par un apport de calcium. C'est un composant important d'un régime sain. Malgré les idées reçues, les produits laitiers ne suffisent pas leur teneur particulièrement élevée en phosphore ne permet pas une calcification optimale, même si le phosphore est un élément nécessaire à cette assimilation. Le corps a aussi besoin de magnésium et de silicium pour bien assimiler le calcium. Une interdépendance entre le calcium, le phosphore, le magnésium et le silicium fait qu'un excès de l'un entraîne une carence de l'autre.
Le calcium est aussi un antidouleur naturel.
C'est le calcium qui génère les impulsions nerveuses qui agissent sur les contractures des muscles. Du fait de cet exercice physique, le calcium agit indirectement sur le bon maintien de l'équilibre poids/taille. Il pourrait donc bien être d'un bon soutien à un régime alimentaire destiné à une perte de poids.
Il régule le pH corporel, c'est-à-dire l'équilibre des taux d'acidité et d'alcalinité du sang.

CONCLUSIONS

Votre choix révèle un besoin très net de renforcement de votre structure osseuse avec de la calcite.

La calcite miel, elle agit plus spécifiquement sur le chakra sacré et donc sur votre libido. Ce chakra est celui du goût de la vie. Sans désirs le goût de la vie n'a pas de sens. Interrogez-vous : à quel moment avez-vous perdu ce désir ?
L'énergie sexuelle est une des plus puissantes qui soit. Essayez d'identifier clairement vos besoin. N'y va-t-il pas en vous des besoins que vous avez mis en sommeil, voire totalement occultés ? Il est certain que les pressions que nous subissons au quotidien ne nous aident pas.

Prenez une pause et essayez de comprendre ce qui vous ferait du bien et aiguiserait vos sens et votre sensualité. Il est grand temps de vous réveiller !

Cependant, la calcite miel ne révèle qu'un besoin relativement modéré sur ce point. Elle peut néanmoins contribuer à résoudre ces problèmes en douceur.

CARTE N°22
CORNALINE

Les fonctions du chakra correspondant : Chakra Sacré

Le chakra sacré est bien le siège des énergies sexuelles. Sa symbolique l'associe à l'eau en tant qu'élément de la fertilité et considère que la fécondation est un acte de création. Le chakra sacré est associé à cette énergie que l'on nomme libido, ou Éros. C'est elle qui détermine notre capacité à tisser des liens avec autrui, à cultiver le plaisir et à développer sa créativité. Il est donc directement lié à la sexualité, mais pas exclusivement.
L'eau vise à s'épandre, à se ramifier en prenant le chemin le plus aisé, et s'adapte à tous les contenants. Symboliquement, elle est la source de toute sociabilité et de la spontanéité innocente et joyeuse qui libère un contact créatif avec toutes les nouvelles rencontres, en toutes circonstances.

L'eau doit être considérée en tant qu'élément purificateur qui agit par dissolution ou expulsion des corps impurs. Cette purification entraîne à chaque fois une sorte de nouvelle naissance ou une renaissance perpétuelle. L'acte sexuel est une communion, une démarche d'unification, de fusion intime et généreuse qui repousse l'ego. Le chakra sacré détermine également l'identification de la personne à ses émotions, parfois excessivement et sans grande discrimination, et la recherche exclusive des contacts gratifiants, qu'ils soient sociaux, consommateurs ou esthétiques.
Le chakra sacré agit sur tous les liquides vitaux de notre corps. Il est important de prendre conscience que notre corps physique est composé de près de 73 % d'eau. Ce liquide est réparti dans l'ensemble des cellules de notre corps sous la forme du liquide interstitiel. De ce fait, il nous est possible d'atteindre à partir de ce chakra la moindre cellule contenant cet élément liquide.
Notre corps contient aussi d'autres fluides : le sang, le liquide céphalorachidien, par exemple. Nos cellules produisent des liquides : transpiration, sperme, urine, sucs gastriques, etc. Il est donc possible d'intervenir directement sur la gestion de ces liquides via le chakra sacré.

Le chakra sacré agit par proximité sur de nombreux organes : la vessie, les reins, chez les hommes sur les testicules, le pénis, notamment sur sa fonction érectile via l'irrigation sanguine des corps caverneux, chez les femmes sur le vagin, la sensibilité clitoridienne, les ovaires, les menstruations.
Lorsque le chakra sacré est trop faiblement irrigué en énergies, on constate des raideurs corporelles, particulièrement dans la zone dorsale inférieure, une fatigue chronique due à la lassitude, conséquence d'une vitalité insuffisante. On rencontre également des problèmes digestifs, de l'acidité gastrique, des flatulences, de la rétention d'eau. Chez les hommes, ce sont des affections testiculaires, des prostatites, des difficultés urinaires, de l'impuissance. Chez les femmes, nous trouverons des cystites à répétition, des menstruations irrégulières, des douleurs ovariennes, des mycoses, des problème utérins et vaginaux.
Lorsque le chakra sacré ne brasse pas suffisamment d'énergies, cela peut occasionner des blocages qui sont souvent dus à une éducation trop rigide ou trop prude qui aurait interdit, occulté ou dénaturé le thème des relations sexuelles.
Cela peut entraîner des tendances à la timidité, un manque d'assurance et de naturel, des comportements de compensation, un repli sur soi, de l'onanisme, trop de discrétion, ou d'effacement. Il faudra alors ouvrir le chakra sacré pour compenser les chakras plus spirituels ou affectifs généralement surdimensionnés ou perturbés dans ces cas de figures. Il faudra aussi fréquemment activer le chakra de la gorge pour une meilleure communication.

Les principales propriétés énergétiques de votre pierre

La cornaline favorise l'érection chez les hommes mais elle est déconseillée aux hypertendus. Chez la femme, elle agit sur les ovaires, augmente la fécondité.
La cornaline agit sur la purification des liquides du corps, en activant la mémoire des liquides cellulaire interstitiels et les défenses de l'organisme au niveau cellulaire.
Elle a des effets apaisants sur les personnes colériques et émotives car, contrairement à la plupart des pierres rouges, elle absorbe l'énergie au lieu de la rayonner en l'amplifiant. C'est une pierre joyeuse, spontanée.
De ce fait, elle est utile à la concentration en absorbant les pensées dissipées et en ramenant l'utilisateur au moment présent. C'est une pierre extrêmement concrète qui donne le sens des responsabilités.

Si

L'oligoélément utile en soins : le silicium (Si)

Le silicium est le principal composant du collagène. Il permet l'assemblage de toutes les cellules du corps. C'est dans l'artère aorte, dans la peau et le thymus que l'on trouve les plus grandes concentrations de silicium. Son taux diminue avec l'âge dans des proportions importantes, engendrant une

perte d'élasticité et une rigidification, d'où un risque sérieux d'hypertension artérielle, voire de rupture de vaisseaux sanguins.
Les globules blancs sont gros consommateurs de silicium. Ce sont les meilleurs défenseurs de notre organisme contre les infections microbiennes. Le silicium participe donc activement à nos défenses immunitaires naturelles, d'autant plus qu'il est impliqué dans la synthèse des anticorps.
Le silicium favorise la fixation du calcium dans les os et les dents, surtout en période de croissance des enfants, chez la femme enceinte, allaitante ou en période de ménopause pour contrer les risques d'ostéoporose, et chez les personnes âgées.
Le taux de silicium devrait être surveillé chez les personnes qui ont des activités sportives, car elles risquent de multiples incidents dus à une carence claquages musculaires, tendinites, entorses et microfractures.
Les os, les tendons, les ligaments et les muscles ont besoin de conserver toute leur élasticité tributaire de la présence de silicium dans le collagène et l'élastine.
Bon stimulateur des glandes endocrines, le silicium contribue à un développement harmonieux du système nerveux et préserve des risques de déficience intellectuelle, de pertes de mémoire et d'atonie cérébrale, surtout en période de croissance.
Le silicium a un effet diurétique puissant. Il est recommandé aux personnes qui ont de la cellulite et qui font de la rétention d'eau.
La présence de silicium dans la peau aide à la conserver en bon état et contribue à la réparation des blessures et des inflammations en facilitant la cicatrisation.
Les prostatites proviennent d'un durcissement des parois de la prostate. Le silicium permet de soulager des prostatites en rendant leur souplesse aux parois par le biais du collagène et de l'élastine.
Le silicium est souvent utilisé en cosmétique comme antirides.

CONCLUSIONS

Votre choix révèle un besoin très net d'un travail de structuration au niveau du chakra sacré pour satisfaire vos besoins physiologiques et votre libido, mais pas seulement.
La cornaline pourrait vous être utile pour retrouver le sens sensoriel au travers de vos émotions en lien avec votre sensualité. Peut-être l'avez-vous oubliée dans le dédale de votre quotidien, de vos vie trop pressée par le temps. Prenez un moment à deux ou seul et faites-vous plaisir. La cornaline est un puissant régulateur de votre sensualité. Elle saura vous la faire retrouver si elle est enfouie dans le fatras de votre vie.

Le choix de la cornaline suggère aussi que vous pourriez être légèrement carencé(e) en silicium (voir ci-dessus le descriptif de l'oligoélément utile).

La Cornaline peut contribuer à résoudre ces problèmes.

CARTE N°23
GRENAT SPESSARTITE

Les fonctions du chakra correspondant : Chakra Sacré

Le chakra sacré est bien le siège des énergies sexuelles. Sa symbolique l'associe à l'eau en tant qu'élément de la fertilité et considère que la fécondation est un acte de création. Le chakra sacré est associé à cette énergie que l'on nomme libido, ou Éros. C'est elle qui détermine notre capacité à tisser des liens avec autrui, à cultiver le plaisir et à développer sa créativité. Il est donc directement lié à la sexualité, mais pas exclusivement.
L'eau vise à s'épandre, à se ramifier en prenant le chemin le plus aisé, et s'adapte à tous les contenants. Symboliquement, elle est la source de toute sociabilité et de la spontanéité innocente et joyeuse qui libère un contact créatif avec toutes les nouvelles rencontres, en toutes circonstances.

L'eau doit être considérée en tant qu'élément purificateur qui agit par dissolution ou expulsion des corps impurs. Cette purification entraîne à chaque fois une sorte de nouvelle naissance ou une renaissance perpétuelle. L'acte sexuel est une communion, une démarche d'unification, de fusion intime et généreuse qui repousse l'ego.
Le chakra sacré détermine également l'identification de la personne à ses émotions, parfois excessivement et sans grande discrimination, et la recherche exclusive des contacts gratifiants, qu'ils soient sociaux, consommateurs ou esthétiques.
Le chakra sacré agit sur tous les liquides vitaux de notre corps. Il est important de prendre conscience que notre corps physique est composé de près de 73 % d'eau. Ce liquide est réparti dans l'ensemble des cellules de notre corps sous la forme du liquide interstitiel. De ce fait, il nous est possible d'atteindre à partir de ce chakra la moindre cellule contenant cet élément liquide.
Notre corps contient aussi d'autres fluides : le sang, le liquide céphalorachidien, par exemple. Nos cellules produisent des liquides : transpiration, sperme, urine, sucs gastriques, etc. Il est donc possible d'intervenir directement sur la gestion de ces liquides via le chakra sacré.

Le chakra sacré agit par proximité sur de nombreux organes : la vessie, les reins, chez les hommes sur les testicules, le pénis, notamment sur sa fonction érectile via l'irrigation sanguine des corps caverneux, chez les femmes sur le vagin, la sensibilité clitoridienne, les ovaires, les menstruations.

Lorsque le chakra sacré est trop faiblement irrigué en énergies, on constate des raideurs corporelles, particulièrement dans la zone dorsale inférieure, une fatigue chronique due à la lassitude, conséquence d'une vitalité insuffisante. On rencontre également des problèmes digestifs, de l'acidité gastrique, des flatulences, de la rétention d'eau. Chez les hommes, ce sont des affections testiculaires, des prostatites, des difficultés urinaires, de l'impuissance. Chez les femmes, nous trouverons des cystites à répétition, des menstruations irrégulières, des douleurs ovariennes, des mycoses, des problème utérins et vaginaux.

Lorsque le chakra sacré ne brasse pas suffisamment d'énergies, cela peut occasionner des blocages qui sont souvent dus à une éducation trop rigide ou trop prude qui aurait interdit, occulté ou dénaturé le thème des relations sexuelles.

Cela peut entraîner des tendances à la timidité, un manque d'assurance et de naturel, des comportements de compensation, un repli sur soi, de l'onanisme, trop de discrétion, ou d'effacement. Il faudra alors ouvrir le chakra sacré pour compenser les chakras plus spirituels ou affectifs généralement surdimensionnés ou perturbés dans ces cas de figures. Il faudra aussi fréquemment activer le chakra de la gorge pour une meilleure communication.

Les principales propriétés énergétiques de votre pierre

Le groupe des grenats est riche et varié. Les applications des grenats en lithothérapie sont particulièrement nombreuses, variées et efficaces

Le grenat spessartite, c'est la pierre de l'appétit retrouvé. Il est excellent en soutien à un traitement contre l'anorexie.

C'est aussi la pierre de l'appétit sexuel retrouvé, particulièrement chez la femme désabusée, traumatisée ou d'éducation trop prude. La spessartite permet d'évacuer la notion de culpabilité ou de « pêché » au sens religieux du terme, de trouver ou de retrouver assurance, confiance en soi et désir de séduction.

N'en abusez pas, faute de quoi vous risqueriez de perdre tout sens moral !...

Fe

L'oligoélément utile en soins : le fer (Fe)

Le fer est l'élément le plus abondant sur Terre. Il est aussi l'oligoélément le plus présent dans le corps humain.

L'hémoglobine du sang est une protéine qui contient un complexe ferreux. C'est ce fer qui permet aux globules rouges de transporter l'oxygène des poumons aux organes, leur permettant ainsi d'assurer leurs fonctions, et aux muscles qui vont stocker l'oxygène grâce à la myoglobine avant de le

brûler lors des efforts physiques.
Le fer est facilement assimilable lorsqu'on est à jeun, même avec une faible quantité absorbée. La carence en fer est très courante. Sa manifestation la plus connue est l'anémie, mais d'autres symptômes en sont souvent révélateurs : fatigue et moindre résistance à un effort physique prolongé, tendance à la somnolence diurne et à l'apathie, diminution des capacités intellectuelles, difficultés de concentration, distraction, plus grande vulnérabilité face aux risques infectieux.
Ces symptômes se rencontrent souvent chez les enfants, les femmes en période de grossesse ou de ménopause et les personnes âgées. La carence en fer peut entraîner l'apparition de varices et d'hémorroïdes, des problèmes au niveau du système digestif, des risques d'accouchement prématuré, voire de malformation du fœtus.

CONCLUSIONS

Votre choix révèle un besoin très net d'un travail de structuration au niveau du chakra sacré pour satisfaire vos besoins physiologiques et votre libido, mais pas seulement.

Le grenat spessartite pourra vous être utile si vous avez besoin de passer à l'action. Il concerne bien évidemment le chakra sacré et comme tous les grenats, il est une pierre d'action.

Que désirez-vous voir évoluer dans votre vie ? Peut-être avez-vous une sexualité peu présente et vous aimeriez des relations plus équilibrés avec votre partenaire dans ce domaine ? Peut-être avez-vous compensé vos manques par une créativité débordante. Le grenat spessartite pourra vous aider à évoluer vers une relation qui correspond plus à vos désirs et envies profondes. Donnez-vous en les moyens.

Le choix de la spessartite suggère que vous pourriez être légèrement carencé(e) en fer (voir ci-dessus le descriptif de l'oligoélément utile).

Le grenat spessartite peut contribuer à résoudre ces problèmes.

CARTE N°24
OPALE DE FEU

Les fonctions du chakra correspondant : Chakra Sacré

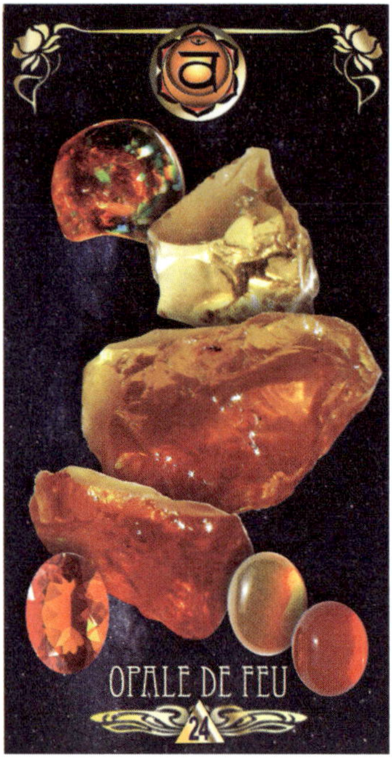

Le chakra sacré est bien le siège des énergies sexuelles. Sa symbolique l'associe à l'eau en tant qu'élément de la fertilité et considère que la fécondation est un acte de création. Le chakra sacré est associé à cette énergie que l'on nomme libido, ou Éros. C'est elle qui détermine notre capacité à tisser des liens avec autrui, à cultiver le plaisir et à développer sa créativité. Il est donc directement lié à la sexualité, mais pas exclusivement.

L'eau vise à s'épandre, à se ramifier en prenant le chemin le plus aisé, et s'adapte à tous les contenants. Symboliquement, elle est la source de toute sociabilité et de la spontanéité innocente et joyeuse qui libère un contact créatif avec toutes les nouvelles rencontres, en toutes circonstances. L'eau doit être considérée en tant qu'élément purificateur qui agit par dissolution ou expulsion des corps impurs. Cette purification entraîne à chaque fois une sorte de nouvelle naissance ou une renaissance perpétuelle. L'acte sexuel est une communion, une démarche d'unification, de fusion intime et généreuse qui repousse l'ego. Le chakra sacré détermine également l'identification de la personne à ses émotions, parfois excessivement et sans grande discrimination, et la recherche exclusive des contacts gratifiants, qu'ils soient sociaux, consommateurs ou esthétiques.

Le chakra sacré agit sur tous les liquides vitaux de notre corps. Il est important de prendre conscience que notre corps physique est composé de près de 73 % d'eau. Ce liquide est réparti dans l'ensemble des cellules de notre corps sous la forme du liquide interstitiel. De ce fait, il nous est possible d'atteindre à partir de ce chakra la moindre cellule contenant cet élément liquide.

Notre corps contient aussi d'autres fluides : le sang, le liquide céphalorachidien, par exemple. Nos cellules produisent des liquides : transpiration, sperme, urine, sucs gastriques, etc. Il est donc possible d'intervenir directement sur la gestion de ces liquides via le chakra sacré.

Le chakra sacré agit par proximité sur de nombreux organes : la vessie, les reins, chez les hommes sur les testicules, le pénis, notamment sur sa fonction érectile via l'irrigation sanguine des corps caverneux, chez les femmes sur le vagin, la sensibilité clitoridienne, les ovaires, les menstruations.
Lorsque le chakra sacré est trop faiblement irrigué en énergies, on constate des raideurs corporelles, particulièrement dans la zone dorsale inférieure, une fatigue chronique due à la lassitude, conséquence d'une vitalité insuffisante. On rencontre également des problèmes digestifs, de l'acidité gastrique, des flatulences, de la rétention d'eau. Chez les hommes, ce sont des affections testiculaires, des prostatites, des difficultés urinaires, de l'impuissance. Chez les femmes, nous trouverons des cystites à répétition, des menstruations irrégulières, des douleurs ovariennes, des mycoses, des problème utérins et vaginaux.
Lorsque le chakra sacré ne brasse pas suffisamment d'énergies, cela peut occasionner des blocages qui sont souvent dus à une éducation trop rigide ou trop prude qui aurait interdit, occulté ou dénaturé le thème des relations sexuelles.
Cela peut entraîner des tendances à la timidité, un manque d'assurance et de naturel, des comportements de compensation, un repli sur soi, de l'onanisme, trop de discrétion, ou d'effacement. Il faudra alors ouvrir le chakra sacré pour compenser les chakras plus spirituels ou affectifs généralement surdimensionnés ou perturbés dans ces cas de figures. Il faudra aussi fréquemment activer le chakra de la gorge pour une meilleure communication.

Les principales propriétés énergétiques de votre pierre

L'Opale de Feu est une pierre de feu, d'énergie pure, de vitalité.
C'est de très loin la pierre idéale pour harmoniser les énergies du Chakra sacré. Elle régule les périodes de menstruation, aide à la procréation chez la femme et facilite l'accouchement.
Elle agit en purificatrice sur tous les liquides vitaux, depuis le moindre liquide contenu dans les interstices cellulaire jusqu'au liquide le plus abondant dans l'organisme (le sang), en passant par tous les liquides stagnants (liquide céphalorachidien, par exemple) ou tous les liquides actifs produits par nos organes (transpiration, urine, sperme...).
Elle agit aussi sur l'hydratation de la peau, sa tension, son élasticité.
C'est, par excellence, la pierre qui convient au chakra du sexe : stimulation, levage des inhibitions, renforcement du désir, accès plus spontané au plaisir.
Elle est aussi efficace chez les hommes que chez les femmes.

L'oligoélément utile en soins : le silicium (Si)

Le silicium est le principal composant du collagène. Il permet l'assemblage de toutes les cellules du corps. C'est dans l'artère aorte, dans la peau et le thymus que l'on trouve les plus grandes concentrations de silicium. Son taux diminue avec l'âge dans des proportions importantes, engendrant une perte d'élasticité et une rigidification, d'où un risque sérieux d'hypertension artérielle, voire de rupture de vaisseaux sanguins.

Les globules blancs sont gros consommateurs de silicium. Ce sont les meilleurs défenseurs de notre organisme contre les infections microbiennes. Le silicium participe donc activement à nos défenses immunitaires naturelles, d'autant plus qu'il est impliqué dans la synthèse des anticorps.

Le silicium favorise la fixation du calcium dans les os et les dents, surtout en période de croissance des enfants, chez la femme enceinte, allaitante ou en période de ménopause pour contrer les risques d'ostéoporose, et chez les personnes âgées.

Le taux de silicium devrait être surveillé chez les personnes qui ont des activités sportives, car elles risquent de multiples incidents dus à une carence claquages musculaires, tendinites, entorses et microfractures.

Les os, les tendons, les ligaments et les muscles ont besoin de conserver toute leur élasticité tributaire de la présence de silicium dans le collagène et l'élastine.

Bon stimulateur des glandes endocrines, le silicium contribue à un développement harmonieux du système nerveux et préserve des risques de déficience intellectuelle, de pertes de mémoire et d'atonie cérébrale, surtout en période de croissance.

Le silicium a un effet diurétique puissant. Il est recommandé aux personnes qui ont de la cellulite et qui font de la rétention d'eau.

La présence de silicium dans la peau aide à la conserver en bon état et contribue à la réparation des blessures et des inflammations en facilitant la cicatrisation.

Les prostatites proviennent d'un durcissement des parois de la prostate. Le silicium permet de soulager des prostatites en rendant leur souplesse aux parois par le biais du collagène et de l'élastine.

Le silicium est souvent utilisé en cosmétique comme antirides.

CONCLUSIONS

Votre choix révèle un besoin très net d'un travail de structuration au niveau du chakra sacré pour satisfaire vos besoins physiologiques et votre libido, mais pas seulement.

L'opale de feu pourrait vous être utile si vous avez perdu la force qui vous permet de vous sentir en vie. Elle est par essence la pierre de la puissance d'incarnation. Elle pourra également vous aider si vous vous sentez apathique d'envie.

L'opale de feu contient beaucoup d'eau. Elle permet ainsi de mettre en pratique le principe de purification. Vous redonnerez ainsi de la force à vos émotions, à votre désir de vivre intensément, avec un sentiment d'innocence emprunte de pureté.

Il se peut aussi que ce choix puisse révéler une petite carence en silicium (voir ses propriétés biochimiques ci-dessus).

CARTE N°25
PIERRE DE SOLEIL

Les fonctions du chakra correspondant : Chakra Sacré

Le chakra sacré est bien le siège des énergies sexuelles. Sa symbolique l'associe à l'eau en tant qu'élément de la fertilité et considère que la fécondation est un acte de création. Le chakra sacré est associé à cette énergie que l'on nomme libido, ou Éros. C'est elle qui détermine notre capacité à tisser des liens avec autrui, à cultiver le plaisir et à développer sa créativité. Il est donc directement lié à la sexualité, mais pas exclusivement.
L'eau vise à s'épandre, à se ramifier en prenant le chemin le plus aisé, et s'adapte à tous les contenants. Symboliquement, elle est la source de toute sociabilité et de la spontanéité innocente et joyeuse qui libère un contact créatif avec toutes les nouvelles rencontres, en toutes circonstances.

L'eau doit être considérée en tant qu'élément purificateur qui agit par dissolution ou expulsion des corps impurs. Cette purification entraîne à chaque fois une sorte de nouvelle naissance ou une renaissance perpétuelle. L'acte sexuel est une communion, une démarche d'unification, de fusion intime et généreuse qui repousse l'ego. Le chakra sacré détermine également l'identification de la personne à ses émotions, parfois excessivement et sans grande discrimination, et la recherche exclusive des contacts gratifiants, qu'ils soient sociaux, consommateurs ou esthétiques.
Le chakra sacré agit sur tous les liquides vitaux de notre corps. Il est important de prendre conscience que notre corps physique est composé de près de 73 % d'eau. Ce liquide est réparti dans l'ensemble des cellules de notre corps sous la forme du liquide interstitiel. De ce fait, il nous est possible d'atteindre à partir de ce chakra la moindre cellule contenant cet élément liquide.
Notre corps contient aussi d'autres fluides : le sang, le liquide céphalorachidien, par exemple. Nos cellules produisent des liquides : transpiration, sperme, urine, sucs gastriques, etc. Il est donc possible d'intervenir directement sur la gestion de ces liquides via le chakra sacré.

Le chakra sacré agit par proximité sur de nombreux organes : la vessie, les reins, chez les hommes sur les testicules, le pénis, notamment sur sa fonction érectile via l'irrigation sanguine des corps caverneux, chez les femmes sur le vagin, la sensibilité clitoridienne, les ovaires, les menstruations.
Lorsque le chakra sacré est trop faiblement irrigué en énergies, on constate des raideurs corporelles, particulièrement dans la zone dorsale inférieure, une fatigue chronique due à la lassitude, conséquence d'une vitalité insuffisante. On rencontre également des problèmes digestifs, de l'acidité gastrique, des flatulences, de la rétention d'eau. Chez les hommes, ce sont des affections testiculaires, des prostatites, des difficultés urinaires, de l'impuissance. Chez les femmes, nous trouverons des cystites à répétition, des menstruations irrégulières, des douleurs ovariennes, des mycoses, des problème utérins et vaginaux.
Lorsque le chakra sacré ne brasse pas suffisamment d'énergies, cela peut occasionner des blocages qui sont souvent dus à une éducation trop rigide ou trop prude qui aurait interdit, occulté ou dénaturé le thème des relations sexuelles.
Cela peut entraîner des tendances à la timidité, un manque d'assurance et de naturel, des comportements de compensation, un repli sur soi, de l'onanisme, trop de discrétion, ou d'effacement. Il faudra alors ouvrir le chakra sacré pour compenser les chakras plus spirituels ou affectifs généralement surdimensionnés ou perturbés dans ces cas de figures. Il faudra aussi fréquemment activer le chakra de la gorge pour une meilleure communication.

Les principales propriétés énergétiques de votre pierre

Au chakra du sacré, elle véhicule une énergie revigorante aux femmes comme aux hommes. C'est une pierre chaude, d'énergie interne, de joie, de gaieté, une pierre d'amitié et de rencontres. Elle transmet beaucoup de charisme. Au chakra du plexus solaire, elle diffuse vitalité, bonne humeur et optimisme, facilite l'expression corporelle, incite à la danse. Elle est désinhibante, elle chasse les complexes, la timidité et les incertitudes. Elle est résolument positive et enthousiaste.
Globalement, elle stimule l'action qu'elle privilégie à la réflexion. Elle active les paresseux, les apathiques, tous ceux qui préfèrent remettre au lendemain ce qu'ils pourraient faire le jour même. Grâce à ses capacités à faire sortir de leur coquille les introvertis dépressifs, c'est un excellent antidépresseur.

Si

L'oligoélément utile en soins : le silicium (Si)

Le silicium est le principal composant du collagène. Il permet l'assemblage de toutes les cellules du corps. C'est dans l'artère aorte, dans la peau et le thymus que l'on trouve les plus grandes concentrations de silicium. Son taux diminue avec l'âge dans des proportions importantes, engendrant une perte d'élasticité et une rigidification, d'où un risque sérieux d'hyperten-

sion artérielle, voire de rupture de vaisseaux sanguins.
Les globules blancs sont gros consommateurs de silicium. Ce sont les meilleurs défenseurs de notre organisme contre les infections microbiennes. Le silicium participe donc activement à nos défenses immunitaires naturelles, d'autant plus qu'il est impliqué dans la synthèse des anticorps.
Le silicium favorise la fixation du calcium dans les os et les dents, surtout en période de croissance des enfants, chez la femme enceinte, allaitante ou en période de ménopause pour contrer les risques d'ostéoporose, et chez les personnes âgées.
Le taux de silicium devrait être surveillé chez les personnes qui ont des activités sportives, car elles risquent de multiples incidents dus à une carence claquages musculaires, tendinites, entorses et microfractures.
Les os, les tendons, les ligaments et les muscles ont besoin de conserver toute leur élasticité tributaire de la présence de silicium dans le collagène et l'élastine.
Bon stimulateur des glandes endocrines, le silicium contribue à un développement harmonieux du système nerveux et préserve des risques de déficience intellectuelle, de pertes de mémoire et d'atonie cérébrale, surtout en période de croissance.
Le silicium a un effet diurétique puissant. Il est recommandé aux personnes qui ont de la cellulite et qui font de la rétention d'eau.
La présence de silicium dans la peau aide à la conserver en bon état et contribue à la réparation des blessures et des inflammations en facilitant la cicatrisation.
Les prostatites proviennent d'un durcissement des parois de la prostate. Le silicium permet de soulager des prostatites en rendant leur souplesse aux parois par le biais du collagène et de l'élastine.
Le silicium est souvent utilisé en cosmétique comme antirides.

CONCLUSIONS

Il est probable que vous souffrez d'une certaine timidité et que vous que vous ressentez un certain manque de charisme.

La pierre de soleil ne vous transformera pas en lion régnant d'autorité sur votre territoire, mais elle vous permettra de rayonner la gaîté, la joie de vivre et de mettre de la couleur dans votre vie.

Ainsi vous constaterez que vous intéressez les personnes autour de vous et des amitiés pourraient même se développer.

La pierre de soleil vous invite à sortir de votre coquille et, telle la chrysalide, de vous transformer en un beau papillon. Déployez vos ailes et prenez votre envol. Ce n'est pas difficile : il suffit d'oser.

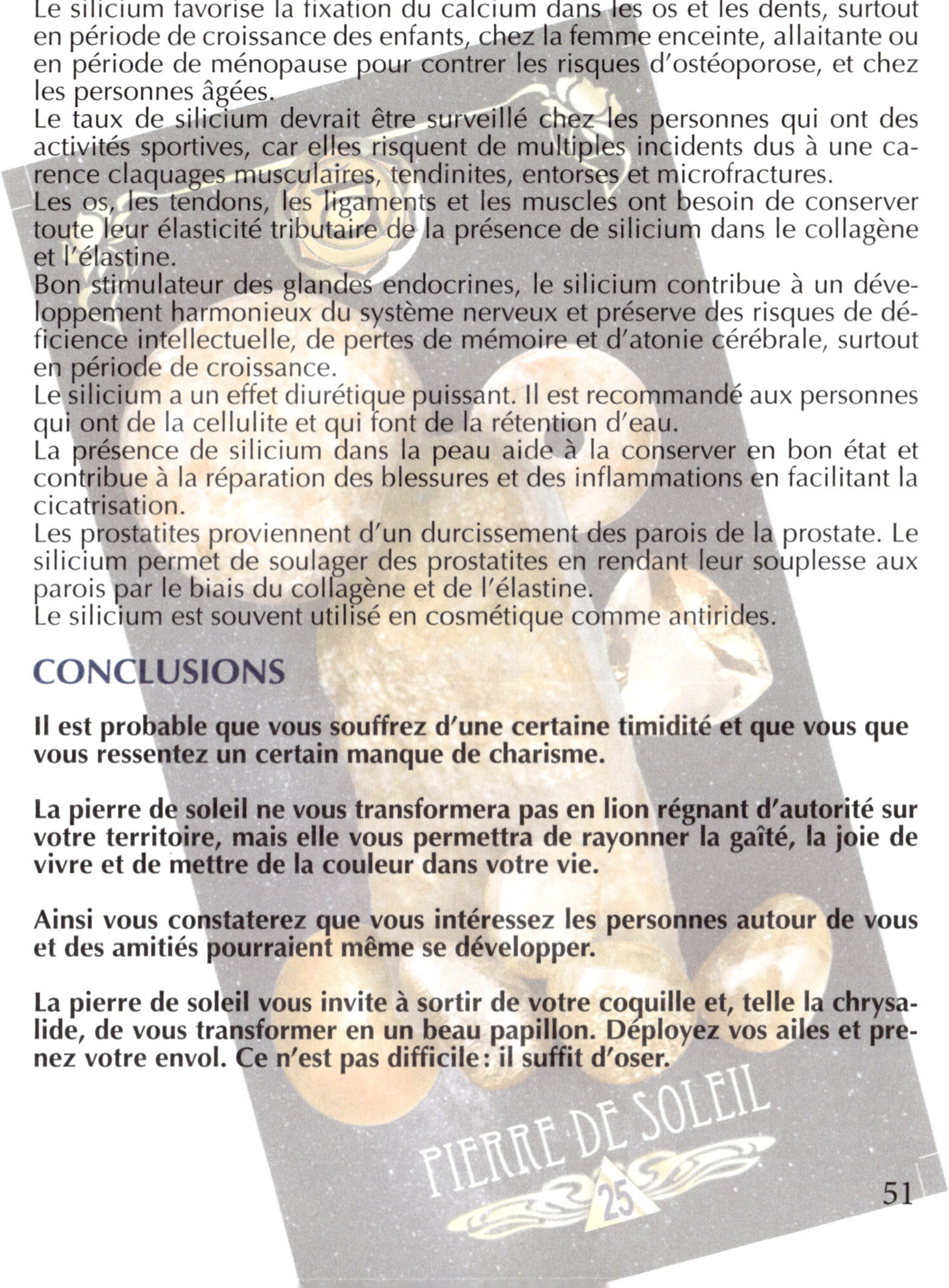

CARTE N°26
CUIVRE NATIF

Les fonctions du chakra correspondant : Chakra Sacré

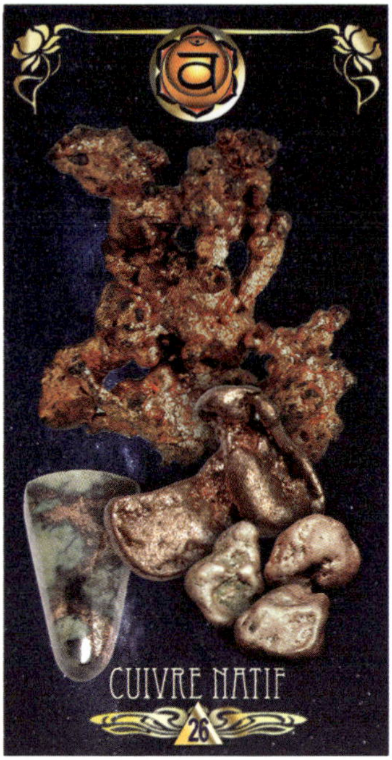

Le chakra sacré est bien le siège des énergies sexuelles. Sa symbolique l'associe à l'eau en tant qu'élément de la fertilité et considère que la fécondation est un acte de création. Le chakra sacré est associé à cette énergie que l'on nomme libido, ou Éros. C'est elle qui détermine notre capacité à tisser des liens avec autrui, à cultiver le plaisir et à développer sa créativité. Il est donc directement lié à la sexualité, mais pas exclusivement.
L'eau vise à s'épandre, à se ramifier en prenant le chemin le plus aisé, et s'adapte à tous les contenants. Symboliquement, elle est la source de toute sociabilité et de la spontanéité innocente et joyeuse qui libère un contact créatif avec toutes les nouvelles rencontres, en toutes circonstances.

L'eau doit être considérée en tant qu'élément purificateur qui agit par dissolution ou expulsion des corps impurs. Cette purification entraîne à chaque fois une sorte de nouvelle naissance ou une renaissance perpétuelle. L'acte sexuel est une communion, une démarche d'unification, de fusion intime et généreuse qui repousse l'ego. Le chakra sacré détermine également l'identification de la personne à ses émotions, parfois excessivement et sans grande discrimination, et la recherche exclusive des contacts gratifiants, qu'ils soient sociaux, consommateurs ou esthétiques.
Le chakra sacré agit sur tous les liquides vitaux de notre corps. Il est important de prendre conscience que notre corps physique est composé de près de 73 % d'eau. Ce liquide est réparti dans l'ensemble des cellules de notre corps sous la forme du liquide interstitiel. De ce fait, il nous est possible d'atteindre à partir de ce chakra la moindre cellule contenant cet élément liquide.
Notre corps contient aussi d'autres fluides : le sang, le liquide céphalorachidien, par exemple. Nos cellules produisent des liquides : transpiration, sperme, urine, sucs gastriques, etc. Il est donc possible d'intervenir directement sur la gestion de ces liquides via le chakra sacré.

Le chakra sacré agit par proximité sur de nombreux organes : la vessie, les reins, chez les hommes sur les testicules, le pénis, notamment sur sa fonction érectile via l'irrigation sanguine des corps caverneux, chez les femmes sur le vagin, la sensibilité clitoridienne, les ovaires, les menstruations.
Lorsque le chakra sacré est trop faiblement irrigué en énergies, on constate des raideurs corporelles, particulièrement dans la zone dorsale inférieure, une fatigue chronique due à la lassitude, conséquence d'une vitalité insuffisante. On rencontre également des problèmes digestifs, de l'acidité gastrique, des flatulences, de la rétention d'eau. Chez les hommes, ce sont des affections testiculaires, des prostatites, des difficultés urinaires, de l'impuissance. Chez les femmes, nous trouverons des cystites à répétition, des menstruations irrégulières, des douleurs ovariennes, des mycoses, des problème utérins et vaginaux.
Lorsque le chakra sacré ne brasse pas suffisamment d'énergies, cela peut occasionner des blocages qui sont souvent dus à une éducation trop rigide ou trop prude qui aurait interdit, occulté ou dénaturé le thème des relations sexuelles.
Cela peut entraîner des tendances à la timidité, un manque d'assurance et de naturel, des comportements de compensation, un repli sur soi, de l'onanisme, trop de discrétion, ou d'effacement. Il faudra alors ouvrir le chakra sacré pour compenser les chakras plus spirituels ou affectifs généralement surdimensionnés ou perturbés dans ces cas de figures. Il faudra aussi fréquemment activer le chakra de la gorge pour une meilleure communication.

Les principales propriétés énergétiques de votre pierre

Le Cuivre Natif est du cuivre pur trouvé tel quel dans la nature.
Il atténue les rhumatismes articulaires et estompe les douleurs rhumatismales.
Il est un excellent outil de la réorganisation des organes de la cavité abdominale et plus précisément du système digestif : digestion, transit intestinal. Il purifie le sang en en chassant les toxines par une activation des fonctions de purification du foie et des reins. Il a de bonnes propriétés fongicides et antibactériennes en application d'élixir aseptique sur zone.
Il propage un rayonnement doux, puissant et tonifiant. C'est un charme d'amour.
Le cuivre natif est en quelque sorte « la racine du ciel ». Excellent conducteur, il est une antenne qui capte les énergies cosmiques et les véhicule au chakra coronal. Il peut aussi être un puissant outil de méditation, de voyage astral de divination et de télépathie. C'est une pierre que l'on pourrait qualifier de "connectée".
Excellent conducteur des énergies, le cuivre natif est utile aux professions en rapport avec le transport d'énergies : électriciens, techniciens de l'électronique, techniciens des transmissions (radio, télévision, téléphonie…)

Cu

L'oligoélément utile en soins : le cuivre (Cu)

Le cuivre est un oligoélément indispensable au développement de toute forme de vie et plus particulièrement chez les mammifères, car il est nécessaire à la formation de l'hémoglobine.
Il intervient dans les processus immunitaires. Un déficit en cuivre peut diminuer la résistance de l'organisme aux infections. Le cuivre agit aussi contre le stress oxydatif en empêchant la production de radicaux libres. Les radicaux libres sont des molécules instables qui peuvent endommager nos cellules. Les stress oxydatifs peuvent favoriser l'apparition des cancers, les affections dégénératives, les maladies cardiovasculaires, le syndrome d'Alzheimer et provoquer un vieillissement prématuré. Le cuivre facilite l'assimilation du fer. Des symptômes similaires à l'anémie peuvent être provoqués par un déficit en cuivre. Un déficit en cuivre peut aussi engendrer des anomalies osseuses, une dépigmentation de la peau, des complications lors de la croissance. On a également pu constater un développement anormal des taux de glucose et de cholestérol.
L'action du cuivre dans les traitements antirhumatismaux a été constatée en médecine thermale. Des cures d'eaux chargées en cuivre sont également bénéfiques sur des problèmes dermatologiques et en stomatologie.
Si le cuivre est indispensable à la production de spermatozoïdes, il peut aussi avoir un effet inhibiteur sur leur mobilité. C'est pourquoi il existe des stérilets en cuivre.
L'industrie pharmaceutique propose actuellement de nombreuses applications à base de cuivre pour ses vertus antiseptiques et antifongicides.

CONCLUSIONS

Votre choix révèle assez clairement un besoin en cuivre.
Les raisons peuvent être diverses. Généralement ces sont des problèmes sur les articulations qui peuvent générer des difficultés de mobilité mais il peut aussi s'agir de petits problèmes infectieux ou inflammatoire au niveau de la peau (mycoses, furonculose, par exemple).
Pensez à surveiller ces symptômes.

Le cuivre natif pourrait vous être utile si vous avez une certaine forme de brutalité lorsque vous exprimez vos émotions. Vous ne les comprenez pas et vous les faite sortir de façon plutôt primaire, ce qui, en général, vous vaut les foudres de votre entourage. Avec le cuivre natif, vous trouverez une certaine douceur dans l'expression de vos émotions. Vous générerez un flux régulateur qui vous permettra d'adapter vos ressentis à vos interlocuteurs. Ainsi la vie vous sera plus facile et celle de votre entourage également.

CARTE N°27
SPHALÉRITE

Les fonctions du chakra correspondant : Chakra Sacré

Le chakra sacré est bien le siège des énergies sexuelles. Sa symbolique l'associe à l'eau en tant qu'élément de la fertilité et considère que la fécondation est un acte de création. Le chakra sacré est associé à cette énergie que l'on nomme libido, ou Éros. C'est elle qui détermine notre capacité à tisser des liens avec autrui, à cultiver le plaisir et à développer sa créativité. Il est donc directement lié à la sexualité, mais pas exclusivement.
L'eau vise à s'épandre, à se ramifier en prenant le chemin le plus aisé, et s'adapte à tous les contenants. Symboliquement, elle est la source de toute sociabilité et de la spontanéité innocente et joyeuse qui libère un contact créatif avec toutes les nouvelles rencontres, en toutes circonstances. L'eau doit être considérée en tant qu'élément purificateur qui agit par dissolution ou expulsion des corps impurs. Cette purification entraîne à chaque fois une sorte de nouvelle naissance ou une renaissance perpétuelle. L'acte sexuel est une communion, une démarche d'unification, de fusion intime et généreuse qui repousse l'ego. Le chakra sacré détermine également l'identification de la personne à ses émotions, parfois excessivement et sans grande discrimination, et la recherche exclusive des contacts gratifiants, qu'ils soient sociaux, consommateurs ou esthétiques.
Le chakra sacré agit sur tous les liquides vitaux de notre corps. Il est important de prendre conscience que notre corps physique est composé de près de 73 % d'eau. Ce liquide est réparti dans l'ensemble des cellules de notre corps sous la forme du liquide interstitiel. De ce fait, il nous est possible d'atteindre à partir de ce chakra la moindre cellule contenant cet élément liquide.
Notre corps contient aussi d'autres fluides : le sang, le liquide céphalorachidien, par exemple. Nos cellules produisent des liquides : transpiration, sperme, urine, sucs gastriques, etc. Il est donc possible d'intervenir directement sur la gestion de ces liquides via le chakra sacré.

Le chakra sacré agit par proximité sur de nombreux organes: la vessie, les reins, chez les hommes sur les testicules, le pénis, notamment sur sa fonction érectile via l'irrigation sanguine des corps caverneux, chez les femmes sur le vagin, la sensibilité clitoridienne, les ovaires, les menstruations.
Lorsque le chakra sacré est trop faiblement irrigué en énergies, on constate des raideurs corporelles, particulièrement dans la zone dorsale inférieure, une fatigue chronique due à la lassitude, conséquence d'une vitalité insuffisante. On rencontre également des problèmes digestifs, de l'acidité gastrique, des flatulences, de la rétention d'eau. Chez les hommes, ce sont des affections testiculaires, des prostatites, des difficultés urinaires, de l'impuissance. Chez les femmes, nous trouverons des cystites à répétition, des menstruations irrégulières, des douleurs ovariennes, des mycoses, des problème utérins et vaginaux.
Lorsque le chakra sacré ne brasse pas suffisamment d'énergies, cela peut occasionner des blocages qui sont souvent dus à une éducation trop rigide ou trop prude qui aurait interdit, occulté ou dénaturé le thème des relations sexuelles.
Cela peut entraîner des tendances à la timidité, un manque d'assurance et de naturel, des comportements de compensation, un repli sur soi, de l'onanisme, trop de discrétion, ou d'effacement. Il faudra alors ouvrir le chakra sacré pour compenser les chakras plus spirituels ou affectifs généralement surdimensionnés ou perturbés dans ces cas de figures. Il faudra aussi fréquemment activer le chakra de la gorge pour une meilleure communication.

Les principales propriétés énergétiques de votre pierre

La sphalérite (ou blende miel) possède des propriétés remarquables. Elle est particulièrement indiquée en cas de troubles intestinaux (grippe intestinale ou gastro-entérite) mais surtout de problèmes cutanés (mycoses, furoncles) en application directe sur zone ou en élixir aseptique. C'est une pierre qui apporte beaucoup de chaleur et protège contre les effets du froid au niveau de la peau: gerçures, engelures…
La variété irisée est un bon stimulateur du système nerveux car elle facilite la circulation des informations entre les diverses terminaisons nerveuses et le cerveau. Elle est d'un bon soutien aux handicapés moteurs. Sa façon de stimuler le système nerveux engendre l'action chez les inactifs et les paresseux, les velléitaires, ceux qui remettent systématiquement au lendemain ce qu'ils pourraient faire le jour même. Elle procure de la volonté, de l'entrain, de l'enthousiasme.
Elle vivifie les capacités extrasensorielles et permet de tenir la distance efficacement lors de longues séances de méditation ou de rituels ésotériques dans lesquelles l'esprit est sollicité intensément.

Zn

L'oligoéléments utile en soins : le zinc (Zn)

Le zinc est essentiellement concentré dans les os, les muscles, la peau, les cheveux et surtout la prostate, mais on en trouve aussi dans le foie, les reins et le cerveau. Un déficit, même léger, a un impact sur le système immunitaire qui n'assurera plus que partiellement son rôle protecteur contre les infections bactériennes telles que les pneumonies, ou virales comme des diarrhées infectieuses ou des infections des voies respiratoires.

Avec le zinc, vous sauvez votre peau L'acné ne lui résiste pas et le zinc contribue à la cicatrisation des plaies ou des brûlures et à l'assèchement de problèmes dermatologiques tel que l'herpès, le psoriasis, les ulcères, etc. Il agit également sur les ongles et les cheveux en participant à la production de kératine. Il est particulièrement important pour la population masculine. Des études ont montré que les hommes qui ne souffrent pas d'une carence en zinc ont moins de problèmes de prostate. De plus, le zinc favorise la formation des spermatozoïdes, contribuant ainsi à une meilleure fertilité. Chez les adolescents, il peut contribuer à résoudre certaines anomalies de la maturation sexuelle, notamment un déficit du développement testiculaire.

Il favoriserait la production d'insuline en stimulant le pancréas afin de gérer au mieux la présence des glucides dans l'organisme, et il interviendrait également dans le métabolisme des protides et des lipides. Comme antioxydant, le zinc contribuerait à empêcher l'apparition de radicaux libres.

Il semblerait qu'il ait aussi une action bienfaisante sur le goût, l'odorat et la vue. On lui prête aussi de nombreuses qualités dans les cas d'apathie, de fatigue, particulièrement en période de convalescence.

Un apport de zinc est recommandé lors de retards de croissance, de pertes du goût, de pertes d'appétit et de poids, de régime strictement végétarien (l'apport nutritionnel en zinc se faisant essentiellement par la viande), de problèmes de peau, de déficit de cicatrisation, d'infections à répétition, de consommation excessive d'alcool, d'activités sportives intenses, de grossesse, car une carence en zinc peut contribuer à la prématurité, et en période d'allaitement.

CONCLUSIONS

La carte de la sphalérite laisse supposer que vous pourriez avoir des dysfonctionnements du système nerveux central. Le système nerveux central fonctionne par phases : l'une est appelée phase orthosympathique et l'autre phase parasympathique.

Si vous êtes en orthosympathique vous serez beaucoup plus dans l'action Il vous sera alors difficile de vous mettre au repos. Si vous êtes en parasympathique vous aurez tendance à ne pas être dans le mouvement, et à avoir besoin de repos.
La sphalérite vous aidera à réguler ces phases d'action et de repos.

Elle est aussi la pierre d'Eros, elle vous donnera du feu, la où vous en avez besoin. Elle pourrait ainsi vous inciter à vous interroger sur l'aspect spirituel de votre sexualité.

CARTE N°28
VANADINITE

Les fonctions du chakra correspondant : Chakra Sacré

Le chakra sacré est bien le siège des énergies sexuelles. Sa symbolique l'associe à l'eau en tant qu'élément de la fertilité et considère que la fécondation est un acte de création. Le chakra sacré est associé à cette énergie que l'on nomme libido, ou Éros. C'est elle qui détermine notre capacité à tisser des liens avec autrui, à cultiver le plaisir et à développer sa créativité. Il est donc directement lié à la sexualité, mais pas exclusivement.
L'eau vise à s'épandre, à se ramifier en prenant le chemin le plus aisé, et s'adapte à tous les contenants. Symboliquement, elle est la source de toute sociabilité et de la spontanéité innocente et joyeuse qui libère un contact créatif avec toutes les nouvelles rencontres, en toutes circonstances.

L'eau doit être considérée en tant qu'élément purificateur qui agit par dissolution ou expulsion des corps impurs. Cette purification entraîne à chaque fois une sorte de nouvelle naissance ou une renaissance perpétuelle. L'acte sexuel est une communion, une démarche d'unification, de fusion intime et généreuse qui repousse l'ego. Le chakra sacré détermine également l'identification de la personne à ses émotions, parfois excessivement et sans grande discrimination, et la recherche exclusive des contacts gratifiants, qu'ils soient sociaux, consommateurs ou esthétiques.
Le chakra sacré agit sur tous les liquides vitaux de notre corps. Il est important de prendre conscience que notre corps physique est composé de près de 73 % d'eau. Ce liquide est réparti dans l'ensemble des cellules de notre corps sous la forme du liquide interstitiel. De ce fait, il nous est possible d'atteindre à partir de ce chakra la moindre cellule contenant cet élément liquide.
Notre corps contient aussi d'autres fluides : le sang, le liquide céphalorachidien, par exemple. Nos cellules produisent des liquides : transpiration, sperme, urine, sucs gastriques, etc. Il est donc possible d'intervenir directement sur la gestion de ces liquides via le chakra sacré.

Le chakra sacré agit par proximité sur de nombreux organes: la vessie, les reins, chez les hommes sur les testicules, le pénis, notamment sur sa fonction érectile via l'irrigation sanguine des corps caverneux, chez les femmes sur le vagin, la sensibilité clitoridienne, les ovaires, les menstruations.
Lorsque le chakra sacré est trop faiblement irrigué en énergies, on constate des raideurs corporelles, particulièrement dans la zone dorsale inférieure, une fatigue chronique due à la lassitude, conséquence d'une vitalité insuffisante. On rencontre également des problèmes digestifs, de l'acidité gastrique, des flatulences, de la rétention d'eau. Chez les hommes, ce sont des affections testiculaires, des prostatites, des difficultés urinaires, de l'impuissance. Chez les femmes, nous trouverons des cystites à répétition, des menstruations irrégulières, des douleurs ovariennes, des mycoses, des problème utérins et vaginaux.
Lorsque le chakra sacré ne brasse pas suffisamment d'énergies, cela peut occasionner des blocages qui sont souvent dus à une éducation trop rigide ou trop prude qui aurait interdit, occulté ou dénaturé le thème des relations sexuelles.
Cela peut entraîner des tendances à la timidité, un manque d'assurance et de naturel, des comportements de compensation, un repli sur soi, de l'onanisme, trop de discrétion, ou d'effacement. Il faudra alors ouvrir le chakra sacré pour compenser les chakras plus spirituels ou affectifs généralement surdimensionnés ou perturbés dans ces cas de figures. Il faudra aussi fréquemment activer le chakra de la gorge pour une meilleure communication.

Les principales propriétés énergétiques de votre pierre

La vanadinite est une pierre de stabilisation.
La variété rouge orangée, aux somptueuses transparences de miel, est un bon stimulant sexuel pour les hommes comme pour les femmes. Elle est chaleureuse, sincère, spontanée. C'est une pierre de fidélité, de découverte de la maturité amoureuse et sexuelle avec son (sa) partenaire, et d'une nouvelle sensualité.
Sur le plan physique, elle agit essentiellement sur les glandes endocrines, leurs capacités de sécrétion et de régulation.
Attention: ne pas ingérer de l'élixir de vanadinite en raison de la toxicité du plomb qu'elle contient.
Pierre de stabilisation, elle aide les personnes velléitaires à se recentrer, à poursuivre avec succès un but dans la vie. Elle donne de la force et du courage, d'excellentes bases de stabilisation dans la réalité des choses, elle aide à se « poser » dans la vie. Elle contribue à réaliser ses rêves, à opérer des choix de vie et à s'y tenir.

Pb

L'oligoéléments utile en soins : le plomb (Pb)

Bien que le plomb ait été utilisé autrefois pour traiter des pathologies telles que l'angine de poitrine, ou pour lutter contre des infections microbiennes, je suis de ceux qui pensent que l'on ne doit pas utiliser le plomb comme oligoélément. En raison de sa forte toxicité le remède pourrait s'avérer pire que le mal

CONCLUSIONS

Symboliquement, la carte de la vanadinite peut révéler chez vous des difficultés à définir votre mission de vie. Vous cherchez votre place dans ce monde et, pour l'instant, tout en courant de formations en formations, vous n'avez pas de réponses.

Vous avez des rêves mais vous auriez tendance à y renoncér.
Qu'est ce qui vous fait vibrer ? Aider les autres par exemple ? Qu'attendez-vous pour le faire ?

La vanadinite vous permettra de trouver en vous la légitimité concrète de réaliser vos rêves. Vous pourrez ainsi trouver en elle la force, le courage et la vitalité concrète pour passer à l'action, étape par étape, et vous approcher de la révélation sur ce que votre âme est venue faire sur cette terre.

Allez… ignorez vos craintes car votre mission de vie est à portée de mains.

De plus le plomb qui en est son principal oligoélément vous permettra de ne pas vous envoler vers des chimères inaccessibles.

CARTE N°30
ANGLÉSITE

Les fonctions du chakra correspondant : Chakra du Plexus Solaire

Le chakra du plexus solaire est activé dès la vie intra-utérine via le cordon ombilical reliant le foetus à la mère. Ce cordon qui assure non seulement la liaison avec la source nutritive mais aussi avec le monde extérieur grâce aux cinq sens de la mère. Il détermine la qualité du corps éthérique et le fonctionnement des organes de la cavité abdominale et, par conséquent, la qualité des contacts avec le monde extérieur et la capacité de s'y projeter. Il est la porte d'entrée vers le corps astral. Le corps astral est le siège des émotions. De ce fait, les émotions sont véhiculées par le chakra du plexus solaire : sympathies et antipathies s'y croisent. C'est pourquoi il agit directement sur notre comportement en société car il est le centre du bien-être personnel dans le cadre de notre intégration sociale. Lorsque ce chakra fonctionne bien, on se sent en harmonie avec soi et avec son entourage dans un esprit de tolérance.

Les échanges énergétiques de feu et de lumière au niveau du troisième chakra déterminent notre personnalité. En conséquence, ils définissant notre place dans la société, notre sens de la hiérarchie et nos réactions par rapport aux règles sociales: les conventions, les règlements et les lois. De ce fait, il régit notre conception du pouvoir.

Cette lumière irrigue notre esprit. Elle rend nos idées plus lumineuses, éclaire nos conceptions, affine notre culture, magnifie nos instincts, élève nos sentiments, bonifie nos émotions. La lumière chasse les ténèbres et la peur. Elle nous permet de rayonner autour de nous pour que notre vie devienne une source de joie et de bonheur.

Le chakra du plexus solaire régule les fonctions métaboliques. Tous les or-

le foie, le pancréas, la vésicule biliaire, le colon, l'intestin, l'œsophage.
Il régule le système nerveux neurovégétatif, celui qui commande nos fonctions vitales en dehors de notre volonté: respiration, pulsations cardiaques, etc. En cas de diabète, le chakra du plexus solaire contrôle la glycémie et contribue à stabiliser les excès de sucre dans le sang. Il a également un effet modérateur que les excès de cholestérol et de triglycérides. En cas de régime alimentaire, il apporte de la volonté et de la rigueur afin de maîtriser les variations de poids et les excès de graisses.
Lorsque ce chakra est noué ou bloqué on a pu constater de la tension nerveuse, des crampes musculaires, des altérations du pancréas, du diabète, de l'hypoglycémie, un foie et des reins paresseux, des irritations du colon, de la surcharge pondérale, un transit intestinal perturbé, des troubles de la vision, des tendances à l'anorexie et à la boulimie, une fatigue chronique, des troubles maniacodépressifs
Lorsque le chakra du plexus solaire est bloqué ou noué, nous avons affaire à des personnes émotives, nerveuses, stressées, insomniaques, angoissées, tendues aussi bien sur le plan physique que psychologique. C'est un terrain paranoïde propice au déclenchement de querelles de voisinage.
Ces personnes manquent souvent de discernement et sont souvent incapables de rationaliser dans des situations délicates tant elles sont victimes de leur excès d'émotivité. Elles sont mentalement passives et elles ne sont pas bien capables de se projeter dans l'avenir. Elles n'ont pas de projet à moyen ou long terme. C'est encore un réflexe de crainte tant leur peur du changement est grande.
Pourtant, elles peuvent se complaire dans des situations désagréables car leurs blocages émotionnels les rendent incapables de goûter une certaine douceur de vivre. En fait, elles vivent dans un monde d'illusions car elles sont incapable de percevoir la réalité. Il est clair que, dans ce contexte, elles manquent souvent de combativité. Elles ont tendance à abandonner les projets face aux obstacles qu'ils soulèvent. Elles n'ont pas cet instinct de révolte qui peut parfois s'avérer utile pour sa propre survie tant elles sont soumises aux ordres et aux désirs des autres. Leur manque de personnalité affirmée provoque un enfouissement de leurs propres désirs. Certaines sont timides à l'excès par crainte des autres. Leur effacement excessif développe un complexe d'infériorité. Elles peuvent alors présenter des défauts de coordination des mouvements sous le coup d'une émotion. Souvent encore, elles manquent d'esprit d'entreprise et sont atteintes d'un syndrome d'échec récurrent.
Le chakra du plexus solaire est, par définition, solaire. Il est le centre du corps physique. Grâce au symbole du soleil, il est le point par lequel la lumière pénètre notre corps et notre esprit. Il est donc le siège de la purification spirituelle.
Quand il est assez développé, il gouverne la sensibilité astrale et éthérique et donc la clairvoyance et l'intuition. C'est par sa nature solaire qu'il oriente la conscience vers l'illumination progressive des plans occultes, ordinairement cachés.

Les principales propriétés énergétiques de votre pierre

L'anglésite est une pierre d'alchimie : soufre et plomb sont les éléments de base de la transmutation. L'anglésite, avec sa couleur jaune, est pourvue de plus d'esprit que la galène primordiale et que la cérusite (plomb blanc). On rapprochera ses effets de ceux de la galène et de la cérusite, deux pierres dont l'élément fondamental est le plomb.
Elle protège des radiations et des rayonnements, a des effets purificateurs.
Elle est un auxiliaire précieux dans le traitement de tendances à la schizophrénie, à l'autisme et de toutes les formes de confusion de la personnalité dans ses rapports avec le concret.
L'anglésite est une pierre de lien avec le sol, mieux encore, un lest. Elle empêche les vagabondages de l'esprit, aide à la concentration, à la perception du réel.
C'est une pierre recommandée à toutes les professions potentiellement exposées aux radiations et aux rayonnements (nucléaire, radiologie, micro-ondes…).

Pb

L'oligoéléments utile en soins : le plomb (Pb)

Bien que le plomb ait été utilisé autrefois pour traiter des pathologies telles que l'angine de poitrine, ou pour lutter contre des infections microbiennes, je suis de ceux qui pensent que l'on ne doit pas utiliser le plomb comme oligoélément. En raison de sa forte toxicité le remède pourrait s'avérer pire que le mal.

CONCLUSIONS

La carte de l'anglésite suggère que vous ressentiez la nécessité de purifier votre esprit afin de le débarrasser de ses vagabondages. Le maître mot de l'anglésite est : je me recentre et je me leste au sol.

Elle pourrait aussi vous donner envie de modeler la matière. Procurez-vous un beau bloc d'argile et mettez-vous à palper cette terre malléable pour en faire un objet symbolique qui vous permettra de vous concentrez sur une action concrète.

Avec l'anglésite chaque fois que vous avez l'impression d'avoir un trouble de la personnalité dans vos rapports avec le concret vous pourrez vous recentrer et ne plus avoir l'impression de vous dissocier.

C'est la pierre de l'unité et de la cohérence de l'esprit.

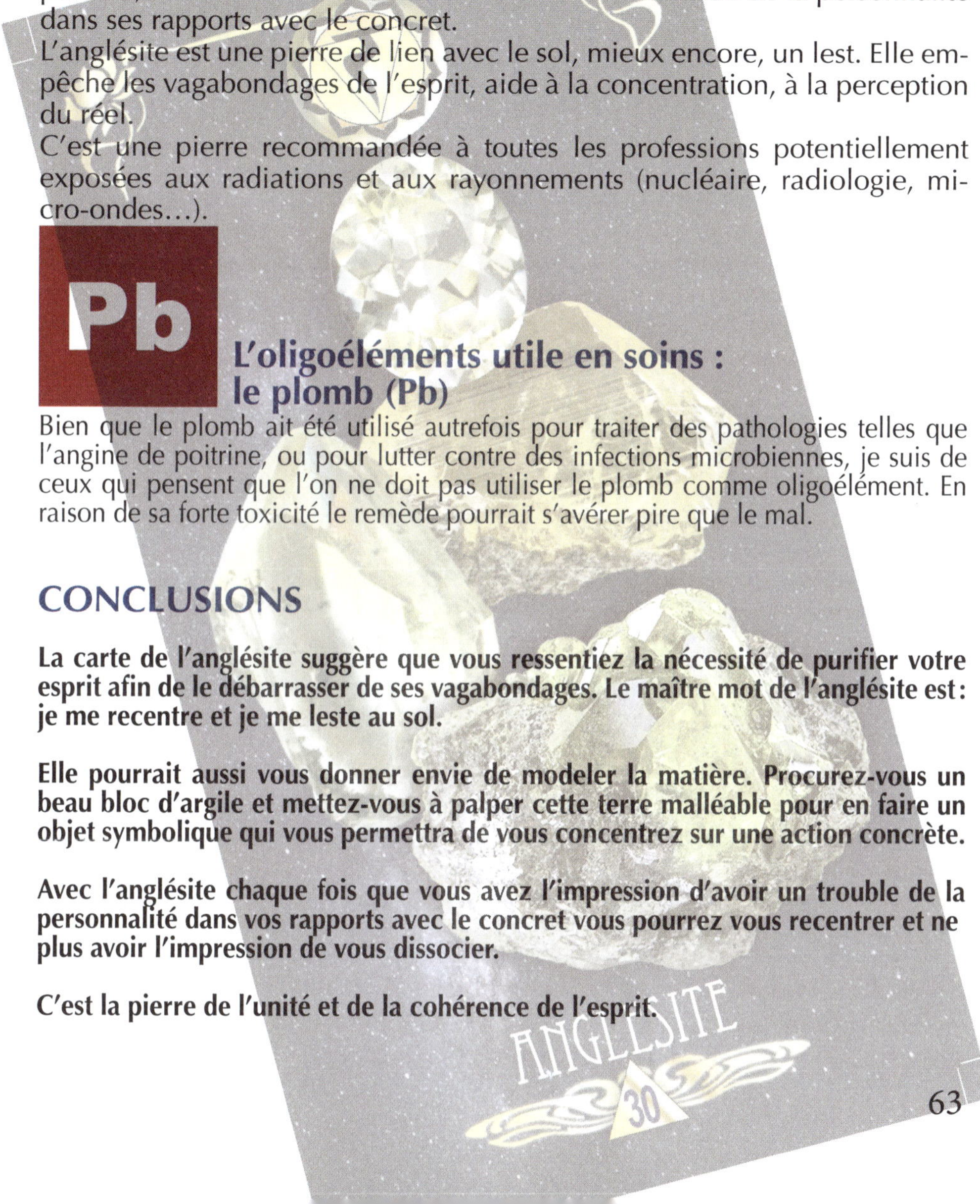

CARTE N°31
CITRINE

Les fonctions du chakra correspondant : Chakra du Plexus Solaire

Le chakra du plexus solaire est activé dès la vie intra-utérine via le cordon ombilical reliant le foetus à la mère. Ce cordon qui assure non seulement la liaison avec la source nutritive mais aussi avec le monde extérieur grâce aux cinq sens de la mère. Il détermine la qualité du corps éthérique et le fonctionnement des organes de la cavité abdominale et, par conséquent, la qualité des contacts avec le monde extérieur et la capacité de s'y projeter. Il est la porte d'entrée vers le corps astral. Le corps astral est le siège des émotion. De ce fait, les émotions sont véhiculées par le chakra du plexus solaire: sympathies et antipathies s'y croisent. C'est pourquoi il agit directement sur notre comportement en société car il est le centre du bien-être personnel dans le cadre de notre intégration sociale. Lorsque ce chakra fonctionne bien, on se sent en harmonie avec soi et avec son entourage dans un esprit de tolérance.

Les échanges énergétiques de feu et de lumière au niveau du troisième chakra déterminent notre personnalité. En conséquence, ils définissant notre place dans la société, notre sens de la hiérarchie et nos réactions par rapport aux règles sociales: les conventions, les règlements et les lois. De ce fait, il régit notre conception du pouvoir.

Cette lumière irrigue notre esprit. Elle rend nos idées plus lumineuses, éclaire nos conceptions, affine notre culture, magnifie nos instincts, élève nos sentiments, bonifie nos émotions. La lumière chasse les ténèbres et la peur. Elle nous permet de rayonner autour de nous pour que notre vie devienne une source de joie et de bonheur.

Le chakra du plexus solaire régule les fonctions métaboliques. Tous les or-

le foie, le pancréas, la vésicule biliaire, le colon, l'intestin, l'oesophage.
Il régule le système nerveux neurovégétatif, celui qui commande nos fonctions vitales en dehors de notre volonté: respiration, pulsations cardiaques, etc. En cas de diabète, le chakra du plexus solaire contrôle la glycémie et contribue à stabiliser les excès de sucre dans le sang. Il a également un effet modérateur que les excès de cholestérol et de triglycérides. En cas de régime alimentaire, il apporte de la volonté et de la rigueur afin de maîtriser les variations de poids et les excès de graisses. Lorsque ce chakra est noué ou bloqué on a pu constater de la tension nerveuse, des crampes musculaires, des altérations du pancréas, du diabète, de l'hypoglycémie, un foie et des reins paresseux, des irritations du colon, de la surcharge pondérale, un transit intestinal perturbé, des troubles de la vision, des tendances à l'anorexie et à la boulimie, une fatigue chronique, des troubles maniacodépressifs
Lorsque le chakra du plexus solaire est bloqué ou noué, nous avons affaire à des personnes émotives, nerveuses, stressées, insomniaques, angoissées, tendues aussi bien sur le plan physique que psychologique. C'est un terrain paranoïde propice au déclenchement de querelles de voisinage.
Ces personnes manquent souvent de discernement et sont souvent incapables de rationaliser dans des situations délicates tant elles sont victimes de leur excès d'émotivité. Elles sont mentalement passives et elles ne sont pas bien capables de se projeter dans l'avenir. Elles n'ont pas de projet à moyen ou long terme. C'est encore un réflexe de crainte tant leur peur du changement est grande.
Pourtant, elles peuvent se complaire dans des situations désagréables car leurs blocages émotionnels les rendent incapables de goûter une certaine douceur de vivre. En fait, elles vivent dans un monde d'illusions car elles sont incapable de percevoir la réalité. Il est clair que, dans ce contexte, elles manquent souvent de combativité. Elles ont tendance à abandonner les projets face aux obstacles qu'ils soulèvent. Elles n'ont pas cet instinct de révolte qui peut parfois s'avérer utile pour sa propre survie tant elles sont soumises aux ordres et aux désirs des autres. Leur manque de personnalité affirmée provoque un enfouissement de leurs propres désirs. Certaines sont timides à l'excès par crainte des autres. Leur effacement excessif développe un complexe d'infériorité. Elles peuvent alors présenter des défauts de coordination des mouvements sous le coup d'une émotion. Souvent encore, elles manquent d'esprit d'entreprise et sont atteintes d'un syndrome d'échec récurrent.
Le chakra du plexus solaire est, par définition, solaire. Il est le centre du corps physique. Grâce au symbole du soleil, il est le point par lequel la lumière pénètre notre corps et notre esprit. Il est donc le siège de la purification spirituelle.

Les principales propriétés énergétiques de votre pierre

Solaire, la citrine a toujours été associée à la notion de chaleur. La chaleur permet un mûrissement de l'être vivant, non seulement biologique mais aussi spirituel et intellectuel.
Dans l'environnement, la citrine diffuse une énergie positive et tonifiante. Elle est particulièrement recommandée dans une chambre de malade ou de convalescent.
Elle favorise la digestion par la production d'enzymes.
La citrine est une pierre solaire et convient au chakra du plexus solaire. Elle est foncièrement positive. Elle rayonne la joie et la bonne humeur, réchauffe l'esprit, tonifie l'intelligence et le corps, éloigne la fatigue, aide à la concentration. Elle est excellente pour les révisions d'examens, les travaux intellectuels intenses, la mémoire chakra du troisième œil.
La citrine peut occasionner des changements dans la vie vers plus de prospérité. Elle est volontaire et conquérante en renforçant la personnalité. C'est le bien qu'il faut conquérir par la joie, la convivialité, le respect d'autrui et la générosité. Mais soyez vigilants et méfiez-vous de vos tendances guerrières ou égoïstes, elles peuvent être activées par la citrine.

Si

L'oligoéléments utile en soins : le silicium (Si)

Le silicium est le principal composant du collagène. Il permet l'assemblage de toutes les cellules du corps. C'est dans l'artère aorte, dans la peau et le thymus que l'on trouve les plus grandes concentrations de silicium. Son taux diminue avec l'âge dans des proportions importantes, engendrant une perte d'élasticité et une rigidification, d'où un risque sérieux d'hypertension artérielle, voire de rupture de vaisseaux sanguins.
Les globules blancs sont gros consommateurs de silicium. Ce sont les meilleurs défenseurs de notre organisme contre les infections microbiennes. Le silicium participe donc activement à nos défenses immunitaires naturelles, d'autant plus qu'il est impliqué dans la synthèse des anticorps.
Le silicium favorise la fixation du calcium dans les os et les dents, surtout en période de croissance des enfants, chez la femme enceinte, allaitante ou en période de ménopause pour contrer les risques d'ostéoporose, et chez les personnes âgées.
Le taux de silicium devrait être surveillé chez les personnes qui ont des activités sportives, car elles risquent de multiples incidents dus à une carence claquages musculaires, tendinites, entorses et microfractures.
Les os, les tendons, les ligaments et les muscles ont besoin de conserver toute leur élasticité tributaire de la présence de silicium dans le collagène

et l'élastine.
Bon stimulateur des glandes endocrines, le silicium contribue à un développement harmonieux du système nerveux et préserve des risques de déficience intellectuelle, de pertes de mémoire et d'atonie cérébrale, surtout en période de croissance.
Le silicium a un effet diurétique puissant. Il est recommandé aux personnes qui ont de la cellulite et qui font de la rétention d'eau.
La présence de silicium dans la peau aide à la conserver en bon état et contribue à la réparation des blessures et des inflammations en facilitant la cicatrisation.
Les prostatites proviennent d'un durcissement des parois de la prostate. Le silicium permet de soulager des prostatites en rendant leur souplesse aux parois par le biais du collagène et de l'élastine.
Le silicium est souvent utilisé en cosmétique comme antirides.

CONCLUSIONS

La carte de la citrine dans votre tirage permet de voir que vous vous sentez parfois, ou même souvent, en manque de sensations joyeuses.

La joie est une émotion naturelle que nous avions dans l'enfance lorsque nous découvrions le monde. Un papillon qui vole, un rayon de lumière qui inonde la pièce, tous ces petits moments du quotidien qui vous permettent de vous émerveiller et de sentir que vous êtes en lien avec un tout.

Depuis quelques années, ces instants magiques ont tendance à se réduire parfois comme peau de chagrin.

Et vous, où en êtes-vous dans votre propre approche du bonheur, du partage d'une joie simple qui dynamise, resserre et magnifie vos relations avec vos proches ?

CARTE N°32
ORTHOSE

Les fonctions du chakra correspondant : Chakra du Plexus Solaire

Le chakra du plexus solaire est activé dès la vie intra-utérine via le cordon ombilical reliant le foetus à la mère. Ce cordon qui assure non seulement la liaison avec la source nutritive mais aussi avec le monde extérieur grâce aux cinq sens de la mère. Il détermine la qualité du corps éthérique et le fonctionnement des organes de la cavité abdominale et, par conséquent, la qualité des contacts avec le monde extérieur et la capacité de s'y projeter. Il est la porte d'entrée vers le corps astral. Le corps astral est le siège des émotion. De ce fait, les émotions sont véhiculées par le chakra du plexus solaire: sympathies et antipathies s'y croisent. C'est pourquoi il agit directement sur notre comportement en société car il est le centre du bien-être personnel dans le cadre de notre intégration sociale. Lorsque ce chakra fonctionne bien, on se sent en harmonie avec soi et avec son entourage dans un esprit de tolérance.

Les échanges énergétiques de feu et de lumière au niveau du troisième chakra déterminent notre personnalité. En conséquence, ils définissant notre place dans la société, notre sens de la hiérarchie et nos réactions par rapport aux règles sociales: les conventions, les règlements et les lois. De ce fait, il régit notre conception du pouvoir.

Cette lumière irrigue notre esprit. Elle rend nos idées plus lumineuses, éclaire nos conceptions, affine notre culture, magnifie nos instincts, élève nos sentiments, bonifie nos émotions. La lumière chasse les ténèbres et la peur. Elle nous permet de rayonner autour de nous pour que notre vie devienne une source de joie et de bonheur.

Le chakra du plexus solaire régule les fonctions métaboliques. Tous les or-

le foie, le pancréas, la vésicule biliaire, le colon, l'intestin, l'oesophage.
Il régule le système nerveux neurovégétatif, celui qui commande nos fonctions vitales en dehors de notre volonté: respiration, pulsations cardiaques, etc. En cas de diabète, le chakra du plexus solaire contrôle la glycémie et contribue à stabiliser les excès de sucre dans le sang. Il a également un effet modérateur que les excès de cholestérol et de triglycérides. En cas de régime alimentaire, il apporte de la volonté et de la rigueur afin de maîtriser les variations de poids et les excès de graisses.
Lorsque ce chakra est noué ou bloqué on a pu constater de la tension nerveuse, des crampes musculaires, des altérations du pancréas, du diabète, de l'hypoglycémie, un foie et des reins paresseux, des irritations du colon, de la surcharge pondérale, un transit intestinal perturbé, des troubles de la vision, des tendances à l'anorexie et à la boulimie, une fatigue chronique, des troubles maniacodépressifs
Lorsque le chakra du plexus solaire est bloqué ou noué, nous avons affaire à des personnes émotives, nerveuses, stressées, insomniaques, angoissées, tendues aussi bien sur le plan physique que psychologique. C'est un terrain paranoïde propice au déclenchement de querelles de voisinage.
Ces personnes manquent souvent de discernement et sont souvent incapables de rationaliser dans des situations délicates tant elles sont victimes de leur excès d'émotivité. Elles sont mentalement passives et elles ne sont pas bien capables de se projeter dans l'avenir. Elles n'ont pas de projet à moyen ou long terme. C'est encore un réflexe de crainte tant leur peur du changement est grande.
Pourtant, elles peuvent se complaire dans des situations désagréables car leurs blocages émotionnels les rendent incapables de goûter une certaine douceur de vivre. En fait, elles vivent dans un monde d'illusions car elles sont incapable de percevoir la réalité. Il est clair que, dans ce contexte, elles manquent souvent de combativité. Elles ont tendance à abandonner les projets face aux obstacles qu'ils soulèvent. Elles n'ont pas cet instinct de révolte qui peut parfois s'avérer utile pour sa propre survie tant elles sont soumises aux ordres et aux désirs des autres. Leur manque de personnalité affirmée provoque un enfouissement de leurs propres désirs. Certaines sont timides à l'excès par crainte des autres. Leur effacement excessif développe un complexe d'infériorité. Elles peuvent alors présenter des défauts de coordination des mouvements sous le coup d'une émotion. Souvent encore, elles manquent d'esprit d'entreprise et sont atteintes d'un syndrome d'échec récurrent.
Le chakra du plexus solaire est, par définition, solaire. Il est le centre du corps physique. Grâce au symbole du soleil, il est le point par lequel la lumière pénètre notre corps et notre esprit. Il est donc le siège de la purification spirituelle.

Les principales propriétés énergétiques de votre pierre

Une orthose est recommandée lors des régimes alimentaires amaigrissants. Elle favorise l'élimination, la dissolution des graisses, le travail des reins et de la vessie.
Elle calme les douleurs dentaires sur les molaires, les dents de sagesse, les os de la mâchoire. Elle agit sur les glandes salivaires et favorise la salivation.
Ses propriétés sont proches de la citrine. Elle donne de l'énergie, de la puissance mais aussi de la légèreté en même temps que de la volonté.
Elle est recommandée dans les cas de surmenage intellectuel et d'inertie mentale.
Elle est excellente pour les pères qui éprouvent des difficultés relationnelles avec leurs enfants : elle est à la fois autorité douce et justesse d'appréciation, compréhension et fermeté.
Son aspect doré lumineux en fait une bonne pierre de spiritualité au chakra du troisième oeil et au chakra coronal. Elle est d'un magnifique soutien dans un engagement de type sacerdotal, mais cela peut aussi s'appliquer aux engagements dans des actions de type humanitaire.

K

L'oligoéléments utile en soins : le potassium (K)

Le potassium est un micronutriment essentiel. Il est vital pour la circulation des liquides intracellulaires et extracellulaires, car il exerce avec le sodium un effet de « pompe » au niveau des membranes afin de maintenir au bon niveau la teneur en eau des cellules. Il sert donc à assurer une bonne répartition de l'eau dans l'organisme. C'est particulièrement important chez les gens qui ont des activités physiques intenses, les sportifs par exemple, car le potassium permet d'éviter l'apparition de crampes musculaires en freinant la sudation qui l'élimine. L'action du potassium sur les muscles pourrait être comparée à celle du calcium sur les os.
Ce sont les reins qui régulent le taux nécessaire de potassium dans l'organisme. Le potassium a un rôle préventif sur l'apparition des calculs rénaux et sur l'élimination des toxines par les urines.
Comme il a aussi un rôle important dans la transmission des influx nerveux via les liquides intra et extracellulaires, le potassium assure une bonne contractibilité du muscle cardiaque et une pression artérielle correcte. De plus, il agit sur les globules rouges lors de leur travail d'évacuation du gaz carbonique. De ce fait, il contribue aussi à une bonne oxygénation du cerveau.
Bien que l'oothose soit une pierre plutôt destinée au chakra du plexus solaire, comme le potassium agit sur tous les liquides vitaux, les minéraux qui en contiennent peuvent être appliqués au chakra sacré, qui est le siège symbolique des principes de la purification par l'eau et de l'élimination des corps impurs.

CONCLUSIONS

La carte de l'orthose laisse apparaître qu'au cours de votre vie vous auriez pu avoir des problèmes de positionnement dans les rapports avec votre père.

L'orthose est la pierre de l'estime de soi.

Le père dans ses fonction archétypales enseigne à son enfant, quoi qu'il fasse, une notion systématique de fierté à son égard. Cette force est tournée vers l'extérieur et va déterminer la façon dont vous vous montrez aux autres. C'est l'image que vous projetez de vous dans votre environnement social. C'est à l'opposé de la notion de confiance en soi qui est une force centripète.

Chaque fois que vous avez un problème de positionnement par rapport au père, vous pouvez déclencher des troubles alimentaires liés à l'ego. C'est aussi pour cette raison que l'orthose est la pierre de la dissolution des graisses : elle favorise l'élimination.

Mais attention la pierre ne remplace en aucun cas une consultation avec un médecin nutritionniste ou une diététicienne.

Si vous vous sentez concerné(e) par une problématique dans la relation que vous avez avec père, je vous invite également à consulter quelqu'un qui pourra vous aider à travailler sur l'image que vous avez de vous-même.

L'estime de soi se cultive. Elle est directement liée au regard de l'autre.

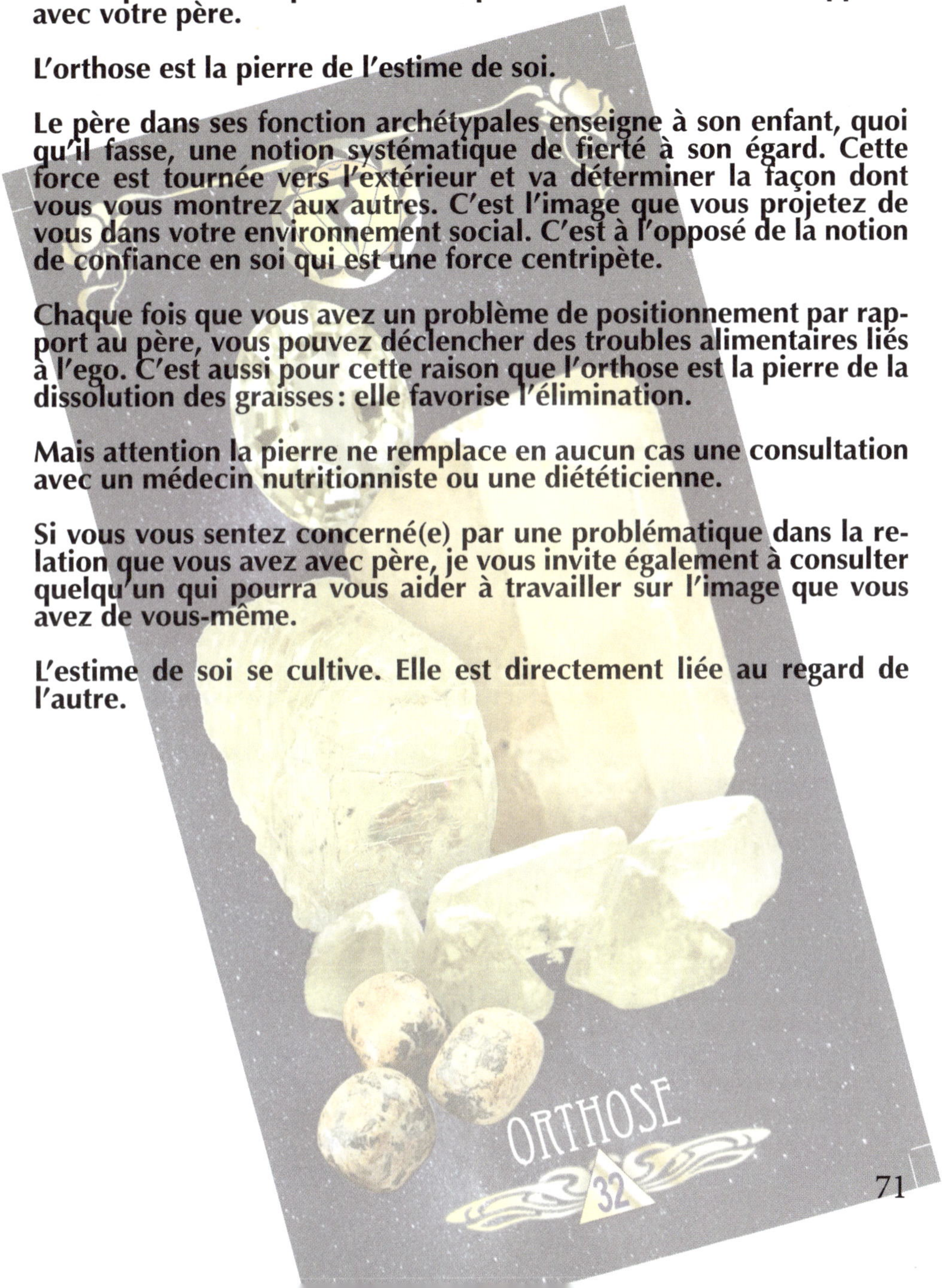

CARTE N°33
SCAPOLITE

Les fonctions du chakra correspondant : Chakra du Plexus Solaire

Le chakra du plexus solaire est activé dès la vie intra-utérine via le cordon ombilical reliant le foetus à la mère. Ce cordon qui assure non seulement la liaison avec la source nutritive mais aussi avec le monde extérieur grâce aux cinq sens de la mère. Il détermine la qualité du corps éthérique et le fonctionnement des organes de la cavité abdominale et, par conséquent, la qualité des contacts avec le monde extérieur et la capacité de s'y projeter. Il est la porte d'entrée vers le corps astral. Le corps astral est le siège des émotion. De ce fait, les émotions sont véhiculées par le chakra du plexus solaire: sympathies et antipathies s'y croisent. C'est pourquoi il agit directement sur notre comportement en société car il est le centre du bien-être personnel dans le cadre de notre intégration sociale. Lorsque ce chakra fonctionne bien, on se sent en harmonie avec soi et avec son entourage dans un esprit de tolérance.

Les échanges énergétiques de feu et de lumière au niveau du troisième chakra déterminent notre personnalité. En conséquence, ils définissant notre place dans la société, notre sens de la hiérarchie et nos réactions par rapport aux règles sociales: les conventions, les règlements et les lois. De ce fait, il régit notre conception du pouvoir.

Cette lumière irrigue notre esprit. Elle rend nos idées plus lumineuses, éclaire nos conceptions, affine notre culture, magnifie nos instincts, élève nos sentiments, bonifie nos émotions. La lumière chasse les ténèbres et la peur. Elle nous permet de rayonner autour de nous pour que notre vie devienne une source de joie et de bonheur.

Le chakra du plexus solaire régule les fonctions métaboliques. Tous les or-

le foie, le pancréas, la vésicule biliaire, le colon, l'intestin, l'oesophage.
Il régule le système nerveux neurovégétatif, celui qui commande nos fonctions vitales en dehors de notre volonté: respiration, pulsations cardiaques, etc. En cas de diabète, le chakra du plexus solaire contrôle la glycémie et contribue à stabiliser les excès de sucre dans le sang. Il a également un effet modérateur que les excès de cholestérol et de triglycérides. En cas de régime alimentaire, il apporte de la volonté et de la rigueur afin de maîtriser les variations de poids et les excès de graisses.
Lorsque ce chakra est noué ou bloqué on a pu constater de la tension nerveuse, des crampes musculaires, des altérations du pancréas, du diabète, de l'hypoglycémie, un foie et des reins paresseux, des irritations du colon, de la surcharge pondérale, un transit intestinal perturbé, des troubles de la vision, des tendances à l'anorexie et à la boulimie, une fatigue chronique, des troubles maniacodépressifs
Lorsque le chakra du plexus solaire est bloqué ou noué, nous avons affaire à des personnes émotives, nerveuses, stressées, insomniaques, angoissées, tendues aussi bien sur le plan physique que psychologique. C'est un terrain paranoïde propice au déclenchement de querelles de voisinage.
Ces personnes manquent souvent de discernement et sont souvent incapables de rationaliser dans des situations délicates tant elles sont victimes de leur excès d'émotivité. Elles sont mentalement passives et elles ne sont pas bien capables de se projeter dans l'avenir. Elles n'ont pas de projet à moyen ou long terme. C'est encore un réflexe de crainte tant leur peur du changement est grande.
Pourtant, elles peuvent se complaire dans des situations désagréables car leurs blocages émotionnels les rendent incapables de goûter une certaine douceur de vivre. En fait, elles vivent dans un monde d'illusions car elles sont incapable de percevoir la réalité. Il est clair que, dans ce contexte, elles manquent souvent de combativité. Elles ont tendance à abandonner les projets face aux obstacles qu'ils soulèvent. Elles n'ont pas cet instinct de révolte qui peut parfois s'avérer utile pour sa propre survie tant elles sont soumises aux ordres et aux désirs des autres. Leur manque de personnalité affirmée provoque un enfouissement de leurs propres désirs. Certaines sont timides à l'excès par crainte des autres. Leur effacement excessif développe un complexe d'infériorité. Elles peuvent alors présenter des défauts de coordination des mouvements sous le coup d'une émotion. Souvent encore, elles manquent d'esprit d'entreprise et sont atteintes d'un syndrome d'échec récurrent.
Le chakra du plexus solaire est, par définition, solaire. Il est le centre du corps physique. Grâce au symbole du soleil, il est le point par lequel la lumière pénètre notre corps et notre esprit. Il est donc le siège de la purification spirituelle.

Les principales propriétés énergétiques de votre pierre

La scapolite aide à la digestion, soulage l'acidité gastrique.
La scapolite aide à la compréhension de problèmes complexes, à trouver de solutions, à développer un esprit logique, les constructions mentales analytiques, l'esprit de synthèse, le sens de l'observation. La scapolite jaune résout les problèmes mathématiques et économiques, les enquêtes policières.
Elle estompe les inquiétudes générées par l'ignorance.
Elle aide à trouver son chemin en terrain inconnu, que ce soit dans le concret (forêt, ville, route...) ou dans la méditation (dans une recherche spirituelle personnelle complexe ou en méditation, par exemple).
La scapolite mauve ou violette présente de belles propriétés en matière de spiritualité. Travaillée en couplage avec une scapolite jaune au chakra du troisième œil ou au chakra coronal, elle permet d'accéder aux mystères des religions et de comprendre les concepts parfois hermétiques de la théologie.

X

L'oligoélément utile en soins : Aucun

La composition chimique de la Scapolite est assez complexe. Elle contient trois oligoéléments : aluminium, calcium, sodium dont aucun d'eux n'est déterminant sur les propriétés oligothérapeutiques de la Scapolite.
En conséquence, il ne me parait pas utile de développer cette technique thérapeutique pour la scapolite.

CONCLUSIONS

Alors que vous avez tiré la carte de la scapolite on peut soupçonner que vous avez pu être confronté(e) dans votre vie à un problème complexe, que ce soit sur le plan émotionnel ou intellectuel, La scapolite vous aidera à trouver votre chemin en terre inconnue, que ce soit dans le concret ou en méditation.
Il apparaît parfois dans votre vie des problèmes pour lesquels vous avez l'impression de ne pas trouver d'issue. C'est alors qu'un conflit au sens biologique du terme peut apparaître.
Il peut s'agir d'une situation de choc conflictuel, vécu dans un isolement dont on ne parle pas et dans laquelle on se sent impuissant. De ce conflit irrésolu peut naître une maladie. La scapolite vous stimulera dans une construction mentale analytique.

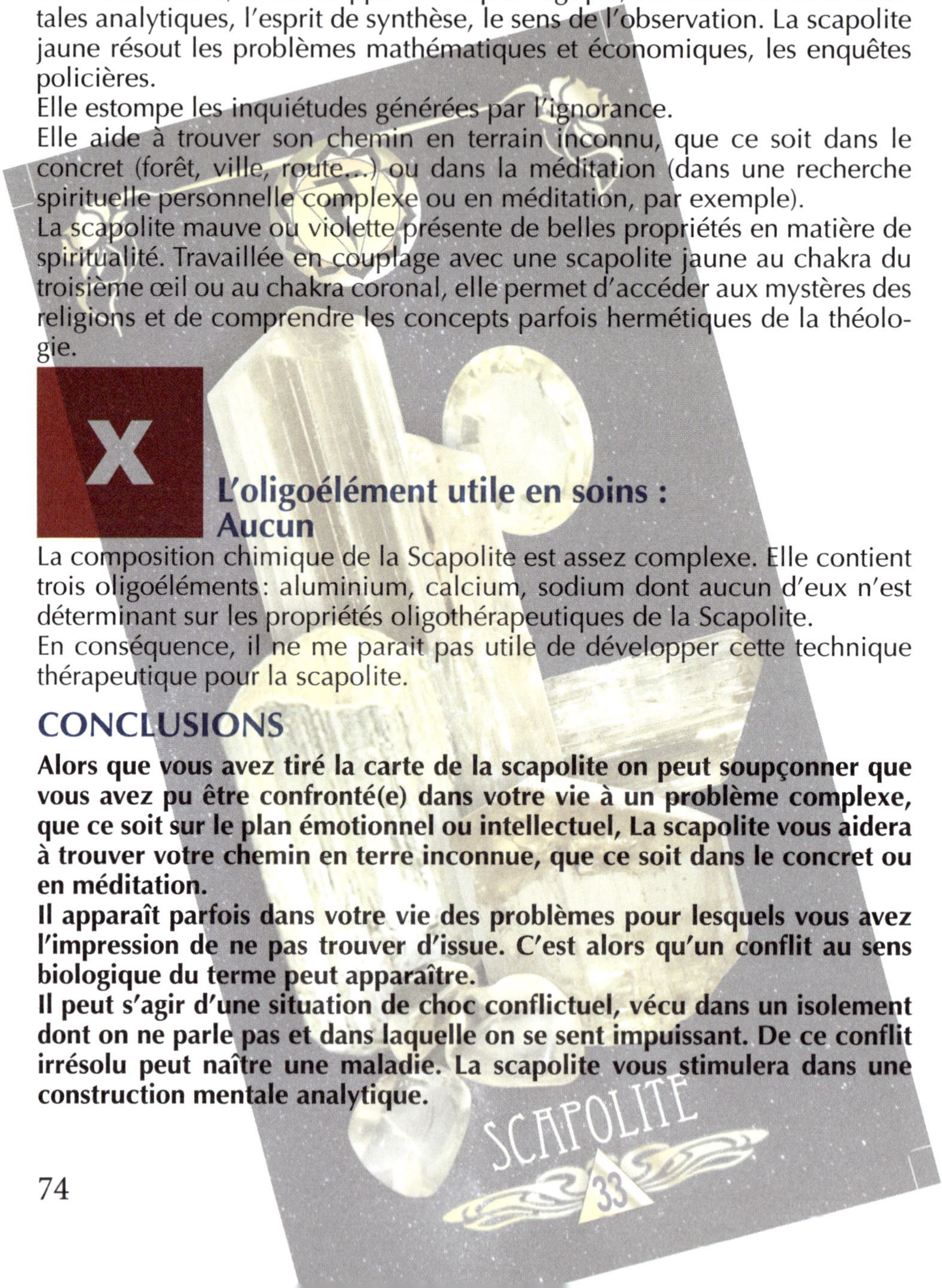

CARTE N°34
SOUFRE NATIF

Les fonctions du chakra correspondant : Chakra du Plexus Solaire

Le chakra du plexus solaire est activé dès la vie intra-utérine via le cordon ombilical reliant le foetus à la mère. Ce cordon qui assure non seulement la liaison avec la source nutritive mais aussi avec le monde extérieur grâce aux cinq sens de la mère. Il détermine la qualité du corps éthérique et le fonctionnement des organes de la cavité abdominale et, par conséquent, la qualité des contacts avec le monde extérieur et la capacité de s'y projeter. Il est la porte d'entrée vers le corps astral. Le corps astral est le siège des émotion. De ce fait, les émotions sont véhiculées par le chakra du plexus solaire: sympathies et antipathies s'y croisent. C'est pourquoi il agit directement sur notre comportement en société car il est le centre du bien-être personnel dans le cadre de notre intégration sociale. Lorsque ce chakra fonctionne bien, on se sent en harmonie avec soi et avec son entourage dans un esprit de tolérance.

Les échanges énergétiques de feu et de lumière au niveau du troisième chakra déterminent notre personnalité. En conséquence, ils définissant notre place dans la société, notre sens de la hiérarchie et nos réactions par rapport aux règles sociales: les conventions, les règlements et les lois. De ce fait, il régit notre conception du pouvoir.

Cette lumière irrigue notre esprit. Elle rend nos idées plus lumineuses, éclaire nos conceptions, affine notre culture, magnifie nos instincts, élève nos sentiments, bonifie nos émotions. La lumière chasse les ténèbres et la peur. Elle nous permet de rayonner autour de nous pour que notre vie devienne une source de joie et de bonheur.

Le chakra du plexus solaire régule les fonctions métaboliques. Tous les or-

le foie, le pancréas, la vésicule biliaire, le colon, l'intestin, l'oesophage.
Il régule le système nerveux neurovégétatif, celui qui commande nos fonctions vitales en dehors de notre volonté: respiration, pulsations cardiaques, etc. En cas de diabète, le chakra du plexus solaire contrôle la glycémie et contribue à stabiliser les excès de sucre dans le sang. Il a également un effet modérateur que les excès de cholestérol et de triglycérides. En cas de régime alimentaire, il apporte de la volonté et de la rigueur afin de maîtriser les variations de poids et les excès de graisses.
Lorsque ce chakra est noué ou bloqué on a pu constater de la tension nerveuse, des crampes musculaires, des altérations du pancréas, du diabète, de l'hypoglycémie, un foie et des reins paresseux, des irritations du colon, de la surcharge pondérale, un transit intestinal perturbé, des troubles de la vision, des tendances à l'anorexie et à la boulimie, une fatigue chronique, des troubles maniacodépressifs
Lorsque le chakra du plexus solaire est bloqué ou noué, nous avons affaire à des personnes émotives, nerveuses, stressées, insomniaques, angoissées, tendues aussi bien sur le plan physique que psychologique. C'est un terrain paranoïde propice au déclenchement de querelles de voisinage.
Ces personnes manquent souvent de discernement et sont souvent incapables de rationaliser dans des situations délicates tant elles sont victimes de leur excès d'émotivité. Elles sont mentalement passives et elles ne sont pas bien capables de se projeter dans l'avenir. Elles n'ont pas de projet à moyen ou long terme. C'est encore un réflexe de crainte tant leur peur du changement est grande.
Pourtant, elles peuvent se complaire dans des situations désagréables car leurs blocages émotionnels les rendent incapables de goûter une certaine douceur de vivre. En fait, elles vivent dans un monde d'illusions car elles sont incapable de percevoir la réalité. Il est clair que, dans ce contexte, elles manquent souvent de combativité. Elles ont tendance à abandonner les projets face aux obstacles qu'ils soulèvent. Elles n'ont pas cet instinct de révolte qui peut parfois s'avérer utile pour sa propre survie tant elles sont soumises aux ordres et aux désirs des autres. Leur manque de personnalité affirmée provoque un enfouissement de leurs propres désirs. Certaines sont timides à l'excès par crainte des autres. Leur effacement excessif développe un complexe d'infériorité. Elles peuvent alors présenter des défauts de coordination des mouvements sous le coup d'une émotion. Souvent encore, elles manquent d'esprit d'entreprise et sont atteintes d'un syndrome d'échec récurrent.
Le chakra du plexus solaire est, par définition, solaire. Il est le centre du corps physique. Grâce au symbole du soleil, il est le point par lequel la lumière pénètre notre corps et notre esprit. Il est donc le siège de la purification spirituelle.

Les principales propriétés énergétiques de votre pierre

Puissant purificateur, le soufre est bactéricide, fongicide, antiparasitaire.
Il combat les éruptions cutanées (urticaire, acné, furoncles, hématomes, piqûres d'insectes...). Excellent pour la purification du sang, des intestins, des urines (chakra du plexus solaire). Purification des bronches, régulation des fièvres par la sudation.
Il apporte joie et bonne humeur. Il fortifie la volonté d'aller de l'avant, de progresser dans la vie, de s'instruire, de se cultiver, de faire carrière dans son travail, de se doter d'une assise financière plus stable.
Le soufre est une protection en prise directe avec la Terre-Mère. Il fortifie l'esprit dans la recherche du spirituel en éloignant les maléfices.
Il est la base de l'« eau d'esprit » qui dissout toute chose en son sein. Aussi est-il une arme de choix pour s'attaquer aux maléfices, sorts et autres objets diaboliques. Mais son action n'est pas très sélective et, si l'on n'y prend pas garde, il peut tout aussi bien s'attaquer sans discernement et détruire ce qu'il y a de bon en soi ou dans son environnement. Soyez sûr de vous lorsque vous utilisez le soufre dans cette optique. Gardez-en la maîtrise, évitez les digressions de l'esprit lors de votre méditation.

S

L'oligoélément utile en soins : le soufre (S)

Le soufre est présent dans un très grand nombre d'éléments indispensables au bon fonctionnement du métabolisme, notamment dans les deux acides aminés que sont la cystine et la méthionine, principales sources de soufre dans l'organisme. Ses propriétés bactéricides et fongicides en font un élément très utile pour lutter contre les problèmes dermatologiques tels que l'acné, l'eczéma, les crises d'urticaire et les manifestations, allergiques pulmonaires ou alimentaires.
Il joue un rôle important sur les tendons et les articulations, car il participe à la formation des parties molles des cartilages. De ce fait, il permet de lutter contre les rhumatismes articulaires, l'arthrite, la goutte.
En contribuant à la respiration cellulaire et à l'élimination des toxines, il irrigue le cerveau, gros consommateur d'oxygène, le rendant ainsi plus performant. Il se comporterait en vasodilatateur et permettrait de se débarrasser des migraines.
C'est aussi un dépuratif et un anti-infectieux au niveau des intestins et de la vessie. Il a également un rôle de régulation des fonctions hépatobiliaires en agissant sur les mécanismes d'élimination des toxines au niveau du foie.

Une carence en soufre peut générer des problèmes articulaires, fragiliser les défenses naturelles contre les allergies respiratoires, dermatologiques et alimentaires, fragiliser les cheveux et les ongles par la carence en soufre dans la kératine, induire des troubles hépatobiliaires.

CONCLUSIONS

La carte du soufre natif suggère que vous pourriez avoir besoin de nettoyer physiquement votre organisme. En tant qu'oligoélément le soufre est un puissant purificateur du sang, il est bactéricide, fongicide, antiparasitaire au niveau des intestins et des urines.
Il peut aussi s'avérer utile pour soigner vos bronches en fluidifiant les sécrétions bronchiques ce qui permet leur élimination. En intersaison il est souvent utile de faire un grand nettoyage. Le soufre natif sur le chakra du plexus solaire pourra vous y aider.

Mais ce n'est pas tout, en alchimie le soufre natif est un principe actif opérateur masculin et symbolise le feu. Il est la volonté céleste et l'activité de l'Esprit. Os le plexus solaire symbolise le père. En fonction de vos croyances nous portons à l'intérieur de nous deux archétypes du père, le père génétique (plexus solaire) et Dieu le père tout puissant (chakra coronal).

De la protection de quel père avez-vous le plus besoin ?
Où en êtes-vous dans la relation avec l'autorité masculine ?
Le soufre natif vous invite à réfléchir à ces questions.

CARTE N°35
TOPAZE IMPÉRIALE

Les fonctions du chakra correspondant : Chakra du Plexus Solaire

Le chakra du plexus solaire est activé dès la vie intra-utérine via le cordon ombilical reliant le foetus à la mère. Ce cordon qui assure non seulement la liaison avec la source nutritive mais aussi avec le monde extérieur grâce aux cinq sens de la mère. Il détermine la qualité du corps éthérique et le fonctionnement des organes de la cavité abdominale et, par conséquent, la qualité des contacts avec le monde extérieur et la capacité de s'y projeter. Il est la porte d'entrée vers le corps astral. Le corps astral est le siège des émotion. De ce fait, les émotions sont véhiculées par le chakra du plexus solaire: sympathies et antipathies s'y croisent. C'est pourquoi il agit directement sur notre comportement en société car il est le centre du bien-être personnel dans le cadre de notre intégration sociale. Lorsque ce chakra fonctionne bien, on se sent en harmonie avec soi et avec son entourage dans un esprit de tolérance.
Les échanges énergétiques de feu et de lumière au niveau du troisième chakra déterminent notre personnalité. En conséquence, ils définissant notre place dans la société, notre sens de la hiérarchie et nos réactions par rapport aux règles sociales: les conventions, les règlements et les lois. De ce fait, il régit notre conception du pouvoir.
Cette lumière irrigue notre esprit. Elle rend nos idées plus lumineuses, éclaire nos conceptions, affine notre culture, magnifie nos instincts, élève nos sentiments, bonifie nos émotions. La lumière chasse les ténèbres et la peur. Elle nous permet de rayonner autour de nous pour que notre vie devienne une source de joie et de bonheur.
Le chakra du plexus solaire régule les fonctions métaboliques. Tous les or-

le foie, le pancréas, la vésicule biliaire, le colon, l'intestin, l'oesophage. Il régule le système nerveux neurovégétatif, celui qui commande nos fonctions vitales en dehors de notre volonté: respiration, pulsations cardiaques, etc. En cas de diabète, le chakra du plexus solaire contrôle la glycémie et contribue à stabiliser les excès de sucre dans le sang. Il a également un effet modérateur que les excès de cholestérol et de triglycérides. En cas de régime alimentaire, il apporte de la volonté et de la rigueur afin de maîtriser les variations de poids et les excès de graisses. Lorsque ce chakra est noué ou bloqué on a pu constater de la tension nerveuse, des crampes musculaires, des altérations du pancréas, du diabète, de l'hypoglycémie, un foie et des reins paresseux, des irritations du colon, de la surcharge pondérale, un transit intestinal perturbé, des troubles de la vision, des tendances à l'anorexie et à la boulimie, une fatigue chronique, des troubles maniacodépressifs

Lorsque le chakra du plexus solaire est bloqué ou noué, nous avons affaire à des personnes émotives, nerveuses, stressées, insomniaques, angoissées, tendues aussi bien sur le plan physique que psychologique. C'est un terrain paranoïde propice au déclenchement de querelles de voisinage.

Ces personnes manquent souvent de discernement et sont souvent incapables de rationaliser dans des situations délicates tant elles sont victimes de leur excès d'émotivité. Elles sont mentalement passives et elles ne sont pas bien capables de se projeter dans l'avenir. Elles n'ont pas de projet à moyen ou long terme. C'est encore un réflexe de crainte tant leur peur du changement est grande.

Pourtant, elles peuvent se complaire dans des situations désagréables car leurs blocages émotionnels les rendent incapables de goûter une certaine douceur de vivre. En fait, elles vivent dans un monde d'illusions car elles sont incapable de percevoir la réalité. Il est clair que, dans ce contexte, elles manquent souvent de combativité. Elles ont tendance à abandonner les projets face aux obstacles qu'ils soulèvent. Elles n'ont pas cet instinct de révolte qui peut parfois s'avérer utile pour sa propre survie tant elles sont soumises aux ordres et aux désirs des autres. Leur manque de personnalité affirmée provoque un enfouissement de leurs propres désirs. Certaines sont timides à l'excès par crainte des autres. Leur effacement excessif développe un complexe d'infériorité. Elles peuvent alors présenter des défauts de coordination des mouvements sous le coup d'une émotion. Souvent encore, elles manquent d'esprit d'entreprise et sont atteintes d'un syndrome d'échec récurrent.

Le chakra du plexus solaire est, par définition, solaire. Il est le centre du corps physique. Grâce au symbole du soleil, il est le point par lequel la lumière pénètre notre corps et notre esprit. Il est donc le siège de la purification spirituelle.

Les principales propriétés énergétiques de votre pierre

La Topaze impériale est la pierre de la vitalité et de l'intelligence.
Elle est puissamment revitalisante en cas de grandes fatigues : c'est une vraie batterie énergétique qui nous permet de recharger nos propres batteries, aussi bien sur le plan physique que sur le plan mental.
Elle favorise la circulation sanguine et défatigue les jambes lourdes. Elle a des effets cicatrisants. Elle stimule le goût des aliments et lutte contre les excès de cholestérol. C'est ainsi qu'elle est un excellent auxiliaire des régimes amaigrissants en révélant le goût d'aliments faibles en calories que nos habitudes alimentaires avaient négligés en les trouvant trop fades.
Cette pierre magnifique à l'éclat vif est très recherchée pour la gaieté et le bonheur qu'elle propage puissamment autour d'elle et de façon soutenue, car c'est une pierre de grand charisme qui permet d'être admiré(e) et respecté(e) de son entourage (ce n'est pas une raison pour prendre « la grosse tête », la topaze impériale ne le supporterait pas : et vous rendrait vite apathique en vous écrasant de fatigue). La topaze impériale a beaucoup de tonus. Elle est dynamisante pour le corps et crée les bonnes conditions physiques qui stimulent l'esprit. La topaze impériale est, en effet, très stimulante pour l'esprit, la mémoire et l'acuité intellectuelle : on dit qu'elle rend malin et rusé… si vous mettez ces qualités au service du Bien.
Elle répare les chocs nerveux, combat les traumatismes qui entraînent à la dépression.
C'est au cœur des énergies cosmiques que la Topaze Impériale puise sa force et son tonus.
La topaze impériale est décidément une pierre très complète.

Al

L'oligoélément utile en soins : l'aluminium (S)

On en trouve essentiellement dans les os, les poumons et le foie. On élimine rapidement plus de 95 % de l'aluminium que nous consommons par notre alimentation, d'abord par voie fécale, puis par les urines, mais l'aluminium stocké par les cellules du corps peut y séjourner plusieurs années avant d'être éliminé à son tour.
Une carence en aluminium peut entraîner des pathologies similaires à une carence en vitamine B1, et notamment asthénie, anorexie, insuffisance cardiaque, problèmes neurologiques, irritabilité, troubles de la mémoire, difficultés de concentration.
L'aluminium agit essentiellement au niveau du système nerveux. Il est donc prescrit dans les cas de difficultés de concentration et de tensions nerveuses

qui génèrent du stress, de l'anxiété, des insomnies. Ces tensions peuvent générer des troubles gastriques et de l'acidité. L'aluminium est un excellent antiacide.
Chez l'enfant hypoactif, l'aluminium contribue à un développement harmonieux et stimule ses capacités cognitives. Chez l'enfant agité comme chez l'adulte stressé, l'aluminium permettra de trouver le sommeil plus facilement. On pourra l'associer au manganèse.

CONCLUSIONS

Vous avez tiré la topaze impériale. Il semblerait que vous manquez sérieusement de dynamisme. Elle activera votre vitalité au travers de tous les canaux de circulation énergétique (appelés les *nadis* en sankrit), et qui alimentent vos chakras en énergies.

Elle nettoiera toutes les cristallisations énergétiques qui vous empêchent d'avancer dans la vie.

Lorsque vous sentez fatigué(e), déprimé(e), voire pire, au bord de la dépression, la topaze impériale, véritable batterie énergétique, saura vous dynamiser pour reprendre le cours de votre vie dans la joie, la gaieté et la bonne humeur.

En bref la topaze impériale dynamisera votre corps et créera les bonnes conditions physiques pour stimuler votre esprit.

Vous pourrez l'utiliser de façon ponctuelle en la mettant dans votre main lorsque vous sentez la pesanteur de la fatigue, ou en méditation sur le chakra du plexus solaire pour plus de pérennité dans l'action stimulante de la pierre.

CARTE N°36
CHRYSOBÉRYL

Les fonctions du chakra correspondant : Chakra du Plexus Solaire

Le chakra du plexus solaire est activé dès la vie intra-utérine via le cordon ombilical reliant le foetus à la mère. Ce cordon qui assure non seulement la liaison avec la source nutritive mais aussi avec le monde extérieur grâce aux cinq sens de la mère. Il détermine la qualité du corps éthérique et le fonctionnement des organes de la cavité abdominale et, par conséquent, la qualité des contacts avec le monde extérieur et la capacité de s'y projeter. Il est la porte d'entrée vers le corps astral. Le corps astral est le siège des émotion. De ce fait, les émotions sont véhiculées par le chakra du plexus solaire: sympathies et antipathies s'y croisent. C'est pourquoi il agit directement sur notre comportement en société car il est le centre du bien-être personnel dans le cadre de notre intégration sociale. Lorsque ce chakra fonctionne bien, on se sent en harmonie avec soi et avec son entourage dans un esprit de tolérance.

Les échanges énergétiques de feu et de lumière au niveau du troisième chakra déterminent notre personnalité. En conséquence, ils définissant notre place dans la société, notre sens de la hiérarchie et nos réactions par rapport aux règles sociales: les conventions, les règlements et les lois. De ce fait, il régit notre conception du pouvoir.

Cette lumière irrigue notre esprit. Elle rend nos idées plus lumineuses, éclaire nos conceptions, affine notre culture, magnifie nos instincts, élève nos sentiments, bonifie nos émotions. La lumière chasse les ténèbres et la peur. Elle nous permet de rayonner autour de nous pour que notre vie devienne une source de joie et de bonheur.

Le chakra du plexus solaire régule les fonctions métaboliques. Tous les or-

le foie, le pancréas, la vésicule biliaire, le colon, l'intestin, l'œsophage.
Il régule le système nerveux neurovégétatif, celui qui commande nos fonctions vitales en dehors de notre volonté : respiration, pulsations cardiaques, etc. En cas de diabète, le chakra du plexus solaire contrôle la glycémie et contribue à stabiliser les excès de sucre dans le sang. Il a également un effet modérateur que les excès de cholestérol et de triglycérides. En cas de régime alimentaire, il apporte de la volonté et de la rigueur afin de maîtriser les variations de poids et les excès de graisses. Lorsque ce chakra est noué ou bloqué on a pu constater de la tension nerveuse, des crampes musculaires, des altérations du pancréas, du diabète,de l' hypoglycémie, un foie et des reins paresseux, des irritations du colon, de la surcharge pondérale, un transit intestinal perturbé, des troubles de la vision, des tendances à l'anorexie et à la boulimie, une fatigue chronique, des troubles maniacodépressifs
Lorsque le chakra du plexus solaire est bloqué ou noué, nous avons affaire à des personnes émotives, nerveuses, stressées, insomniaques, angoissées, tendues aussi bien sur le plan physique que psychologique. C'est un terrain paranoïde propice au déclenchement de querelles de voisinage.
Ces personnes manquent souvent de discernement et sont souvent incapables de rationaliser dans des situations délicates tant elles sont victimes de leur excès d'émotivité. Elles sont mentalement passives et elles ne sont pas bien capables de se projeter dans l'avenir. Elles n'ont pas de projet à moyen ou long terme. C'est encore un réflexe de crainte tant leur peur du changement est grande.
Pourtant, elles peuvent se complaire dans des situations désagréables car leurs blocages émotionnels les rendent incapables de goûter une certaine douceur de vivre. En fait, elles vivent dans un monde d'illusions car elles sont incapables de percevoir la réalité. Il est clair que, dans ce contexte, elles manquent souvent de combativité. Elles ont tendance à abandonner les projets face aux obstacles qu'ils soulèvent. Elles n'ont pas cet instinct de révolte qui peut parfois s'avérer utile pour sa propre survie tant elles sont soumises aux ordres et aux désirs des autres. Leur manque de personnalité affirmée provoque un enfouissement de leurs propres désirs. Certaines sont timides à l'excès par crainte des autres. Leur effacement excessif développe un complexe d'infériorité. Elles peuvent alors présenter des défauts de coordination des mouvements sous le coup d'une émotion. Souvent encore, elles manquent d'esprit d'entreprise et sont atteintes d'un syndrome d'échec récurrent.
Le chakra du plexus solaire est, par définition, solaire. Il est le centre du corps physique. Grâce au symbole du soleil, il est le point par lequel la lumière pénètre notre corps et notre esprit. Il est donc le siège de la purification spirituelle.

Les principales propriétés énergétiques de votre pierre

Le chrysobéryl est une pierre pragmatique : il agit essentiellement au niveau du chakra du plexus Solaire par une protection du système digestif inférieur (intestins, foie) et des reins. Il a également une action régulatrice sur le système nerveux neurovégétatif.
Il engage à un comportement plus civique, fait obstacle à la vulgarité car il favorise l'élévation de l'esprit. Il gomme les rancœurs et encourage au pardon.
Le chrysobéryl jaune d'or est aussi une bonne pierre de spiritualité dans un engagement sacerdotal. Il engage à la réflexion philosophique.
L'œil de Chat (ou Cymophane)
C'est un chrysobéryl contenant un réseau serré de fines aiguilles de rutile orientées selon un angle précis, qui reflète la lumière pour présenter en surface de la pierre l'effet irisé d'une pupille d'œil de chat. Comme il se doit, l'œil de chat améliore la vision nocturne et agit sur la souplesse du corps, la précision et la rapidité des réflexes et des mouvements.

Al

L'oligoélément utile en soins : l'aluminium (S)

On en trouve essentiellement dans les os, les poumons et le foie. On élimine rapidement plus de 95 % de l'aluminium que nous consommons par notre alimentation, d'abord par voie fécale, puis par les urines, mais l'aluminium stocké par les cellules du corps peut y séjourner plusieurs années avant d'être éliminé à son tour.
Une carence en aluminium peut entraîner des pathologies similaires à une carence en vitamine B1, et notamment asthénie, anorexie, insuffisance cardiaque, problèmes neurologiques, irritabilité, troubles de la mémoire, difficultés de concentration.
L'aluminium agit essentiellement au niveau du système nerveux. Il est donc prescrit dans les cas de difficultés de concentration et de tensions nerveuses qui génèrent du stress, de l'anxiété, des insomnies. Ces tensions peuvent générer des troubles gastriques et de l'acidité. L'aluminium est un excellent antiacide.
Chez l'enfant hypoactif, l'aluminium contribue à un développement harmonieux et stimule ses capacités cognitives. Chez l'enfant agité comme chez l'adulte stressé, l'aluminium permettra de trouver le sommeil plus facilement. On pourra l'associer au manganèse.

CONCLUSIONS

Le chrysobéryl est une pierre d'engagement. Cette carte pourrait laisser à penser que vous éprouviez des difficultés à vous engager à vous engager. C'est la pierre qui vous permettra de faire des choix de vie vers ce qui vous habite réellement.

Où en êtes-vous avec vos pratiques spirituelles ?
Vers quoi souhaiteriez vous aller et quelle est la finalité vers laquelle vous n'avez jamais osé vous aventurer ?

Prenez le temps de faire le point sur vos rêves laissés pour compte. Lorsque vous étiez plus jeune il est possible que vous aviez désiré vous engager dans des actions humanitaires ou de rejoindre un ashram en Inde.
Le chrysobéryl vous aidera à prendre conscience de toutes les actions que vous n'avez pas menées en matière d'engagement sacerdotal.
Il n'est jamais trop tard, quoi que la vie vous ait proposé de vivre pour réaliser vos rêves.

Le regret est bien souvent le sentiment qui provoque des remontées acides. Sur le plan physique le chrysobéryl, posé sur le chakra du plexus solaire, protégera l'ensemble de votre système digestif tout en renforçant le rayonnement de votre charisme.

C'est grâce à lui que vous pourrez briller de mille feux tout en développant votre structure égotique.

Le chrysobéryl posé sur le chakra du troisième œil pourra également vous être utile pour réguler votre système nerveux végétatif en maintenant les équilibres internes de votre corps que l'on appelle en médecine l'homéostasie.

CARTE N°37
FLUORITE JAUNE

Les fonctions du chakra correspondant : Chakra du Plexus Solaire

Le chakra du plexus solaire est activé dès la vie intra-utérine via le cordon ombilical reliant le foetus à la mère. Ce cordon qui assure non seulement la liaison avec la source nutritive mais aussi avec le monde extérieur grâce aux cinq sens de la mère. Il détermine la qualité du corps éthérique et le fonctionnement des organes de la cavité abdominale et, par conséquent, la qualité des contacts avec le monde extérieur et la capacité de s'y projeter. Il est la porte d'entrée vers le corps astral. Le corps astral est le siège des émotion. De ce fait, les émotions sont véhiculées par le chakra du plexus solaire: sympathies et antipathies s'y croisent. C'est pourquoi il agit directement sur notre comportement en société car il est le centre du bien-être personnel dans le cadre de notre intégration sociale. Lorsque ce chakra fonctionne bien, on se sent en harmonie avec soi et avec son entourage dans un esprit de tolérance.

Les échanges énergétiques de feu et de lumière au niveau du troisième chakra déterminent notre personnalité. En conséquence, ils définissant notre place dans la société, notre sens de la hiérarchie et nos réactions par rapport aux règles sociales: les conventions, les règlements et les lois. De ce fait, il régit notre conception du pouvoir.

Cette lumière irrigue notre esprit. Elle rend nos idées plus lumineuses, éclaire nos conceptions, affine notre culture, magnifie nos instincts, élève nos sentiments, bonifie nos émotions. La lumière chasse les ténèbres et la peur. Elle nous permet de rayonner autour de nous pour que notre vie devienne une source de joie et de bonheur.

Le chakra du plexus solaire régule les fonctions métaboliques. Tous les or-

le foie, le pancréas, la vésicule biliaire, le colon, l'intestin, l'oesophage.
Il régule le système nerveux neurovégétatif, celui qui commande nos fonctions vitales en dehors de notre volonté : respiration, pulsations cardiaques, etc. En cas de diabète, le chakra du plexus solaire contrôle la glycémie et contribue à stabiliser les excès de sucre dans le sang. Il a également un effet modérateur que les excès de cholestérol et de triglycérides. En cas de régime alimentaire, il apporte de la volonté et de la rigueur afin de maîtriser les variations de poids et les excès de graisses.
Lorsque ce chakra est noué ou bloqué on a pu constater de la tension nerveuse, des crampes musculaires, des altérations du pancréas, du diabète, de l'hypoglycémie, un foie et des reins paresseux, des irritations du colon, de la surcharge pondérale, un transit intestinal perturbé, des troubles de la vision, des tendances à l'anorexie et à la boulimie, une fatigue chronique, des troubles maniacodépressifs
Lorsque le chakra du plexus solaire est bloqué ou noué, nous avons affaire à des personnes émotives, nerveuses, stressées, insomniaques, angoissées, tendues aussi bien sur le plan physique que psychologique. C'est un terrain paranoïde propice au déclenchement de querelles de voisinage.
Ces personnes manquent souvent de discernement et sont souvent incapables de rationaliser dans des situations délicates tant elles sont victimes de leur excès d'émotivité. Elles sont mentalement passives et elles ne sont pas bien capables de se projeter dans l'avenir. Elles n'ont pas de projet à moyen ou long terme. C'est encore un réflexe de crainte tant leur peur du changement est grande.
Pourtant, elles peuvent se complaire dans des situations désagréables car leurs blocages émotionnels les rendent incapables de goûter une certaine douceur de vivre. En fait, elles vivent dans un monde d'illusions car elles sont incapable de percevoir la réalité. Il est clair que, dans ce contexte, elles manquent souvent de combativité. Elles ont tendance à abandonner les projets face aux obstacles qu'ils soulèvent. Elles n'ont pas cet instinct de révolte qui peut parfois s'avérer utile pour sa propre survie tant elles sont soumises aux ordres et aux désirs des autres. Leur manque de personnalité affirmée provoque un enfouissement de leurs propres désirs. Certaines sont timides à l'excès par crainte des autres. Leur effacement excessif développe un complexe d'infériorité. Elles peuvent alors présenter des défauts de coordination des mouvements sous le coup d'une émotion. Souvent encore, elles manquent d'esprit d'entreprise et sont atteintes d'un syndrome d'échec récurrent.
Le chakra du plexus solaire est, par définition, solaire. Il est le centre du corps physique. Grâce au symbole du soleil, il est le point par lequel la lumière pénètre notre corps et notre esprit. Il est donc le siège de la purification spirituelle.

Les principales propriétés énergétiques de votre pierre

Symboliquement, les fluorites reflètent la structuration de l'esprit, particulièrement les fluorites jaunes bleues et violettes.
La fluorite jaune apaise les allergies respiratoires dues aux pollens.
Une fluorite jaune ou bleu violacé en amas de cristaux cubiques est excellente dans un lieu de travail intellectuel car elle aide à la concentration et à la réflexion cartésienne. C'est la pierre que les scientifiques placent dans leur bureau, dans leur laboratoire de recherche (grands blocs cristallisés et maclés). Elle organise les rouages de la pensée rationnelle, aide aux démarches logiques en y apportant une touche de créativité. Intimement liée au progrès, la fluorite est vraiment la pierre du chercheur. Elle structure l'imaginaire.
Le cristal de fluorite octaédrique a la forme de deux pyramides inversées. Il symbolise l'équilibre entre le ciel et la terre, entre le rêve et la réalité, entre le spirituel et le physique. En méditation, on aura soin de le tenir verticalement.
Comme le quartz biterminé, la fluorite octaédrique est un excellent outil de télépathie.
La Fluorite jaune transmet de la joie, de la gaieté, de la bonne humeur. Elle permet une bonne structuration de l'esprit, développe l'intelligence, renforce la mémoire, structure les capacités d'analyse et de synthèse, et permet d'acquérir le sens de la méthode.

F

L'oligoélément utile en soins : le fluor (F)

Le fluor participe à la fixation du calcium dans les os et dans les dents. Il permet un développement harmonieux du squelette, solidifie les os, renforce la structure des ligaments et des parois vasculaires, contribue au bon fonctionnement des articulations. Il est donc indispensable en période de croissance des enfants, chez les personnes âgées et les femmes en phase de ménopause, de gestation et d'allaitement. Il peut avoir une action bénéfique sur des insuffisances veineuses qui occasionnent des varices.
Il se fixe dans l'émail des dents et les rend beaucoup plus résistantes aux attaques des bactéries de la plaque dentaire.
Une carence en fluor engendre des pertes de calcium dans l'organisme, provoquant ainsi des détériorations du tissu osseux et de l'émail dentaire. Les fractures osseuses se résorbent moins rapidement. Chez l'adulte stressé, l'aluminium permettra de trouver le sommeil plus facilement. On pourra l'associer au manganèse.

CONCLUSIONS

La carte de la fluorite jaune permet de déduire que vous auriez grand besoin de structurer vos pensées qui auraient une certaine tendance à se disperser et de renforcer vos capacités mémorielles dont les carences, aussi minces soient-elles, ajoutent encore de la confusion.

Elle est parfois utilisée par les scientifiques dans leur bureau et dans leurs laboratoires car elle renforce considérablement la réflexion cartésienne.

Elle pourra également, dans sa forme de cristallisation octaédrique (deux pyramides base 4 inversées) vous permettre de vous centrer dans un équilibre parfait entre la terre et le ciel, entre la réalité et le rêve, entre le physique et le spirituel.

Avec la fluorite jaune, l'excès n'est pas de mise : elle dissipe les confusions.

Elle ajustera l'intensité de vos activités en fonctions des besoins du moment.

Il est possible que vous ayez parfois de petites pertes de mémoire ou que vous ayez des difficultés à résoudre des problèmes simples qui exigeraient de votre part un minimum de sens de la logique. C'est la fluorite jaune qui vous permettra de structurer votre esprit, de construire des solutions, de puiser dans vos souvenirs pour activer votre mémoire.

CARTE N°38
SAPHIR JAUNE

Les fonctions du chakra correspondant : Chakra du Plexus Solaire

Le chakra du plexus solaire est activé dès la vie intra-utérine via le cordon ombilical reliant le foetus à la mère. Ce cordon qui assure non seulement la liaison avec la source nutritive mais aussi avec le monde extérieur grâce aux cinq sens de la mère. Il détermine la qualité du corps éthérique et le fonctionnement des organes de la cavité abdominale et, par conséquent, la qualité des contacts avec le monde extérieur et la capacité de s'y projeter. Il est la porte d'entrée vers le corps astral. Le corps astral est le siège des émotion. De ce fait, les émotions sont véhiculées par le chakra du plexus solaire: sympathies et antipathies s'y croisent. C'est pourquoi il agit directement sur notre comportement en société car il est le centre du bien-être personnel dans le cadre de notre intégration sociale. Lorsque ce chakra fonctionne bien, on se sent en harmonie avec soi et avec son entourage dans un esprit de tolérance.

Les échanges énergétiques de feu et de lumière au niveau du troisième chakra déterminent notre personnalité. En conséquence, ils définissant notre place dans la société, notre sens de la hiérarchie et nos réactions par rapport aux règles sociales: les conventions, les règlements et les lois. De ce fait, il régit notre conception du pouvoir.

Cette lumière irrigue notre esprit. Elle rend nos idées plus lumineuses, éclaire nos conceptions, affine notre culture, magnifie nos instincts, élève nos sentiments, bonifie nos émotions. La lumière chasse les ténèbres et la peur. Elle nous permet de rayonner autour de nous pour que notre vie devienne une source de joie et de bonheur.

Le chakra du plexus solaire régule les fonctions métaboliques. Tous les or-

le foie, le pancréas, la vésicule biliaire, le colon, l'intestin, l'oesophage.
Il régule le système nerveux neurovégétatif, celui qui commande nos fonctions vitales en dehors de notre volonté: respiration, pulsations cardiaques, etc. En cas de diabète, le chakra du plexus solaire contrôle la glycémie et contribue à stabiliser les excès de sucre dans le sang. Il a également un effet modérateur que les excès de cholestérol et de triglycérides. En cas de régime alimentaire, il apporte de la volonté et de la rigueur afin de maîtriser les variations de poids et les excès de graisses. Lorsque ce chakra est noué ou bloqué on a pu constater de la tension nerveuse, des crampes musculaires, des altérations du pancréas, du diabète, de l'hypoglycémie, un foie et des reins paresseux, des irritations du colon, de la surcharge pondérale, un transit intestinal perturbé, des troubles de la vision, des tendances à l'anorexie et à la boulimie, une fatigue chronique, des troubles maniacodépressifs

Lorsque le chakra du plexus solaire est bloqué ou noué, nous avons affaire à des personnes émotives, nerveuses, stressées, insomniaques, angoissées, tendues aussi bien sur le plan physique que psychologique. C'est un terrain paranoïde propice au déclenchement de querelles de voisinage.

Ces personnes manquent souvent de discernement et sont souvent incapables de rationaliser dans des situations délicates tant elles sont victimes de leur excès d'émotivité. Elles sont mentalement passives et elles ne sont pas bien capables de se projeter dans l'avenir. Elles n'ont pas de projet à moyen ou long terme. C'est encore un réflexe de crainte tant leur peur du changement est grande.

Pourtant, elles peuvent se complaire dans des situations désagréables car leurs blocages émotionnels les rendent incapables de goûter une certaine douceur de vivre. En fait, elles vivent dans un monde d'illusions car elles sont incapable de percevoir la réalité. Il est clair que, dans ce contexte, elles manquent souvent de combativité. Elles ont tendance à abandonner les projets face aux obstacles qu'ils soulèvent. Elles n'ont pas cet instinct de révolte qui peut parfois s'avérer utile pour sa propre survie tant elles sont soumises aux ordres et aux désirs des autres. Leur manque de personnalité affirmée provoque un enfouissement de leurs propres désirs. Certaines sont timides à l'excès par crainte des autres. Leur effacement excessif développe un complexe d'infériorité. Elles peuvent alors présenter des défauts de coordination des mouvements sous le coup d'une émotion. Souvent encore, elles manquent d'esprit d'entreprise et sont atteintes d'un syndrome d'échec récurrent.

Le chakra du plexus solaire est, par définition, solaire. Il est le centre du corps physique. Grâce au symbole du soleil, il est le point par lequel la lumière pénètre notre corps et notre esprit. Il est donc le siège de la purification spirituelle.

Les principales propriétés énergétiques de votre pierre

Bien que célèbre en raison de son utilisation courante en joaillerie comme pierre précieuse, le saphir est plutôt méconnu en lithothérapie. Cela est regrettable car c'est une pierre remarquable. Ses applications sont tributaires des nuances de ses couleurs. Au chakra du sexe, le saphir jaune orangé présente des propriétés comparables à celles des plus belles topazes Impériales orangées (voir Topaze Impériale).

Au chakra du plexus solaire, il aide à la digestion en dynamisant la production des enzymes. Il a des propriétés proches de celles de la citrine avec une puissance très largement supérieure.

Au chakra du troisième œil, c'est une pierre solaire qui rayonne d'intelligence, de bonne humeur, de dynamisme et de volonté. De ce point de vue, elle ressemble à l'héliodore (voir Héliodore).

Al

L'oligoélément utile en soins : l'aluminium (Al)

On en trouve essentiellement dans les os, les poumons et le foie. On élimine rapidement plus de 95 % de l'aluminium que nous consommons par notre alimentation, d'abord par voie fécale, puis par les urines, mais l'aluminium stocké par les cellules du corps peut y séjourner plusieurs années avant d'être éliminé à son tour.

Une carence en aluminium peut entraîner des pathologies similaires à une carence en vitamine B1, et notamment asthénie, anorexie, insuffisance cardiaque, problèmes neurologiques, irritabilité, troubles de la mémoire, difficultés de concentration.

L'aluminium agit essentiellement au niveau du système nerveux. Il est donc prescrit dans les cas de difficultés de concentration et de tensions nerveuses qui génèrent du stress, de l'anxiété, des insomnies. Ces tensions peuvent générer des troubles gastriques et de l'acidité. L'aluminium est un excellent antiacide.

Chez l'enfant hypoactif, l'aluminium contribue à un développement harmonieux et stimule ses capacités cognitives. Chez l'enfant agité comme chez l'adulte stressé, l'aluminium permettra de trouver le sommeil plus facilement. On pourra l'associer au manganèse.

CONCLUSIONS

Vous sentez peut-être confusément que vous avez besoin de développer votre charisme lorsque vous vous croyez isolé(e) dans un groupe et que vos idées et vos valeurs ne sont pas prises en compte. Avec le saphir jaune, vous capterez l'attention et vous rayonnerez autour de vous pour partager vos valeurs fondamentales. Votre groupe social vous en remerciera.

CARTE N°40
ÉMERAUDE

Les fonctions du chakra correspondant : Chakra du Cœur

Le chakra du cœur est le point de convergence des chakras spirituels et des chakras physiques, le lieu où les énergies éthériques-physiques et les énergies subtiles des champs spirituels fusionnent. Il est donc d'une importance capitale pour l'équilibre et le plein épanouissement de l'être intégral.
Cette convergence des trois chakras supérieurs en union intime celui des trois chakras inférieurs permet la manifestation de l'amour universel.
Le rayonnement du chakra du cœur vers l'extérieur véhicule des flux d'amour très puissants, un amour capable de transformer et de guérir. En dirigeant cet amour vers un organe malade, que cet organe appartienne à votre corps ou au corps d'une autre personne, vous permettrez à cet organe de franchir un pas important vers la guérison.
Le chakra du cœur est associé au thymus. Il gouverne les organes de la cage thoracique : le cœur et l'ensemble du système de circulation sanguine, les poumons, le diaphragme, mais aussi les bras et les mains. Le chakra du cœur régule les rythmes biologiques : le rythme cardiaque, bien sûr, mais également le rythme respiratoire. Le chakra du cœur préserve l'épiderme et le derme des agressions. Il s'oppose aux dégradations de la peau. Il active les processus de la cicatrisation.
Et puis, le chakra du cœur est le gardien du système immunitaire qu'il stimule et renforce.
Enfin, il agit sur la croissance des enfants qu'il harmonise, sur le rythme de croissance, sur de nombreux plans : physique, intellectuel, affectif et spirituel.
Lorsqu'il est bloqué ou noué, cela peut provoquer des allergies cutanées et respiratoires, et des perturbations au niveau du système immunitaire, avec

les risques d'infections que cela suppose.
Il est la source de tous les sentiments d'amour et d'amitié, positifs et généreux, orientés vers l'honnêteté et le respect, la compréhension et la compassion.
Il est le centre des sentiments, qu'ils soient positifs et heureux comme les élans affectifs, l'amour, l'amitié, les plaisirs intellectuels perçus au travers de la musique, de la littérature, les plaisirs sensuels de la caresse et du contact physique, les plaisirs esthétiques de la contemplation de la nature ou d'une œuvre d'art.
Mais il est aussi ouvert aux énergies négatives, au malheur à la tristesse, à la déception, au sentiment de rejet, à l'insensibilité, à l'indifférence.
L'amour universel dont il est le siège n'est pas seulement amour et compassion pour autrui. Il a le sens d'une acceptation inconditionnelle de tout ce qui est, physiquement ou spirituellement. Sa spontanéité généreuse attire l'amitié et l'affection des autres pour un partage de joie et de bonne humeur.
Il s'agit aussi d'apprendre à s'aimer, de se reconnaître en tant que personne, esprit et ensemble d'organes, de façon lucide et sans complaisance.
En cas de relations familiales tumultueuses entre parents et enfants, entre frères et sœurs, le chakra du cœur permet de les apaiser en estompant les jalousies, en accordant le pardon sur d'anciennes rancœurs.
Lorsque ce chakra est noué ou bloqué, les émotions négatives prédominent: aversion, culpabilité, égoïsme, impatience, apitoiement sur soi, soupçons de malveillance de la part d'autrui. Les sentiments sont tenaces, mais fortement conditionnels: l'autre doit aimer en premier, doit le prouver à tout moment, l'égocentrisme prime. C'est ainsi que l'on observera des blocages affectifs, une incapacité à aimer, de l'indifférence, une incapacité à manifester son amour par peur du rejet et de l'échec, des déceptions amoureuses fréquentes, le sentiment de se sentir rejeté, de la peur d'autrui. Cela se manifeste aussi par un manque de générosité, des comportements égoïstes, du repli sur soi, des difficultés à s'aimer tel qu'on est, un sentiment de solitude, des négligences sur sa propre apparence physique et sur l'hygiène corporelle.
Interrogez-vous sur le fonctionnement de votre chakra du cœur lorsque vos relations amicales ou familiales se dérobent, se détournent de vous…

Les principales propriétés énergétiques de votre pierre

Hormis les recommandations que nous émettons ici, l'émeraude ne supporte pas la présence d'autres pierres de couleur par pure modestie plus que par timidité. Lors d'associations avec une autre pierre de couleur, elle se retire discrètement et perd la quasi-totalité de ses pouvoirs au profit de l'autre pierre. Elle peut cependant être associée avec bonheur à toutes les pierres incolores qui vont jouer un rôle d'amplification de ses propriétés et plus particulièrement au diamant, au cristal de roche et à la goshénite et, au chakra du cœur, à toutes les pierres roses de la même famille des béryl,

à savoir la morganite. Comme la tourmaline verte, c'est par excellence la pierre des guérisseurs bien qu'elle agisse aussi à titre préventif.
C'est la pierre qui renforce et stimule le système immunitaire. Indispensable dans tous les cas de maladies infectieuses ou de baisse des défenses naturelles du corps.
Comme beaucoup de pierres vertes, elle est un puissant stimulateur du développement physique et intellectuel.
L'émeraude est une pierre calme qui apporte la paix intérieure et l'harmonie entre les plans physique, intellectuel et émotionnel. Elle fait régner la modération et engage à la conciliation dans des atmosphères chaotiques. Elle donne toute la bonne volonté nécessaire pour trouver des modes de coopération lorsque des conceptions différentes se percutent. Elle permet notamment de se dégager des ressentiments et des contentieux qui ont été vécus dans la relation paternelle pendant l'enfance et l'adolescence.
Elle est gentillesse et bonté. Elle accorde le pardon. C'est aussi la pierre de la connaissance et du savoir.
Associée au quartz rose, à la kunzite ou à la morganite, elle soulage la souffrance affective et charge le chakra du cœur d'une nouvelle vitalité restructurante et optimiste.
C'est la pierre de la complicité amoureuse, du partage durable entre deux partenaires, de la cohésion de l'union amoureuse.
C'est encore la pierre de la prospérité qui rend incorruptible.
L'émeraude est une pierre qui répond aux principes Yin (féminin). Elle révèle chez l'homme qui la porte un haut degré de sensibilité.

Al

L'oligoélément utile en soins : l'aluminium (Al)

On en trouve essentiellement dans les os, les poumons et le foie. On élimine rapidement plus de 95 % de l'aluminium que nous consommons par notre alimentation, d'abord par voie fécale, puis par les urines, mais l'aluminium stocké par les cellules du corps peut y séjourner plusieurs années avant d'être éliminé à son tour.
Une carence en aluminium peut entraîner des pathologies similaires à une carence en vitamine B1, et notamment asthénie, anorexie, insuffisance cardiaque, problèmes neurologiques, irritabilité, troubles de la mémoire, difficultés de concentration.
L'aluminium agit essentiellement au niveau du système nerveux. Il est donc prescrit dans les cas de difficultés de concentration et de tensions nerveuses qui génèrent du stress, de l'anxiété, des insomnies. Ces tensions peuvent générer des troubles gastriques et de l'acidité. L'aluminium est un excellent antiacide.
Chez l'enfant hypoactif, l'aluminium contribue à un développement har-

monieux et stimule ses capacités cognitives. Chez l'enfant agité comme chez l'adulte stressé, l'aluminium permettra de trouver le sommeil plus facilement. On pourra l'associer au manganèse.

CONCLUSIONS

La carte de l'émeraude permet de déduire que vous pourriez avoir des faiblesses dans vos défenses naturelles et votre système immunitaire. Posée sur le chakra du cœur elle vous aidera à la renforcer.

L'immunité et l'identité sont intimement liées. L'émeraude pourra vous aider à désamorcer un conflit important entre ce que vous êtes et ce que vous faites.

Combien de fois vous êtes-vous dit que le travail que vous accomplissez n'est plus adapté à votre moi profond ? L'émeraude, vous aidera à faire émerger ce qui est latent au fond de vous.

Toutefois soyez prudent(e) avec l'émeraude si vous souffrez d'une maladie auto-immune dans la mesure où cette pierre agit sur l'augmentation de votre immunité : l'émeraude pourrait s'avérer contre-indiquée pour vous.

Si vous ressentez un besoin de calme, de paix intérieure et d'harmonie, l'émeraude est la pierre toute indiquée pour vous apaiser, vous stabiliser et vous apporter le calme salutaire qui vous fait tant défaut.

Elle pourra même soulager des souffrances affectives et vous donner envie d'aimer à nouveau.

CARTE N°41
KUNZITE

Les fonctions du chakra correspondant : Chakra du Cœur

Le chakra du cœur est le point de convergence des chakras spirituels et des chakras physiques, le lieu où les énergies éthériques-physiques et les énergies subtiles des champs spirituels fusionnent. Il est donc d'une importance capitale pour l'équilibre et le plein épanouissement de l'être intégral.
Cette convergence des trois chakras supérieurs en union intime celui des trois chakras inférieurs permet la manifestation de l'amour universel.
Le rayonnement du chakra du cœur vers l'extérieur véhicule des flux d'amour très puissants, un amour capable de transformer et de guérir. En dirigeant cet amour vers un organe malade, que cet organe appartienne à votre corps ou au corps d'une autre personne, vous permettrez à cet organe de franchir un pas important vers la guérison.
Le chakra du cœur est associé au thymus. Il gouverne les organes de la cage thoracique : le cœur et l'ensemble du système de circulation sanguine, les poumons, le diaphragme, mais aussi les bras et les mains. Le chakra du cœur régule les rythmes biologiques : le rythme cardiaque, bien sûr, mais également le rythme respiratoire. Le chakra du cœur préserve l'épiderme et le derme des agressions. Il s'oppose aux dégradations de la peau. Il active les processus de la cicatrisation.
Et puis, le chakra du cœur est le gardien du système immunitaire qu'il stimule et renforce.
Enfin, il agit sur la croissance des enfants qu'il harmonise, sur le rythme de croissance, sur de nombreux plans : physique, intellectuel, affectif et spirituel.
Lorsqu'il est bloqué ou noué, cela peut provoquer des allergies cutanées et respiratoires, et des perturbations au niveau du système immunitaire, avec

les risques d'infections que cela suppose.
Il est la source de tous les sentiments d'amour et d'amitié, positifs et généreux, orientés vers l'honnêteté et le respect, la compréhension et la compassion.
Il est le centre des sentiments, qu'ils soient positifs et heureux comme les élans affectifs, l'amour, l'amitié, les plaisirs intellectuels perçus au travers de la musique, de la littérature, les plaisirs sensuels de la caresse et du contact physique, les plaisirs esthétiques de la contemplation de la nature ou d'une œuvre d'art.
Mais il est aussi ouvert aux énergies négatives, au malheur à la tristesse, à la déception, au sentiment de rejet, à l'insensibilité, à l'indifférence.
L'amour universel dont il est le siège n'est pas seulement amour et compassion pour autrui. Il a le sens d'une acceptation inconditionnelle de tout ce qui est, physiquement ou spirituellement. Sa spontanéité généreuse attire l'amitié et l'affection des autres pour un partage de joie et de bonne humeur.
Il s'agit aussi d'apprendre à s'aimer, de se reconnaître en tant que personne, esprit et ensemble d'organes, de façon lucide et sans complaisance.
En cas de relations familiales tumultueuses entre parents et enfants, entre frères et sœurs, le chakra du cœur permet de les apaiser en estompant les jalousies, en accordant le pardon sur d'anciennes rancœurs.
Lorsque ce chakra est noué ou bloqué, les émotions négatives prédominent: aversion, culpabilité, égoïsme, impatience, apitoiement sur soi, soupçons de malveillance de la part d'autrui. Les sentiments sont tenaces, mais fortement conditionnels: l'autre doit aimer en premier, doit le prouver à tout moment, l'égocentrisme prime. C'est ainsi que l'on observera des blocages affectifs, une incapacité à aimer, de l'indifférence, une incapacité à manifester son amour par peur du rejet et de l'échec, des déceptions amoureuses fréquentes, le sentiment de se sentir rejeté, de la peur d'autrui.
Cela se manifeste aussi par un manque de générosité, des comportements égoïstes, du repli sur soi, des difficultés à s'aimer tel qu'on est, un sentiment de solitude, des négligences sur sa propre apparence physique et sur l'hygiène corporelle.
Interrogez-vous sur le fonctionnement de votre chakra du cœur lorsque vos relations amicales ou familiales se dérobent, se détournent de vous...

Les principales propriétés énergétiques de votre pierre

La kunzite possède des effets bénéfiques sur l'estomac, facilite la digestion, résorbe l'acidité, calme les douleurs gastriques.
De par ses facultés de tempérance, la kunzite convient bien aux enfants turbulents.
Rose violacée, elle est un excellent compromis entre le traitement des affections d'ordre émotionnel et la compensation des carences en matière de spiritualité.
La kunzite est une pierre pleine de tendresse et de pureté, presque timide,

qui stimule le cœur et l'esprit durant la nuit. Pendant le sommeil, elle procure des rêves amoureux très doux.
On évitera de l'exposer à la lumière du jour, elle risque de pâlir.
C'est aussi une pierre qui rééquilibre le mental et calme les émotions lors d'une période de chagrin consécutive à une peine amoureuse (chakra du cœur). Elle va fouiller la mémoire à la recherche de souvenirs refoulés pour en apaiser les chagrins.
La kunzite facettée est un bijou merveilleux dont la limpidité sans défauts et l'éclat exceptionnel font rayonner une infinie douceur autour de soi.
Plan spirituel
Une méditation sur une kunzite placée au chakra du troisième œil clarifie l'esprit, défait les nœuds émotionnels et permet d'atteindre une sérénité durable.
Elle prépare l'esprit avant une séance de communication télépathique.

Li

L'oligoélément utile en soins : le lithium (Li)

On connaît encore mal le rôle que le lithium tient dans l'organisme, mais des études nutritionnelles l'impliquent comme facteur de bonne santé et suggèrent qu'il doit être considéré comme un oligoélément essentiel. Une étude épidémiologique de 2011 met en valeur le lien entre le taux de lithium contenu dans l'eau de boisson et la longévité des individus qui la consomment.
L'action du lithium sur le système nerveux est particulièrement remarquable avec son effet sédatif, il est un régulateur dans le traitement des psychoses maniacodépressive, des troubles obsessionnels compulsifs, des insomnies, de l'irritabilité, de l'hyperactivité, des anxiétés, de la fragilité émotive, de l'asthénie, des altérations de l'humeur, du stress, des manifestations psychosomatiques. L'administration de lithium entraîne une diminution de la fréquence cardiaque.
En dermatologie, c'est un antiallergique.
On le recommande plus particulièrement aux personnes agitées, instables, ou trop émotives. On a constaté une amélioration des capacités mémorielles chez des étudiants stressés en période d'examen à qui on avait administré du lithium. Chez la femme, lors des périodes prémenstruelles ou en phase de ménopause, il a des effets apaisants. On retrouve aussi ces propriétés chez des personnes âgées victimes de troubles dépressifs, de sautes d'humeur et d'angoisses affectives.

CONCLUSIONS

Il est probable que l'apparition de la carte de la kunzite dans votre tirage puisse révéler une phase de fragilité émotive qui vous perturbe, vous inquiète, voire vous provoquer du stress.

Le lithium contenu dans la kunzite est un grand régulateur de l'humeur qui est parfois en déséquilibre énergétique lors de ces périodes de stress, lesquelles sont souvent consécutives à des problèmes relationnels avec votre partenaire.

Avec la kunzite vous prendrez conscience de ce qui pose problème dans vos relations amoureuses. Elle mettra en lumière des blessures émotionnelles anciennes ou récentes qui ont tendance à se rejouer.

La kunzite posée sur le chakra du plexus solaire absorbera les remontées acides provenant de l'estomac et calmera les douleurs digestives.

Plus généralement, la kunzite vous incitera à effectuer un travail d'introspection pour comprendre quels sont vos besoins affectifs et ceux de votre proche entourage.

CARTE N°42
MOLDAVITE

Les fonctions du chakra correspondant : Chakra du Cœur

Le chakra du cœur est le point de convergence des chakras spirituels et des chakras physiques, le lieu où les énergies éthériques-physiques et les énergies subtiles des champs spirituels fusionnent. Il est donc d'une importance capitale pour l'équilibre et le plein épanouissement de l'être intégral.
Cette convergence des trois chakras supérieurs en union intime celui des trois chakras inférieurs permet la manifestation de l'amour universel.
Le rayonnement du chakra du cœur vers l'extérieur véhicule des flux d'amour très puissants, un amour capable de transformer et de guérir. En dirigeant cet amour vers un organe malade, que cet organe appartienne à votre corps ou au corps d'une autre personne, vous permettrez à cet organe de franchir un pas important vers la guérison.
Le chakra du cœur est associé au thymus. Il gouverne les organes de la cage thoracique: le cœur et l'ensemble du système de circulation sanguine, les poumons, le diaphragme, mais aussi les bras et les mains. Le chakra du cœur régule les rythmes biologiques: le rythme cardiaque, bien sûr, mais également le rythme respiratoire. Le chakra du cœur préserve l'épiderme et le derme des agressions. Il s'oppose aux dégradations de la peau. Il active les processus de la cicatrisation.
Et puis, le chakra du cœur est le gardien du système immunitaire qu'il stimule et renforce.
Enfin, il agit sur la croissance des enfants qu'il harmonise, sur le rythme de croissance, sur de nombreux plans: physique, intellectuel, affectif et spirituel.
Lorsqu'il est bloqué ou noué, cela peut provoquer des allergies cutanées et respiratoires, et des perturbations au niveau du système immunitaire, avec

les risques d'infections que cela suppose.
Il est la source de tous les sentiments d'amour et d'amitié, positifs et généreux, orientés vers l'honnêteté et le respect, la compréhension et la compassion.
Il est le centre des sentiments, qu'ils soient positifs et heureux comme les élans affectifs, l'amour, l'amitié, les plaisirs intellectuels perçus au travers de la musique, de la littérature, les plaisirs sensuels de la caresse et du contact physique, les plaisirs esthétiques de la contemplation de la nature ou d'une œuvre d'art.
Mais il est aussi ouvert aux énergies négatives, au malheur à la tristesse, à la déception, au sentiment de rejet, à l'insensibilité, à l'indifférence.
L'amour universel dont il est le siège n'est pas seulement amour et compassion pour autrui. Il a le sens d'une acceptation inconditionnelle de tout ce qui est, physiquement ou spirituellement. Sa spontanéité généreuse attire l'amitié et l'affection des autres pour un partage de joie et de bonne humeur.
Il s'agit aussi d'apprendre à s'aimer, de se reconnaître en tant que personne, esprit et ensemble d'organes, de façon lucide et sans complaisance.
En cas de relations familiales tumultueuses entre parents et enfants, entre frères et sœurs, le chakra du cœur permet de les apaiser en estompant les jalousies, en accordant le pardon sur d'anciennes rancœurs.
Lorsque ce chakra est noué ou bloqué, les émotions négatives prédominent : aversion, culpabilité, égoïsme, impatience, apitoiement sur soi, soupçons de malveillance de la part d'autrui. Les sentiments sont tenaces, mais fortement conditionnels : l'autre doit aimer en premier, doit le prouver à tout moment, l'égocentrisme prime. C'est ainsi que l'on observera des blocages affectifs, une incapacité à aimer, de l'indifférence, une incapacité à manifester son amour par peur du rejet et de l'échec, des déceptions amoureuses fréquentes, le sentiment de se sentir rejeté, de la peur d'autrui. Cela se manifeste aussi par un manque de générosité, des comportements égoïstes, du repli sur soi, des difficultés à s'aimer tel qu'on est, un sentiment de solitude, des négligences sur sa propre apparence physique et sur l'hygiène corporelle.
Interrogez-vous sur le fonctionnement de votre chakra du cœur lorsque vos relations amicales ou familiales se dérobent, se détournent de vous…

Les principales propriétés énergétiques de votre pierre

L'harmonie que la moldavite fait régner sur le plan énergétique est profitable à tous les organes du plan physique. De ce fait, elle retarde les effets du vieillissement. La moldavite peut être ingérée en élixir.
C'est la plus formidable des pierres de compassion. Elle est capable de générer une immense force d'amour, puissante, généreuse, durable. Elle est innocence sans naïveté, pur amour conscient et consenti, sans réserve, sans attentes, sans calculs.
Grande pierre de développement personnel, la moldavite favorise l'intros-

pection à la recherche du « moi » profond pour le bonifier, le faire grandir et rayonner dans l'amour universel.
La fréquence vibratoire de la moldavite est très élevée. La moldavite permet d'augmenter la fréquence des vibrations de chacun des corps énergétiques et d'approcher l'harmonie ultime et absolue. De ce fait, la moldavite est un fantastique outil d'ouverture et d'harmonisation de tous les chakras. Étant symboliquement formée par l'union de matières extraterrestres avec la terre, elle est un lien puissant entre les forces cosmiques et la Terre-Mère et favorise la circulation des énergies sur tout le canal entre les premier et septième chakras.
C'est au chakra du cœur que la moldavite trouve naturellement sa place, au centre de tous les chakras, là où se passent tous les échanges énergétiques entre les chakras supérieurs et inférieurs. L'augmentation de la fréquence vibratoire des corps énergétiques, l'ouverture et l'harmonisation des chakras permettent un accès plus aisé à la vie spirituelle grâce à un équilibrage des fonctions physiques du corps. Grâce à un fonctionnement harmonieux et équilibré du corps éthérique, il ne laisse plus passer les maladies et favorise l'accès aux sphères supérieures de la spiritualité.
Elle développe les capacités intuitives et télépathiques, donne accès à la médiumnité.

Si

L'oligoéléments utile en soins : le silicium (Si)

Le silicium est le principal composant du collagène. Il permet l'assemblage de toutes les cellules du corps. C'est dans l'artère aorte, dans la peau et le thymus que l'on trouve les plus grandes concentrations de silicium. Son taux diminue avec l'âge dans des proportions importantes, engendrant une perte d'élasticité et une rigidification, d'où un risque sérieux d'hypertension artérielle, voire de rupture de vaisseaux sanguins.
Les globules blancs sont gros consommateurs de silicium. Ce sont les meilleurs défenseurs de notre organisme contre les infections microbiennes. Le silicium participe donc activement à nos défenses immunitaires naturelles, d'autant plus qu'il est impliqué dans la synthèse des anticorps.
Le silicium favorise la fixation du calcium dans les os et les dents, surtout en période de croissance des enfants, chez la femme enceinte, allaitante ou en période de ménopause pour contrer les risques d'ostéoporose, et chez les personnes âgées.
Le taux de silicium devrait être surveillé chez les personnes qui ont des activités sportives, car elles risquent de multiples incidents dus à une carence claquages musculaires, tendinites, entorses et microfractures.
Les os, les tendons, les ligaments et les muscles ont besoin de conserver toute leur élasticité tributaire de la présence de silicium dans le collagène

et l'élastine.
Bon stimulateur des glandes endocrines, le silicium contribue à un développement harmonieux du système nerveux et préserve des risques de déficience intellectuelle, de pertes de mémoire et d'atonie cérébrale, surtout en période de croissance.
Le silicium a un effet diurétique puissant. Il est recommandé aux personnes qui ont de la cellulite et qui font de la rétention d'eau.
La présence de silicium dans la peau aide à la conserver en bon état et contribue à la réparation des blessures et des inflammations en facilitant la cicatrisation.
Les prostatites proviennent d'un durcissement des parois de la prostate. Le silicium permet de soulager des prostatites en rendant leur souplesse aux parois par le biais du collagène et de l'élastine.
Le silicium est souvent utilisé en cosmétique comme antirides.

CONCLUSIONS

La carte de la moldavite démontre qu'il est probable que vous ressentiez confusément le besoin d'élever le niveau vibratoires de vos différents corps subtils. Si tel est le cas, la moldavite vous permettra d'approcher l'harmo nisation parfaite de vos champs holistiques.

C'est une des pierres les plus puissantes en matière de compassion : elle vous permettra de vous mettre en empathie avec toute chose vivante. Vous ressentirez que vous êtes un individu en interaction avec un tout et que l'un ne peut fonctionner sans l'autre, en synergie.

L'ouverture qu'elle vous procurera vous permettra de naviguer plus sereinement vers une vie spirituelle riche, en phase avec votre corps physique et éthérique. Si vous êtes bien incarné(e), c'est que vous avez probablement besoin de faire l'expérience d'une vie de matière, mais la matière n'empêche pas de s'élever dans les hautes sphères vibratoires.

Avec la moldavite vous aurez accès aux sphères supérieures de la spiritualité.

CARTE N°43
PÉRIDOT

Les fonctions du chakra correspondant : Chakra du Cœur

Le chakra du cœur est le point de convergence des chakras spirituels et des chakras physiques, le lieu où les énergies éthériques-physiques et les énergies subtiles des champs spirituels fusionnent. Il est donc d'une importance capitale pour l'équilibre et le plein épanouissement de l'être intégral.
Cette convergence des trois chakras supérieurs en union intime celui des trois chakras inférieurs permet la manifestation de l'amour universel.
Le rayonnement du chakra du cœur vers l'extérieur véhicule des flux d'amour très puissants, un amour capable de transformer et de guérir. En dirigeant cet amour vers un organe malade, que cet organe appartienne à votre corps ou au corps d'une autre personne, vous permettrez à cet organe de franchir un pas important vers la guérison.
Le chakra du cœur est associé au thymus. Il gouverne les organes de la cage thoracique: le cœur et l'ensemble du système de circulation sanguine, les poumons, le diaphragme, mais aussi les bras et les mains. Le chakra du cœur régule les rythmes biologiques: le rythme cardiaque, bien sûr, mais également le rythme respiratoire. Le chakra du cœur préserve l'épiderme et le derme des agressions. Il s'oppose aux dégradations de la peau. Il active les processus de la cicatrisation.
Et puis, le chakra du cœur est le gardien du système immunitaire qu'il stimule et renforce.
Enfin, il agit sur la croissance des enfants qu'il harmonise, sur le rythme de croissance, sur de nombreux plans: physique, intellectuel, affectif et spirituel.
Lorsqu'il est bloqué ou noué, cela peut provoquer des allergies cutanées et respiratoires, et des perturbations au niveau du système immunitaire, avec

les risques d'infections que cela suppose.
Il est la source de tous les sentiments d'amour et d'amitié, positifs et généreux, orientés vers l'honnêteté et le respect, la compréhension et la compassion.
Il est le centre des sentiments, qu'ils soient positifs et heureux comme les élans affectifs, l'amour, l'amitié, les plaisirs intellectuels perçus au travers de la musique, de la littérature, les plaisirs sensuels de la caresse et du contact physique, les plaisirs esthétiques de la contemplation de la nature ou d'une œuvre d'art.
Mais il est aussi ouvert aux énergies négatives, au malheur à la tristesse, à la déception, au sentiment de rejet, à l'insensibilité, à l'indifférence.
L'amour universel dont il est le siège n'est pas seulement amour et compassion pour autrui. Il a le sens d'une acceptation inconditionnelle de tout ce qui est, physiquement ou spirituellement. Sa spontanéité généreuse attire l'amitié et l'affection des autres pour un partage de joie et de bonne humeur.
Il s'agit aussi d'apprendre à s'aimer, de se reconnaître en tant que personne, esprit et ensemble d'organes, de façon lucide et sans complaisance.
En cas de relations familiales tumultueuses entre parents et enfants, entre frères et sœurs, le chakra du cœur permet de les apaiser en estompant les jalousies, en accordant le pardon sur d'anciennes rancœurs.
Lorsque ce chakra est noué ou bloqué, les émotions négatives prédominent: aversion, culpabilité, égoïsme, impatience, apitoiement sur soi, soupçons de malveillance de la part d'autrui. Les sentiments sont tenaces, mais fortement conditionnels: l'autre doit aimer en premier, doit le prouver à tout moment, l'égocentrisme prime. C'est ainsi que l'on observera des blocages affectifs, une incapacité à aimer, de l'indifférence, une incapacité à manifester son amour par peur du rejet et de l'échec, des déceptions amoureuses fréquentes, le sentiment de se sentir rejeté, de la peur d'autrui.
Cela se manifeste aussi par un manque de générosité, des comportements égoïstes, du repli sur soi, des difficultés à s'aimer tel qu'on est, un sentiment de solitude, des négligences sur sa propre apparence physique et sur l'hygiène corporelle.
Interrogez-vous sur le fonctionnement de votre chakra du cœur lorsque vos relations amicales ou familiales se dérobent, se détournent de vous...

Les principales propriétés énergétiques de votre pierre

Symboliquement, le Péridot, c'est l'olivier, l'onction nourrissante et purificatrice.
Comme l'émeraude, le péridot supporte mal la présence d'autres pierres, mais contrairement à l'émeraude, qui perd ses propriétés au contact d'autres pierres, le péridot voit ses forces multipliées mais détournées de leurs fonctions curatives: le péridot ne cherche alors qu'à dominer les autres pierres présentes, ce qui l'éloigne des buts thérapeutiques poursuivis.
Le péridot doit donc être utilisé seul en pierre de contact ou, à la rigueur,avec

des pierres roses ou incolores. Le péridot possède d'excellentes propriétés défatigantes et facilite la digestion. Il renforce le système immunitaire. C'est une excellente pierre pour dynamiser les défenses naturelles du corps lors de maladies infectieuses.
Pierre du renouveau, c'est au chakra du cœur que le péridot trouve sa place naturelle. Pierre énergisante, reconstituante, réharmonisante et purificatrice, elle donne beaucoup de vitalité au corps et à l'esprit.
Elle peut même faire naître des amours soudaines, des « coups de foudre ». À défaut, elle est une pierre qui peut annoncer des changements dans une situation amoureuse précaire ou conflictuelle.
Cependant, c'est une pierre plutôt tranquille et équilibrante au niveau des émotions, car elle apporte toujours une pointe de gaieté.
Le péridot apaise les tendances à la jalousie, que ce soit la jalousie amoureuse ou l'envie de posséder ce que d'autres possèdent.
Protecteur, le péridot sauvegarde les équilibres menacés par des influences extérieures négatives. À ce titre, le péridot est très complémentaire de la labradorite pour les personnes exerçant des professions médicales car elles doivent subir fréquemment les énergies négatives véhiculées par leurs patients.

Mg | Fe

Les oligoéléments utiles en soins : le magnésium (Mg) et le fer (Fe)

Cette association des deux oligoéléments ne permet pas des soins très efficaces en oligothérapie.

CONCLUSIONS

Il semblerait que le choix de votre pierre annonce des changements dans votre vie, qu'ils soient légers ou plus profonds.
Mais rassurez-vous, le Péridot vous aidera à franchir le cap en douceur.
Le péridot est la pierre du renouveau, quel que soit le domaine de votre vie ou vous en avez besoin. Il apportera des changements dans des situations ou l'énergie stagne (on dit que l'énergie est cristallisée).

Grâce à ses qualités énergétiques, le péridot vous donnera la force d'accompagner ces changements avec gaieté tout en équilibrant vos émotions.

Le péridot pourra aussi vous protéger: lorsque vous êtes dans une phase de transition, vous pouvez être plus sensible au monde qui vous entoure et le besoin de protection se fera plus pressant.

Le péridot vous entraînera toujours vers le mieux pour vous. En confiance.

CARTE N°44
QUARTZ ROSE

Les fonctions du chakra correspondant : Chakra du Cœur

Le chakra du cœur est le point de convergence des chakras spirituels et des chakras physiques, le lieu où les énergies éthériques-physiques et les énergies subtiles des champs spirituels fusionnent. Il est donc d'une importance capitale pour l'équilibre et le plein épanouissement de l'être intégral.
Cette convergence des trois chakras supérieurs en union intime celui des trois chakras inférieurs permet la manifestation de l'amour universel.
Le rayonnement du chakra du cœur vers l'extérieur véhicule des flux d'amour très puissants, un amour capable de transformer et de guérir. En dirigeant cet amour vers un organe malade, que cet organe appartienne à votre corps ou au corps d'une autre personne, vous permettrez à cet organe de franchir un pas important vers la guérison.
Le chakra du cœur est associé au thymus. Il gouverne les organes de la cage thoracique: le cœur et l'ensemble du système de circulation sanguine, les poumons, le diaphragme, mais aussi les bras et les mains. Le chakra du cœur régule les rythmes biologiques: le rythme cardiaque, bien sûr, mais également le rythme respiratoire. Le chakra du cœur préserve l'épiderme et le derme des agressions. Il s'oppose aux dégradations de la peau. Il active les processus de la cicatrisation.
Et puis, le chakra du cœur est le gardien du système immunitaire qu'il stimule et renforce.
Enfin, il agit sur la croissance des enfants qu'il harmonise, sur le rythme de croissance, sur de nombreux plans: physique, intellectuel, affectif et spirituel.
Lorsqu'il est bloqué ou noué, cela peut provoquer des allergies cutanées et respiratoires, et des perturbations au niveau du système immunitaire, avec

les risques d'infections que cela suppose.
Il est la source de tous les sentiments d'amour et d'amitié, positifs et généreux, orientés vers l'honnêteté et le respect, la compréhension et la compassion.
Il est le centre des sentiments, qu'ils soient positifs et heureux comme les élans affectifs, l'amour, l'amitié, les plaisirs intellectuels perçus au travers de la musique, de la littérature, les plaisirs sensuels de la caresse et du contact physique, les plaisirs esthétiques de la contemplation de la nature ou d'une œuvre d'art.
Mais il est aussi ouvert aux énergies négatives, au malheur à la tristesse, à la déception, au sentiment de rejet, à l'insensibilité, à l'indifférence.
L'amour universel dont il est le siège n'est pas seulement amour et compassion pour autrui. Il a le sens d'une acceptation inconditionnelle de tout ce qui est, physiquement ou spirituellement. Sa spontanéité généreuse attire l'amitié et l'affection des autres pour un partage de joie et de bonne humeur.
Il s'agit aussi d'apprendre à s'aimer, de se reconnaître en tant que personne, esprit et ensemble d'organes, de façon lucide et sans complaisance.
En cas de relations familiales tumultueuses entre parents et enfants, entre frères et sœurs, le chakra du cœur permet de les apaiser en estompant les jalousies, en accordant le pardon sur d'anciennes rancœurs.
Lorsque ce chakra est noué ou bloqué, les émotions négatives prédominent: aversion, culpabilité, égoïsme, impatience, apitoiement sur soi, soupçons de malveillance de la part d'autrui. Les sentiments sont tenaces, mais fortement conditionnels: l'autre doit aimer en premier, doit le prouver à tout moment, l'égocentrisme prime. C'est ainsi que l'on observera des blocages affectifs, une incapacité à aimer, de l'indifférence, une incapacité à manifester son amour par peur du rejet et de l'échec, des déceptions amoureuses fréquentes, le sentiment de se sentir rejeté, de la peur d'autrui. Cela se manifeste aussi par un manque de générosité, des comportements égoïstes, du repli sur soi, des difficultés à s'aimer tel qu'on est, un sentiment de solitude, des négligences sur sa propre apparence physique et sur l'hygiène corporelle.
Interrogez-vous sur le fonctionnement de votre chakra du cœur lorsque vos relations amicales ou familiales se dérobent, se détournent de vous...

Les principales propriétés énergétiques de votre pierre

Symboliquement, le Quartz Rose, c'est l'apaisement.
Il soutient efficacement tout le système de circulation sanguine, du cœur jusqu'aux plus fins vaisseaux capillaires en passant par les veines, les artères et tous les vaisseaux sanguins. Il fait baisser la tension artérielle.
Il permet une résorption plus rapide des ecchymoses (massage léger en périphérie avec un galet de quartz rose, éventuellement avec un élixir ou une huile dynamisée au quartz rose).
C'est au chakra du cœur que le quartz rose trouve naturellement sa place.

Il est douceur, tendresse infinie, paix intérieure, calme absolu et spiritualité. Il est sensible et délicat. Il guérit les blessures affectives les plus profondes, les peines de cœur les plus mélancoliques, les traumatismes amoureux les plus douloureux. Il sensibilise aux joies de l'amour les cœurs les plus endurcis, compense les carences et les traumatismes affectifs subis pendant l'enfance, notamment pour tout ce qui touche aux violences familiales ou sexuelles.
Il est sécurisant pour l'enfant et l'adolescent, surtout en période de puberté. Il fait prendre conscience de l'amour que l'on se porte à soi-même, aide à s'aimer, à s'accepter tel que l'on est ou induit un changement physique qui permet de se rapprocher d'une image plus valorisante que celle que l'on se fait de soi. Il donne plus de confiance en soi, apaise les pires chagrins.
Un grand bloc ou une sphère de quartz rose placés dans l'environnement rayonnent de douceur, d'amour et d'imagination tendre, dirigées vers soi autant que vers un être cher. C'est excellent pour une chambre à coucher.
Lorsqu'il est légèrement violacé, le quartz rose s'avère plein de ressources en matière de créativité.

Quartz Rose astérié

Hormis une puissance plus grande encore que le quartz rose commun, il possède une dimension plus spirituelle : il peut être utilisé au chakra du troisième œil pour développer une sensibilité intuitive et divinatoire sur tout ce qui touche aux problèmes de cœur. C'est aussi au septième chakra que le quartz rose permet de prendre conscience de l'amour divin.
On trouvera aussi ces propriétés spirituelles dans le quartz lavande qui est un quartz rose violacé.

Si

L'oligoéléments utile en soins : le silicium (Si)

Le silicium est le principal composant du collagène. Il permet l'assemblage de toutes les cellules du corps. C'est dans l'artère aorte, dans la peau et le thymus que l'on trouve les plus grandes concentrations de silicium. Son taux diminue avec l'âge dans des proportions importantes, engendrant une perte d'élasticité et une rigidification, d'où un risque sérieux d'hypertension artérielle, voire de rupture de vaisseaux sanguins.
Les globules blancs sont gros consommateurs de silicium. Ce sont les meilleurs défenseurs de notre organisme contre les infections microbiennes. Le silicium participe donc activement à nos défenses immunitaires naturelles, d'autant plus qu'il est impliqué dans la synthèse des anticorps.
Le silicium favorise la fixation du calcium dans les os et les dents, surtout en période de croissance des enfants, chez la femme enceinte, allaitante ou en période de ménopause pour contrer les risques d'ostéoporose, et chez les personnes âgées.

Le taux de silicium devrait être surveillé chez les personnes qui ont des activités sportives, car elles risquent de multiples incidents dus à une carence claquages musculaires, tendinites, entorses et microfractures.
Les os, les tendons, les ligaments et les muscles ont besoin de conserver toute leur élasticité tributaire de la présence de silicium dans le collagène et l'élastine.
Bon stimulateur des glandes endocrines, le silicium contribue à un développement harmonieux du système nerveux et préserve des risques de déficience intellectuelle, de pertes de mémoire et d'atonie cérébrale, surtout en période de croissance.
Le silicium a un effet diurétique puissant. Il est recommandé aux personnes qui ont de la cellulite et qui font de la rétention d'eau.
La présence de silicium dans la peau aide à la conserver en bon état et contribue à la réparation des blessures et des inflammations en facilitant la cicatrisation.
Les prostatites proviennent d'un durcissement des parois de la prostate. Le silicium permet de soulager des prostatites en rendant leur souplesse aux parois par le biais du collagène et de l'élastine.
Le silicium est souvent utilisé en cosmétique comme antirides.

CONCLUSIONS

Le tirage de cette carte montre qu'il est possible que vous subissiez actuellement des soucis affectifs consécutifs à un manque ou à une déception. Votre choix révèle un puissant besoin de douceur et de sérénité.

Le quartz rose pourra vous être utile pour réparer les chocs que vous avez subis au niveau du chakra du cœur, qu'il soit récent ou ancien.

Chacun d'entre vous naît avec des blessures émotionnelles consécutives à des trahisons, des rejets, des humiliations, des injustice ou d'un sentiment d'abandon. La vie vous demande de les réparer.

Ne vous êtes jamais trouvé(e) dans la situation où une ou plusieurs de ces blessures sont venues se rejouer ?
Prenez une feuille de papier et remémorez-vous chaque fois que vous vous êtes senti(e) atteint(e) par ces désagréments.
Posez le quartz rose sur votre cœur et ressentez l'apaisement qu'il vous apporte. Il vous permettra ainsi d'avoir confiance de nouveau dans votre capacité à aimer et à être aimé.

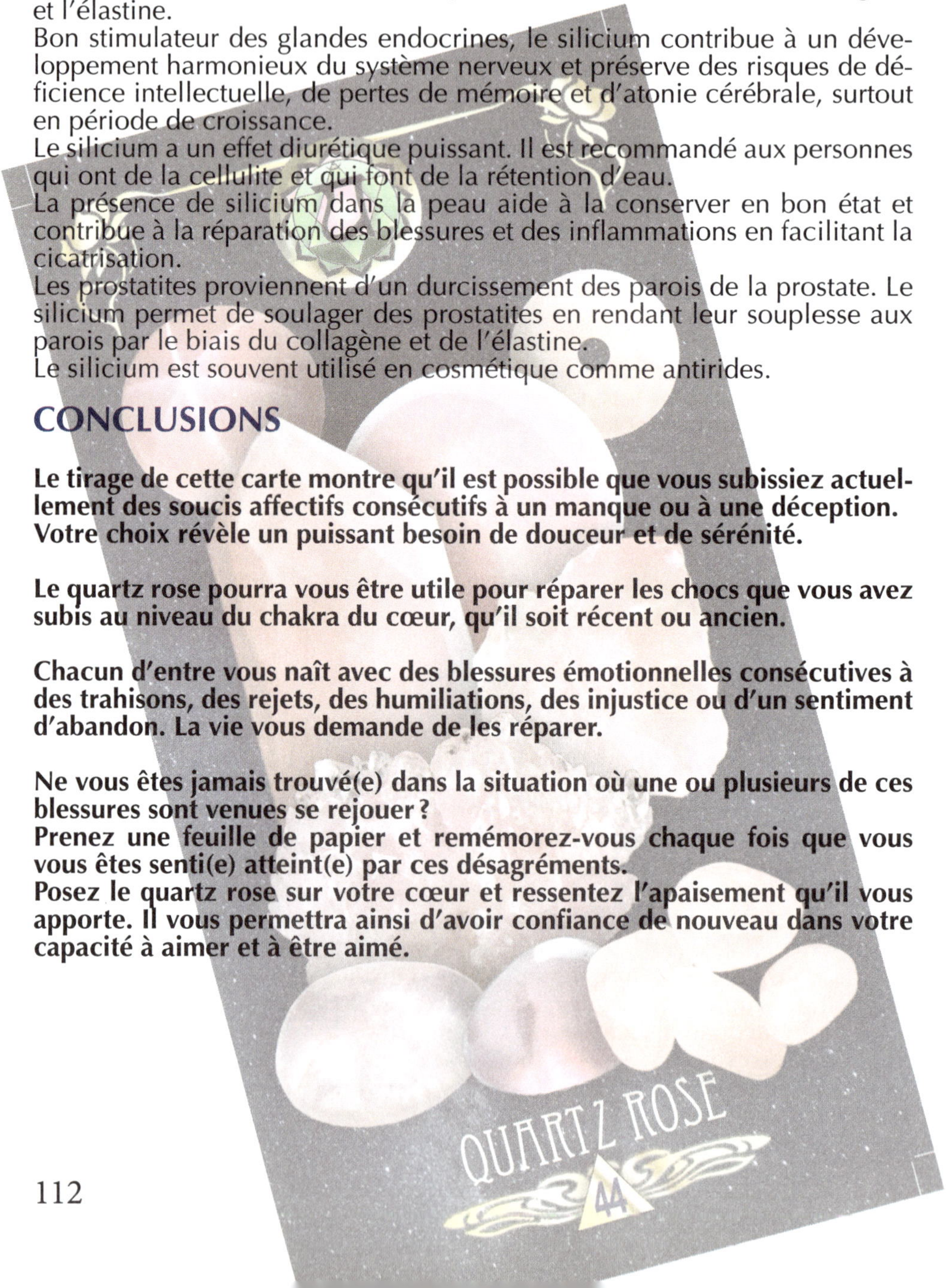

CARTE N°45
RHODOCHROSITE

Les fonctions du chakra correspondant : Chakra du Cœur

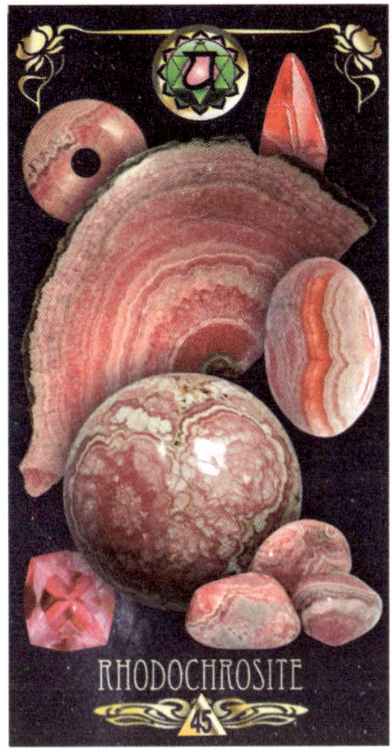

Le chakra du cœur est le point de convergence des chakras spirituels et des chakras physiques, le lieu où les énergies éthériques-physiques et les énergies subtiles des champs spirituels fusionnent. Il est donc d'une importance capitale pour l'équilibre et le plein épanouissement de l'être intégral.
Cette convergence des trois chakras supérieurs en union intime celui des trois chakras inférieurs permet la manifestation de l'amour universel.
Le rayonnement du chakra du cœur vers l'extérieur véhicule des flux d'amour très puissants, un amour capable de transformer et de guérir. En dirigeant cet amour vers un organe malade, que cet organe appartienne à votre corps ou au corps d'une autre personne, vous permettrez à cet organe de franchir un pas important vers la guérison.
Le chakra du cœur est associé au thymus. Il gouverne les organes de la cage thoracique: le cœur et l'ensemble du système de circulation sanguine, les poumons, le diaphragme, mais aussi les bras et les mains. Le chakra du cœur régule les rythmes biologiques: le rythme cardiaque, bien sûr, mais également le rythme respiratoire. Le chakra du cœur préserve l'épiderme et le derme des agressions. Il s'oppose aux dégradations de la peau. Il active les processus de la cicatrisation.
Et puis, le chakra du cœur est le gardien du système immunitaire qu'il stimule et renforce.
Enfin, il agit sur la croissance des enfants qu'il harmonise, sur le rythme de croissance, sur de nombreux plans: physique, intellectuel, affectif et spirituel.
Lorsqu'il est bloqué ou noué, cela peut provoquer des allergies cutanées et respiratoires, et des perturbations au niveau du système immunitaire, avec

les risques d'infections que cela suppose.
Il est la source de tous les sentiments d'amour et d'amitié, positifs et généreux, orientés vers l'honnêteté et le respect, la compréhension et la compassion.
Il est le centre des sentiments, qu'ils soient positifs et heureux comme les élans affectifs, l'amour, l'amitié, les plaisirs intellectuels perçus au travers de la musique, de la littérature, les plaisirs sensuels de la caresse et du contact physique, les plaisirs esthétiques de la contemplation de la nature ou d'une œuvre d'art.
Mais il est aussi ouvert aux énergies négatives, au malheur à la tristesse, à la déception, au sentiment de rejet, à l'insensibilité, à l'indifférence.
L'amour universel dont il est le siège n'est pas seulement amour et compassion pour autrui. Il a le sens d'une acceptation inconditionnelle de tout ce qui est, physiquement ou spirituellement. Sa spontanéité généreuse attire l'amitié et l'affection des autres pour un partage de joie et de bonne humeur.
Il s'agit aussi d'apprendre à s'aimer, de se reconnaître en tant que personne, esprit et ensemble d'organes, de façon lucide et sans complaisance.
En cas de relations familiales tumultueuses entre parents et enfants, entre frères et sœurs, le chakra du cœur permet de les apaiser en estompant les jalousies, en accordant le pardon sur d'anciennes rancœurs.
Lorsque ce chakra est noué ou bloqué, les émotions négatives prédominent : aversion, culpabilité, égoïsme, impatience, apitoiement sur soi, soupçons de malveillance de la part d'autrui. Les sentiments sont tenaces, mais fortement conditionnels : l'autre doit aimer en premier, doit le prouver à tout moment, l'égocentrisme prime. C'est ainsi que l'on observera des blocages affectifs, une incapacité à aimer, de l'indifférence, une incapacité à manifester son amour par peur du rejet et de l'échec, des déceptions amoureuses fréquentes, le sentiment de se sentir rejeté, de la peur d'autrui. Cela se manifeste aussi par un manque de générosité, des comportements égoïstes, du repli sur soi, des difficultés à s'aimer tel qu'on est, un sentiment de solitude, des négligences sur sa propre apparence physique et sur l'hygiène corporelle.
Interrogez-vous sur le fonctionnement de votre chakra du cœur lorsque vos relations amicales ou familiales se dérobent, se détournent de vous…

Les principales propriétés énergétiques de votre pierre

On pourrait dire que, via le chakra du cœur elle agirait favorablemrnt sur le versant « réception » des sentiments/émotions (l'affect), et au niveau du plexus solaire sur le versant « émetteur »/l'expression des émotions.
On recommandera la rhodochrosite cristallisée gemme dont l'efficacité est exceptionnelle, mais on saura aussi se contenter d'un galet poli ou d'un morceau de rhodochrosite.
La rhodochrosite est la plus merveilleuse des pierres antistress. Elle s'applique directement au chakra du Plexus solaire pour réguler son émotivité.

Ses qualités antistress en font un excellent auxiliaire d'amélioration de l'état physique d'un patient lors d'ulcères gastriques et même de cas très graves comme la maladie de Parkinson, la sclérose en plaque et les myopathies. On constate que les effets apaisants de la rhodochrosite permettent au sujet de mieux maîtriser ses mouvements et ses gestes, de mieux respirer, d'avoir moins de palpitations cardiaques.
Elle est un bon régulateur du système de circulation sanguine et permet de surveiller et de stabiliser sa tension artérielle.
Elle agit en réaction contre les allergies cutanées.
Elle est très efficace pour lutter contre les problèmes d'ostéoporose liés à la ménopause.
Elle recentre les digressions de l'esprit notamment dans des comportements de somatisation ou des problèmes de jalousie extrême, lorsque l'esprit devient incapable de faire la part des choses, de se contenter d'une réalité souvent banale et se monte une histoire imaginaire qui devient la seule vérité que l'on peut entendre, bien qu'elle soit fausse.
On peut idéalement l'associer à la malachite pour un traitement d'harmonisation et de rééquilibrage du chakra du cœur.
La rhodochrosite ramène à l'enfance, à ses souvenirs, agréables ou douloureux. Elle magnifie les moments heureux et apaise le chagrin des phases douloureuses. Elle est d'ailleurs très efficace pour établir des relations de compréhension et de respect entre les adultes et les enfants.

Mn

L'oligoéléments utile en soins : le manganèse (Mn)

Le manganèse intervient dans de nombreux processus métaboliques en aidant à la production d'enzymes. Il peut même parfois remplacer le zinc et se trouve fréquemment associé au magnésium dans cette action. Il agit plus particulièrement dans le métabolisme des hydrates de carbone, limitant ainsi la production des graisses et de sucres. Il est un excellent élément préventif contre les dommages causés par les radicaux libres en empêchant le stress oxydant des cellules et a des effets globalement détoxifiants.
Il est essentiel dans la production des cartilages. Une carence en manganèse peut provoquer une altération de la production osseuse et des symptômes d'ostéoporose.
Le manganèse participe aussi à la synthèse des vitamines E et B1.
Les épileptiques présentent fréquemment une carence en manganèse. Il est prescrit également lors de manifestations allergiques telles que l'eczéma, l'urticaire, l'asthme, les migraines, mais aussi dans des cas d'hypertension artérielle et de palpitations cardiaques.

CONCLUSIONS

En tirant cette carte, on se rend compte que vous vivez parfois et peut-être même fréquemment des situations dans lesquelles le stress vous paralyse.

Depuis quelques années, on considère que le stress est devenu *persona non grata*. Cependant, tous les stresses ne sont pas néfastes : certaines de ses formes vous permettent de vous maintenir en vie.
Lorsque vous sentez un danger proche de vous, c'est grâce au stress (par la production d'adrénaline et de noradrénaline) que vous fuirez ou attaquerez pour vous préserver du danger.

Dans notre monde moderne, nombreuses sont les situations qui vont provoquer un stress que l'on appelle stress oxydatif ou chronique. C'est précisément ce stress qui va initier une oxydation des cellules, provoquant ainsi une prolifération cellulaire anarchique et la production de radicaux libres susceptible de déclencher des cancers.

Alors que la couleur rose est en harmonie avec le chakra du cœur pour soulager des problèmes d'ordre affectif, c'est au chakra du plexus solaire que la rhodochrosite sera la plus efficace car elle absorbera le stress émotionnel, car le chakra du plexus solaire est la porte vers le corps astral de notre enveloppe énergétique qui est le siège des émotions.

Sur le plan physique, la rhodochrosite est d'une grande efficacité pour contrer les problèmes collatéraux liés à la ménopause grâce à l'oligoélément manganèse qu'elle contient : bouffées de chaleur, ostéoporose et stress consécutif à une changement d'état de votre corps physique.

CARTE N°46
CHRYSOPRASE

Les fonctions du chakra correspondant : Chakra du Cœur

Le chakra du cœur est le point de convergence des chakras spirituels et des chakras physiques, le lieu où les énergies éthériques-physiques et les énergies subtiles des champs spirituels fusionnent. Il est donc d'une importance capitale pour l'équilibre et le plein épanouissement de l'être intégral.
Cette convergence des trois chakras supérieurs en union intime celui des trois chakras inférieurs permet la manifestation de l'amour universel.
Le rayonnement du chakra du cœur vers l'extérieur véhicule des flux d'amour très puissants, un amour capable de transformer et de guérir. En dirigeant cet amour vers un organe malade, que cet organe appartienne à votre corps ou au corps d'une autre personne, vous permettrez à cet organe de franchir un pas important vers la guérison.
Le chakra du cœur est associé au thymus. Il gouverne les organes de la cage thoracique : le cœur et l'ensemble du système de circulation sanguine, les poumons, le diaphragme, mais aussi les bras et les mains. Le chakra du cœur régule les rythmes biologiques : le rythme cardiaque, bien sûr, mais également le rythme respiratoire. Le chakra du cœur préserve l'épiderme et le derme des agressions. Il s'oppose aux dégradations de la peau. Il active les processus de la cicatrisation.
Et puis, le chakra du cœur est le gardien du système immunitaire qu'il stimule et renforce.
Enfin, il agit sur la croissance des enfants qu'il harmonise, sur le rythme de croissance, sur de nombreux plans : physique, intellectuel, affectif et spirituel.
Lorsqu'il est bloqué ou noué, cela peut provoquer des allergies cutanées et respiratoires, et des perturbations au niveau du système immunitaire, avec

les risques d'infections que cela suppose.
Il est la source de tous les sentiments d'amour et d'amitié, positifs et généreux, orientés vers l'honnêteté et le respect, la compréhension et la compassion.
Il est le centre des sentiments, qu'ils soient positifs et heureux comme les élans affectifs, l'amour, l'amitié, les plaisirs intellectuels perçus au travers de la musique, de la littérature, les plaisirs sensuels de la caresse et du contact physique, les plaisirs esthétiques de la contemplation de la nature ou d'une œuvre d'art.
Mais il est aussi ouvert aux énergies négatives, au malheur à la tristesse, à la déception, au sentiment de rejet, à l'insensibilité, à l'indifférence.
L'amour universel dont il est le siège n'est pas seulement amour et compassion pour autrui. Il a le sens d'une acceptation inconditionnelle de tout ce qui est, physiquement ou spirituellement. Sa spontanéité généreuse attire l'amitié et l'affection des autres pour un partage de joie et de bonne humeur.
Il s'agit aussi d'apprendre à s'aimer, de se reconnaître en tant que personne, esprit et ensemble d'organes, de façon lucide et sans complaisance.
En cas de relations familiales tumultueuses entre parents et enfants, entre frères et sœurs, le chakra du cœur permet de les apaiser en estompant les jalousies, en accordant le pardon sur d'anciennes rancœurs.
Lorsque ce chakra est noué ou bloqué, les émotions négatives prédominent: aversion, culpabilité, égoïsme, impatience, apitoiement sur soi, soupçons de malveillance de la part d'autrui. Les sentiments sont tenaces, mais fortement conditionnels: l'autre doit aimer en premier, doit le prouver à tout moment, l'égocentrisme prime. C'est ainsi que l'on observera des blocages affectifs, une incapacité à aimer, de l'indifférence, une incapacité à manifester son amour par peur du rejet et de l'échec, des déceptions amoureuses fréquentes, le sentiment de se sentir rejeté, de la peur d'autrui. Cela se manifeste aussi par un manque de générosité, des comportements égoïstes, du repli sur soi, des difficultés à s'aimer tel qu'on est, un sentiment de solitude, des négligences sur sa propre apparence physique et sur l'hygiène corporelle.
Interrogez-vous sur le fonctionnement de votre chakra du cœur lorsque vos relations amicales ou familiales se dérobent, se détournent de vous…

Les principales propriétés énergétiques de votre pierre

Symboliquement, la Chrysoprase, c'est une maturation et une métamorphose. C'est la pierre du printemps, du renouveau, d'un nouveau cycle de vie.
Elle est idéale pour la femme enceinte (chakra du plexus solaire) et facilite un accouchement en douceur (chakra du sexe).
Elle contribue à l'élimination des toxines.
Elle régule les excès de tension artérielle, stimule la musculation du cœur, renforce le métabolisme et les fonctions endocriniennes.

Elle renforce la tendresse maternelle (chakra du cœur).
Le vert de la chrysoprase s'oppose à l'excès rouge des gens dominateurs. Cependant, la chrysoprase permet de se débarrasser d'un sentiment d'infériorité, d'avoir confiance en soi car elle compense les tendances dominatrices d'autrui dans l'harmonie et la douceur.
Elle canalise l'amour divin au chakra du cœur, puis le restitue en amour universel et compassion.
La Chrysoprase occasionne des changements de mentalité ou de comportement par la symbolique du renouveau printanier : elle permet de conclure un cycle et d'en relancer un nouveau (en amour, par exemple).

Si

L'oligoéléments utile en soins : le silicium (Si)

Le silicium est le principal composant du collagène. Il permet l'assemblage de toutes les cellules du corps. C'est dans l'artère aorte, dans la peau et le thymus que l'on trouve les plus grandes concentrations de silicium. Son taux diminue avec l'âge dans des proportions importantes, engendrant une perte d'élasticité et une rigidification, d'où un risque sérieux d'hypertension artérielle, voire de rupture de vaisseaux sanguins.
Les globules blancs sont gros consommateurs de silicium. Ce sont les meilleurs défenseurs de notre organisme contre les infections microbiennes. Le silicium participe donc activement à nos défenses immunitaires naturelles, d'autant plus qu'il est impliqué dans la synthèse des anticorps.
Le silicium favorise la fixation du calcium dans les os et les dents, surtout en période de croissance des enfants, chez la femme enceinte, allaitante ou en période de ménopause pour contrer les risques d'ostéoporose, et chez les personnes âgées.
Le taux de silicium devrait être surveillé chez les personnes qui ont des activités sportives, car elles risquent de multiples incidents dus à une carence claquages musculaires, tendinites, entorses et microfractures.
Les os, les tendons, les ligaments et les muscles ont besoin de conserver toute leur élasticité tributaire de la présence de silicium dans le collagène et l'élastine.
Bon stimulateur des glandes endocrines, le silicium contribue à un développement harmonieux du système nerveux et préserve des risques de déficience intellectuelle, de pertes de mémoire et d'atonie cérébrale, surtout en période de croissance.
Le silicium a un effet diurétique puissant. Il est recommandé aux personnes qui ont de la cellulite et qui font de la rétention d'eau.
La présence de silicium dans la peau aide à la conserver en bon état et contribue à la réparation des blessures et des inflammations en facilitant la cicatrisation.

Les prostatites proviennent d'un durcissement des parois de la prostate. Le silicium permet de soulager des prostatites en rendant leur souplesse aux parois par le biais du collagène et de l'élastine.
Le silicium est souvent utilisé en cosmétique comme antirides.

CONCLUSIONS

Lorsque la chrysoprase apparaît dans votre jeu, attendez-vous à une évolution bénéfique dans votre vie, une maturation, un renouveau.

La chrysoprase, c'est le printemps de l'âme lors duquel votre corps et votre esprit vont fleurir à nouveau.

Elle sera un élément déterminant lorsque vous entamez un nouveau cycle de vie.

C'est la pierre de la femme qui accouche de façon réelle ou symbolique. Certains de vos projets peuvent être considérés à vos yeux comme votre bébé, votre création. On le conçoit intellectuellement, on le réalise, on le nourrit, on le regarde grandir et on l'accompagne avec tendresse.

La chrysoprase vous aidera à passer chacune des étapes qui constituent la mise en œuvre de la maïeutique (il s'agit de la méthode qui permet à votre esprit d'accoucher de vérités demeurées cachées, grâce au dialogue intérieur ou avec vos proches).

Nul doute qu'avec la chrysoprase vous aurez des changements dans votre vie qui pourront parfois vous surprendre.

CARTE N°47
JADE NÉPHRITE

Les fonctions du chakra correspondant : Chakra du Cœur

Le chakra du cœur est le point de convergence des chakras spirituels et des chakras physiques, le lieu où les énergies éthériques-physiques et les énergies subtiles des champs spirituels fusionnent. Il est donc d'une importance capitale pour l'équilibre et le plein épanouissement de l'être intégral.

Cette convergence des trois chakras supérieurs en union intime celui des trois chakras inférieurs permet la manifestation de l'amour universel.

Le rayonnement du chakra du cœur vers l'extérieur véhicule des flux d'amour très puissants, un amour capable de transformer et de guérir. En dirigeant cet amour vers un organe malade, que cet organe appartienne à votre corps ou au corps d'une autre personne, vous permettrez à cet organe de franchir un pas important vers la guérison.

Le chakra du cœur est associé au thymus. Il gouverne les organes de la cage thoracique : le cœur et l'ensemble du système de circulation sanguine, les poumons, le diaphragme, mais aussi les bras et les mains. Le chakra du cœur régule les rythmes biologiques : le rythme cardiaque, bien sûr, mais également le rythme respiratoire. Le chakra du cœur préserve l'épiderme et le derme des agressions. Il s'oppose aux dégradations de la peau. Il active les processus de la cicatrisation.

Et puis, le chakra du cœur est le gardien du système immunitaire qu'il stimule et renforce.

Enfin, il agit sur la croissance des enfants qu'il harmonise, sur le rythme de croissance, sur de nombreux plans : physique, intellectuel, affectif et spirituel.

Lorsqu'il est bloqué ou noué, cela peut provoquer des allergies cutanées et respiratoires, et des perturbations au niveau du système immunitaire, avec

les risques d'infections que cela suppose.
Il est la source de tous les sentiments d'amour et d'amitié, positifs et généreux, orientés vers l'honnêteté et le respect, la compréhension et la compassion.
Il est le centre des sentiments, qu'ils soient positifs et heureux comme les élans affectifs, l'amour, l'amitié, les plaisirs intellectuels perçus au travers de la musique, de la littérature, les plaisirs sensuels de la caresse et du contact physique, les plaisirs esthétiques de la contemplation de la nature ou d'une œuvre d'art.
Mais il est aussi ouvert aux énergies négatives, au malheur à la tristesse, à la déception, au sentiment de rejet, à l'insensibilité, à l'indifférence.
L'amour universel dont il est le siège n'est pas seulement amour et compassion pour autrui. Il a le sens d'une acceptation inconditionnelle de tout ce qui est, physiquement ou spirituellement. Sa spontanéité généreuse attire l'amitié et l'affection des autres pour un partage de joie et de bonne humeur.
Il s'agit aussi d'apprendre à s'aimer, de se reconnaître en tant que personne, esprit et ensemble d'organes, de façon lucide et sans complaisance.
En cas de relations familiales tumultueuses entre parents et enfants, entre frères et sœurs, le chakra du cœur permet de les apaiser en estompant les jalousies, en accordant le pardon sur d'anciennes rancœurs.
Lorsque ce chakra est noué ou bloqué, les émotions négatives prédominent : aversion, culpabilité, égoïsme, impatience, apitoiement sur soi, soupçons de malveillance de la part d'autrui. Les sentiments sont tenaces, mais fortement conditionnels : l'autre doit aimer en premier, doit le prouver à tout moment, l'égocentrisme prime. C'est ainsi que l'on observera des blocages affectifs, une incapacité à aimer, de l'indifférence, une incapacité à manifester son amour par peur du rejet et de l'échec, des déceptions amoureuses fréquentes, le sentiment de se sentir rejeté, de la peur d'autrui. Cela se manifeste aussi par un manque de générosité, des comportements égoïstes, du repli sur soi, des difficultés à s'aimer tel qu'on est, un sentiment de solitude, des négligences sur sa propre apparence physique et sur l'hygiène corporelle.
Interrogez-vous sur le fonctionnement de votre chakra du cœur lorsque vos relations amicales ou familiales se dérobent, se détournent de vous...

Les principales propriétés énergétiques de votre pierre

Le jade est réputé pour ses vertus curatives depuis la plus haute antiquité en Amérique du Sud et en Amérique Centrale chez les Indiens précolombiens, ainsi qu'en Chine par les guérisseurs traditionnels qui en appréciaient les hautes vertus.
Dans les temps préhistoriques, on fabriquait des armes en jade car il possède une grande résistance aux chocs. Introduit dans le culte des dieux, le jade fut sculpté en figurines sacrées. Aujourd'hui, seule la Chine travaille encore le jade avec le talent que l'on sait. Il est bénéfique d'avoir une figu-

rine ou un objet sacré en jade dans son environnement.
Il existe en réalité trois sortes de jades dont deux sont difficiles à différencier au premier coup d'œil : la jadéite et le jade néphrite.
Comme son nom l'indique, la néphrite est la pierre la plus efficace pour la régulation des reins, du système urinaire, des glandes surrénales. Elle favorise l'élimination des calculs rénaux (coliques néphrétiques), calme les incontinences et les cystites.
Elle est indiquée pour les enfants en bas âge, surtout pendant la nuit, pour les personnes âgées et même pour les animaux vieillissants qui ont tendance à s'oublier.
Comme elle apaise le désir de possession, c'est une excellente pierre pour calmer les acheteurs compulsifs.

Ca Si

Les oligoéléments utiles en soins : le calcium (Ca) et le silicium (Si)

L'association de ces deux oligoéléments ne permet pas des traitements suffisamment précis en oligothéraapie.

CONCLUSIONS

Il est possible que le fait de tirer cette carte puisse révéler chez vous des problèmes au niveau de votre système urinaire. Il est composé par un ensemble d'organes dont le rôle est de filtrer puis d'évacuer les déchets de l'organisme sous forme liquide.

Il comprend les reins qui fabriquent l'urine, les uretères qui la transportent, la vessie qui la stocke et l'urètre qui en permet l'évacuation (on parle de miction).

Le système urinaire peut être touché par une infection comme la néphrite (au niveau du rein), l'urétrite (au niveau de l'urètre) ou la cystite au niveau de la vessie). Comme son nom l'indique elle est la pierre qui pourra venir réguler l'ensemble de ce système.

Toutefois chaque fois que ce système est concerné il s'avère que vous avez symboliquement un problème de territoire. Il y a donc lieu de vous interroger sur les raisons et le mode opératoire de cet envahissement de votre territoire : quelles actions devriez-vous mettre en place pour retrouver votre souveraineté territoriale ?

Aidez-vous du jade néphrite pour trouver des solutions.

CARTE N°48
TOURMALINE MELON D'EAU

Les fonctions du chakra correspondant : Chakra du Cœur

Le chakra du cœur est le point de convergence des chakras spirituels et des chakras physiques, le lieu où les énergies éthériques-physiques et les énergies subtiles des champs spirituels fusionnent. Il est donc d'une importance capitale pour l'équilibre et le plein épanouissement de l'être intégral.
Cette convergence des trois chakras supérieurs en union intime celui des trois chakras inférieurs permet la manifestation de l'amour universel.
Le rayonnement du chakra du cœur vers l'extérieur véhicule des flux d'amour très puissants, un amour capable de transformer et de guérir. En dirigeant cet amour vers un organe malade, que cet organe appartienne à votre corps ou au corps d'une autre personne, vous permettrez à cet organe de franchir un pas important vers la guérison.
Le chakra du cœur est associé au thymus. Il gouverne les organes de la cage thoracique : le cœur et l'ensemble du système de circulation sanguine, les poumons, le diaphragme, mais aussi les bras et les mains. Le chakra du cœur régule les rythmes biologiques : le rythme cardiaque, bien sûr, mais également le rythme respiratoire. Le chakra du cœur préserve l'épiderme et le derme des agressions. Il s'oppose aux dégradations de la peau. Il active les processus de la cicatrisation.
Et puis, le chakra du cœur est le gardien du système immunitaire qu'il stimule et renforce.
Enfin, il agit sur la croissance des enfants qu'il harmonise, sur le rythme de croissance, sur de nombreux plans : physique, intellectuel, affectif et spirituel.
Lorsqu'il est bloqué ou noué, cela peut provoquer des allergies cutanées et respiratoires, et des perturbations au niveau du système immunitaire, avec

les risques d'infections que cela suppose.
Il est la source de tous les sentiments d'amour et d'amitié, positifs et généreux, orientés vers l'honnêteté et le respect, la compréhension et la compassion.
Il est le centre des sentiments, qu'ils soient positifs et heureux comme les élans affectifs, l'amour, l'amitié, les plaisirs intellectuels perçus au travers de la musique, de la littérature, les plaisirs sensuels de la caresse et du contact physique, les plaisirs esthétiques de la contemplation de la nature ou d'une œuvre d'art.
Mais il est aussi ouvert aux énergies négatives, au malheur à la tristesse, à la déception, au sentiment de rejet, à l'insensibilité, à l'indifférence.
L'amour universel dont il est le siège n'est pas seulement amour et compassion pour autrui. Il a le sens d'une acceptation inconditionnelle de tout ce qui est, physiquement ou spirituellement. Sa spontanéité généreuse attire l'amitié et l'affection des autres pour un partage de joie et de bonne humeur.
Il s'agit aussi d'apprendre à s'aimer, de se reconnaître en tant que personne, esprit et ensemble d'organes, de façon lucide et sans complaisance.
En cas de relations familiales tumultueuses entre parents et enfants, entre frères et sœurs, le chakra du cœur permet de les apaiser en estompant les jalousies, en accordant le pardon sur d'anciennes rancœurs.
Lorsque ce chakra est noué ou bloqué, les émotions négatives prédominent : aversion, culpabilité, égoïsme, impatience, apitoiement sur soi, soupçons de malveillance de la part d'autrui. Les sentiments sont tenaces, mais fortement conditionnels : l'autre doit aimer en premier, doit le prouver à tout moment, l'égocentrisme prime. C'est ainsi que l'on observera des blocages affectifs, une incapacité à aimer, de l'indifférence, une incapacité à manifester son amour par peur du rejet et de l'échec, des déceptions amoureuses fréquentes, le sentiment de se sentir rejeté, de la peur d'autrui. Cela se manifeste aussi par un manque de générosité, des comportements égoïstes, du repli sur soi, des difficultés à s'aimer tel qu'on est, un sentiment de solitude, des négligences sur sa propre apparence physique et sur l'hygiène corporelle.
Interrogez-vous sur le fonctionnement de votre chakra du cœur lorsque vos relations amicales ou familiales se dérobent, se détournent de vous...

Les principales propriétés énergétiques de votre pierre

Selon la tradition, on dit qu'elle est née de l'Œuf de la Nuit dont les deux extrémités sont le Ciel et la Terre.
Elle est le symbole de l'union des opposés.
La tourmaline melon d'eau regroupe à elle seule toutes les propriétés de la rubellite (tourmaline rose) et toutes celles de la verdelite (tourmaline verte).
Comme l'aurore, elle chasse les angoisses et les démons de la nuit et apporte le renouveau et l'espoir de chaque nouvelle journée.
C'est une pierre qui ne plaisante pas avec le cœur et les sentiments. Comme

toutes les tourmalines, elle est rigueur et droiture. Elle apaise en même temps qu'elle stimule et dynamise.
Aussi puissante que douce, c'est la combinaison idéale pour stimuler et équilibrer le chakra du cœur. Elle traite les blessures émotionnelles en même temps qu'elle y fait pénétrer des flux amoureux puissants qu'elle extériorise dans l'allégresse. Elle fait prendre conscience de tout l'amour qui nous est donné, même lorsque l'on est confronté à un problème de carence affective. L'effet de « pont » est parfait entre les actions curatives et créatives, en réception et en extériorisation des énergies.
Présentant en elle les deux couleurs principales du chakra du cœur, c'est incontestablement la meilleure pierre qui puisse lui être apposée pour équilibrer les énergies entre les sentiments que l'on donne et ceux que l'on reçoit.

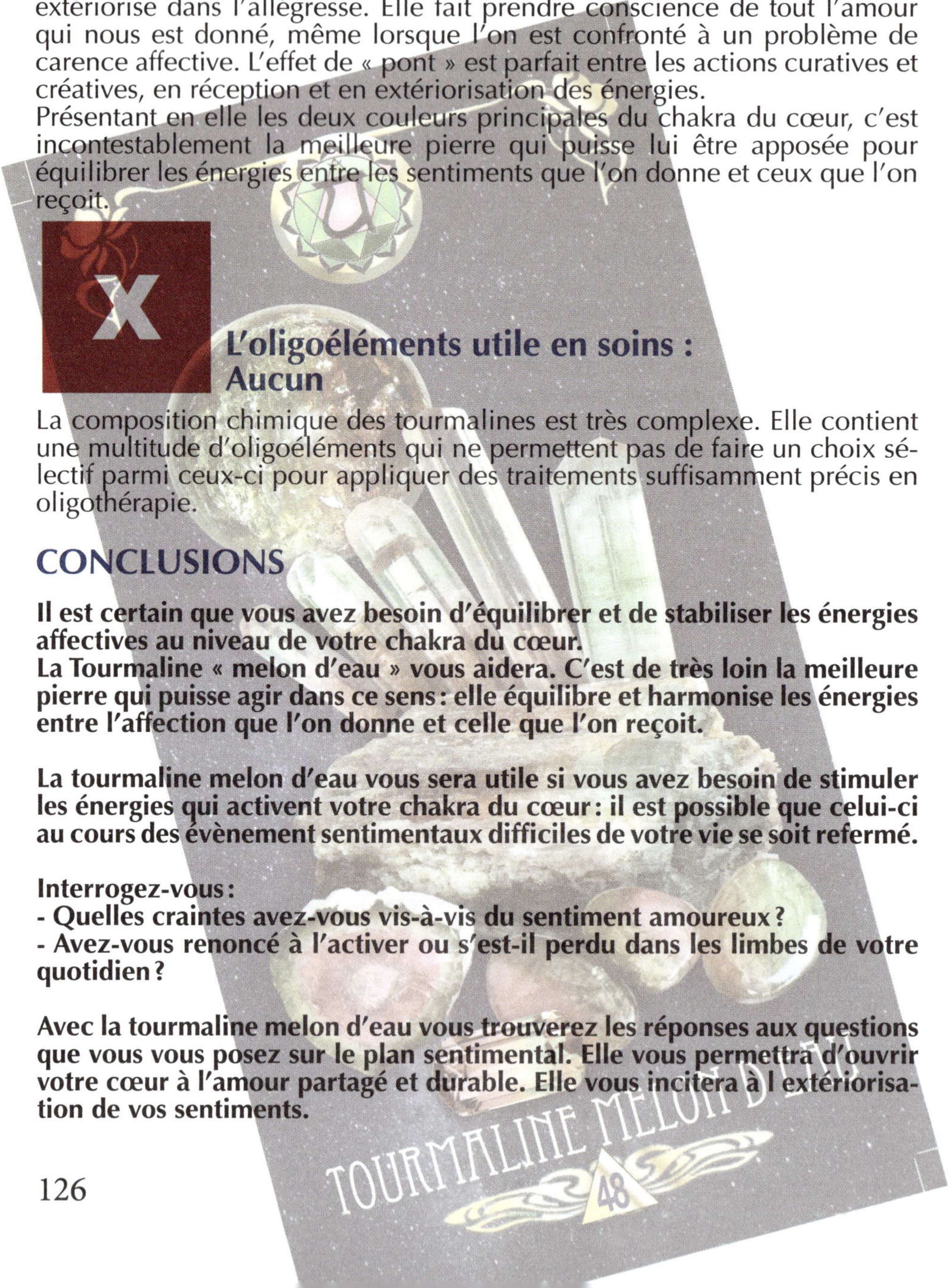

X

L'oligoéléments utile en soins : Aucun

La composition chimique des tourmalines est très complexe. Elle contient une multitude d'oligoéléments qui ne permettent pas de faire un choix sélectif parmi ceux-ci pour appliquer des traitements suffisamment précis en oligothérapie.

CONCLUSIONS

Il est certain que vous avez besoin d'équilibrer et de stabiliser les énergies affectives au niveau de votre chakra du cœur.
La Tourmaline « melon d'eau » vous aidera. C'est de très loin la meilleure pierre qui puisse agir dans ce sens: elle équilibre et harmonise les énergies entre l'affection que l'on donne et celle que l'on reçoit.

La tourmaline melon d'eau vous sera utile si vous avez besoin de stimuler les énergies qui activent votre chakra du cœur: il est possible que celui-ci au cours des évènement sentimentaux difficiles de votre vie se soit refermé.

Interrogez-vous:
- Quelles craintes avez-vous vis-à-vis du sentiment amoureux?
- Avez-vous renoncé à l'activer ou s'est-il perdu dans les limbes de votre quotidien?

Avec la tourmaline melon d'eau vous trouverez les réponses aux questions que vous vous posez sur le plan sentimental. Elle vous permettra d'ouvrir votre cœur à l'amour partagé et durable. Elle vous incitera à l extériorisation de vos sentiments.

CARTE N°50
AIGUE MARINE

Les fonctions du chakra correspondant : Chakra de la Gorge

Le chakra de la gorge est le chakra de la communication : il est le siège du langage articulé, de la capacité d'expression, de la faculté de bien communiquer avec autrui car il régit l'énergie akashique, le médium vibratoire par lequel se propagent les sons.
Il est le point par lequel tout ce que nous ressentons sera transmis à l'extérieur : les sentiments, les désirs, les émotions, les raisonnements, les interrogations, etc. Cette particularité fait du chakra de la gorge le porte-parole de tous les autres chakras.
Mais la communication ne se fait pas uniquement par le langage articulé : le chakra de la gorge agit aussi sur nos gestes, nos attitudes, les mouvements de notre corps, de notre visage et de nos yeux.
Il contribue à notre expression artistique et littéraire, développe notre faculté de création et toutes choses signifiantes que nous allons transmettre à notre entourage, consciemment ou inconsciemment.
La communication n'est pas à sens unique. C'est la raison pour laquelle notre sens de l'ouïe est directement relié au chakra de la gorge. C'est lui qui nous confère nos capacités d'écoute et de compréhension. Notre capacité d'écoute ne doit pas seulement s'exercer vis à vis de notre entourage. Elle doit nous permettre d'être en phase avec notre corps autant qu'avec notre esprit. En effet, le chakra de la gorge est en communication constante avec les autres chakras. Il nous permet de déceler nos carences physiques, nos problèmes de santé, de comprendre nos problèmes affectifs, sexuels, intellectuels et spirituels.
C'est par le chakra de la gorge que l'on peut se mettre en recherche de la sincérité, de la manifestation de la vérité et de l'objectivité, traquer les mensonges, ceux que l'on se fait à soi ou et ceux que l'on essaie de faire

croire aux autres.
C'est aussi le chakra de la transmission du savoir, le chakra privilégié de l'enseignant, du formateur, du conférencier, de l'enseignant face à ses élèves, du maître artisan face à son apprenti.
C'est encore le lieu de passage de l'air, que nous respirons, source de l'oxygène vital pour notre organisme, et de la nourriture qui alimente notre corps.
Comme le chakra de la gorge est relié au thymus et à la parathyroïde, il gouverne toute la zone et les organes avoisinants, depuis les poumons, la cavité buccale, jusqu'aux oreilles et yeux, et à la moelle cervicale. Le chakra de la gorge contrôle donc les muscles du cou, les vertèbres cervicales, la mâchoire, la langue, les cordes vocales, le pharynx et le larynx, les bronches, l'œsophage et, bien sûr, les oreilles.
Il agit aussi directement sur les bras et les mains, outils traditionnels indispensables de communication, particulièrement dans les civilisations latines.
Il est le garant du bon développement physique et intellectuel, lors de la croissance, par l'acquisition des savoirs transmis, que ce soit une transmission orale, écrite ou audiovisuelle.
Il régularise le métabolisme du corps, la transformation des aliments et de l'air en énergie, la consommation énergétique des organes et des muscles.
Lorsque ce chakra est noué ou bloqué, comme ces personnes ne sont pas suffisamment à l'écoute de leur propre corps, elles sont incapables de percevoir les signes annonciateurs des maladies ou des dysfonctionnements pathologiques avant un déclenchement grave. Elles n'ont aucun sens de la prévention.
Les pathologies que l'on rencontre couramment dans ce cas sont des inflammations des amygdales, des angines à répétition, de l'asthme, des bronchites, des douleurs de la nuque, de l'hyperthyroïdie, une langue chargée, des problèmes respiratoires, une capacité auditive médiocre, des toux chroniques.

Les principales propriétés énergétiques de votre pierre

Symboliquement, l'Aigue Marine est la bouche en tant qu'organe de communication et d'insufflation de l'âme. C'est le lieu de passage du souffle de la vie, des nourritures terrestres et spirituelles, de la parole.
Ses vibrations sont douces, reposantes et durables.
Elle combat les allergies et les irritations de la gorge. L'aigue-marine convient au chakra de la gorge mais peut être placée sur la nuque pour aider au repos, la mâchoire contre les douleurs dentaires et les oreilles pour favoriser les capacités d'écoute. Ces positions sont aussi recommandées pour contribuer au traitement des affections des bras et des mains, voire au soulagement des arthroses cervicales.
Régulation des fonctions thyroïdiennes, renforcement du système immunitaire, harmonisation du métabolisme.
Action décongestionnante sur les sinus en application au chakra du troi-

sième œil, traitement des rhumes allergiques.
Elle facilite la communication entre individus, le discours, le chant, l'expression de la vérité. Le chant est primordial et sacré. Il est l'expression matérielle de la liberté individuelle dans un contexte social oppressant. Le chant est un hommage joyeux de la créature à son créateur.
Elle est tendresse, innocence et pureté et renforce les instincts maternels car elle sublime la force animale originelle de l'humanité par la maternité. C'est une pierre qui permet de développer sa sensibilité tout en jugulant ses peurs. Elle facilite l'expression créative, littéraire ou artistique.
Sur le plan spirituel, on peut la placer sur le chakra du troisième œil. Elle permet alors de développer sa perception au paranormal, l'extralucidité. L'aigue-marine permet d'accéder à un haut degré de conscience. Elle structure l'esprit en lui donnant accès à la raison. Son goût pour la vérité en fait le meilleur média d'expression au moment du Jugement Dernier.

Al

L'oligoélément utile en soins : l'aluminium (Al)

On en trouve essentiellement dans les os, les poumons et le foie.
Une carence en aluminium peut entraîner des pathologies similaires à une carence en vitamine B1, et notamment asthénie, anorexie, insuffisance cardiaque, problèmes neurologiques, irritabilité, troubles de la mémoire, difficultés de concentration.
L'aluminium agit essentiellement au niveau du système nerveux. Il est donc prescrit dans les cas de difficultés de concentration et de tensions nerveuses qui génèrent du stress, de l'anxiété, des insomnies. Ces tensions peuvent générer des troubles gastriques et de l'acidité. L'aluminium est un excellent antiacide.
Chez l'enfant hypoactif, l'aluminium contribue à un développement harmonieux et stimule ses capacités cognitives. Chez l'enfant agité comme chez l'adulte stressé, l'aluminium permettra de trouver le sommeil plus facilement. On pourra l'associer au manganèse.

CONCLUSIONS

Au travers de votre choix, je pressens en vous quelques difficultés de communication avec certaines personnes de votre entourage et éventuellement quelques soucis au niveau de la sphère ORL.
L'Aigue Marine peut aussi vous aider à surmonter ces difficultés.
Elle vous sera aussi très utile si vous avez des problèmes liés à votre glande thyroïde. Que vous soyez en hyperthyroïdie ou en hypothyroïdie, que vous soyez sous traitement, ou que vous n'en ayez plus, l'aigue marine vous aidera ou vous soutiendra dans sa régulation.

CARTE N°51
CÉLESTITE

Les fonctions du chakra correspondant : Chakrade la Gorge

Le chakra de la gorge est le chakra de la communication: il est le siège du langage articulé, de la capacité d'expression, de la faculté de bien communiquer avec autrui car il régit l'énergie akashique, le médium vibratoire par lequel se propagent les sons.
Il est le point par lequel tout ce que nous ressentons sera transmis à l'extérieur: les sentiments, les désirs, les émotions, les raisonnements, les interrogations, etc. Cette particularité fait du chakra de la gorge le porte-parole de tous les autres chakras.
Mais la communication ne se fait pas uniquement par le langage articulé: le chakra de la gorge agit aussi sur nos gestes, nos attitudes, les mouvements de notre corps, de notre visage et de nos yeux.
Il contribue à notre expression artistique et littéraire, développe notre faculté de création et toutes choses signifiantes que nous allons transmettre à notre entourage, consciemment ou inconsciemment.
La communication n'est pas à sens unique. C'est la raison pour laquelle notre sens de l'ouïe est directement relié au chakra de la gorge. C'est lui qui nous confère nos capacités d'écoute et de compréhension. Notre capacité d'écoute ne doit pas seulement s'exercer vis à vis de notre entourage. Elle doit nous permettre d'être en phase avec notre corps autant qu'avec notre esprit. En effet, le chakra de la gorge est en communication constante avec les autres chakras. Il nous permet de déceler nos carences physiques, nos problèmes de santé, de comprendre nos problèmes affectifs, sexuels, intellectuels et spirituels.
C'est par le chakra de la gorge que l'on peut se mettre en recherche de la sincérité, de la manifestation de la vérité et de l'objectivité, traquer les mensonges, ceux que l'on se fait à soi ou et ceux que l'on essaie de faire

croire aux autres.
C'est aussi le chakra de la transmission du savoir, le chakra privilégié de l'enseignant, du formateur, du conférencier, de l'enseignant face à ses élèves, du maître artisan face à son apprenti.
C'est encore le lieu de passage de l'air, que nous respirons, source de l'oxygène vital pour notre organisme, et de la nourriture qui alimente notre corps.
Comme le chakra de la gorge est relié au thymus et à la parathyroïde, il gouverne toute la zone et les organes avoisinants, depuis les poumons, la cavité buccale, jusqu'aux oreilles et yeux, et à la moelle cervicale. Le chakra de la gorge contrôle donc les muscles du cou, les vertèbres cervicales, la mâchoire, la langue, les cordes vocales, le pharynx et le larynx, les bronches, l'œsophage et, bien sûr, les oreilles.
Il agit aussi directement sur les bras et les mains, outils traditionnels indispensables de communication, particulièrement dans les civilisations latines.
Il est le garant du bon développement physique et intellectuel, lors de la croissance, par l'acquisition des savoirs transmis, que ce soit une transmission orale, écrite ou audiovisuelle.
Il régularise le métabolisme du corps, la transformation des aliments et de l'air en énergie, la consommation énergétique des organes et des muscles.
Lorsque ce chakra est noué ou bloqué, comme ces personnes ne sont pas suffisamment à l'écoute de leur propre corps, elles sont incapables de percevoir les signes annonciateurs des maladies ou des dysfonctionnements pathologiques avant un déclenchement grave. Elles n'ont aucun sens de la prévention.
Les pathologies que l'on rencontre couramment dans ce cas sont des inflammations des amygdales, des angines à répétition, de l'asthme, des bronchites, des douleurs de la nuque, de l'hyperthyroïdie, une langue chargée, des problèmes respiratoires, une capacité auditive médiocre, des toux chroniques.

Les principales propriétés énergétiques de votre pierre

Symboliquement, la célestite est la transfiguration par les eaux, l'esprit d'unification qui sublime la matière.
Elle agit sur la cage thoracique et notamment sur les poumons en régulant et en approfondissant la respiration.
Excellente influence sur les yeux, améliore l'acuité visuelle (chakra du troisième œil).
Elle est particulièrement recommandée aux enfants en très bas âge qui pleurent trop fréquemment sous l'effet des crises d'angoisse en leur procurant un afflux de tendresse maternelle.
Les adultes, eux aussi, y trouveront l'apaisement de leurs inquiétudes en acquérant le sens de la réalité, des responsabilités, et en acceptant les contingences matérielles. Elle donne de l'assurance aux timides.

C'est une pierre créative qui développe l'imagination dans le calme pour traiter de problèmes concrets, elle permet de trouver des solutions à des soucis qui génèrent des inquiétudes (chakra du troisième œil).
Merveilleuse et douce célestite ! Plus encore que l'aigue-marine dont elle partage de nombreuses propriétés, la célestite agit tout en douceur, avec un grand calme. Elle procure une sensation infinie de sérénité et d'apaisement dans la recherche spirituelle.

L'oligoéléments utile en soins : le plomb (Pb)

Bien que le plomb ait été utilisé autrefois pour traiter des pathologies telles que l'angine de poitrine, ou pour lutter contre des infections microbiennes, je suis de ceux qui pensent que l'on ne doit pas utiliser le plomb comme oligoélément. En raison de sa forte toxicité le remède pourrait s'avérer pire que le mal.

CONCLUSIONS

Lorsque vous tirez la carte de la célestite, c'est que vous ressentez un besoin de sécurité. Elle vous apportera la sérénité et le calme qui vous permettront de regarder au fond de vous tranquillement afin d'identifier ce besoin de sécurité et de comprendre la signification de ce besoin : est-il matériel, affectif, spirituel, relationnel ?

La célestite, pierre beu ciel, est une pierre destinée au chakra de la gorge et à celui du troisième œil mais elle est tout le contraire de la légèreté : elle recentre vers le concret. Elle s'oppose aux digressions de l'esprit trop embrumé par des rêves illusoires, elle oriente la parole vers un discours plus rationnel lorsque celui-ci dévie vers l'irrationnel.

Elle vous procurera l'apaisement de vos inquiétudes en vous relaxant. Elle est très douce, mais sans complaisance.

CARTE N°52
CHRYSOCOLLE

Les fonctions du chakra correspondant : Chakrade la Gorge

Le chakra de la gorge est le chakra de la communication : il est le siège du langage articulé, de la capacité d'expression, de la faculté de bien communiquer avec autrui car il régit l'énergie akashique, le médium vibratoire par lequel se propagent les sons.
Il est le point par lequel tout ce que nous ressentons sera transmis à l'extérieur : les sentiments, les désirs, les émotions, les raisonnements, les interrogations, etc. Cette particularité fait du chakra de la gorge le porte-parole de tous les autres chakras.
Mais la communication ne se fait pas uniquement par le langage articulé : le chakra de la gorge agit aussi sur nos gestes, nos attitudes, les mouvements de notre corps, de notre visage et de nos yeux.
Il contribue à notre expression artistique et littéraire, développe notre faculté de création et toutes choses signifiantes que nous allons transmettre à notre entourage, consciemment ou inconsciemment.
La communication n'est pas à sens unique. C'est la raison pour laquelle notre sens de l'ouïe est directement relié au chakra de la gorge. C'est lui qui nous confère nos capacités d'écoute et de compréhension. Notre capacité d'écoute ne doit pas seulement s'exercer vis à vis de notre entourage. Elle doit nous permettre d'être en phase avec notre corps autant qu'avec notre esprit. En effet, le chakra de la gorge est en communication constante avec les autres chakras. Il nous permet de déceler nos carences physiques, nos problèmes de santé, de comprendre nos problèmes affectifs, sexuels, intellectuels et spirituels.
C'est par le chakra de la gorge que l'on peut se mettre en recherche de la sincérité, de la manifestation de la vérité et de l'objectivité, traquer les mensonges, ceux que l'on se fait à soi ou et ceux que l'on essaie de faire

croire aux autres.
C'est aussi le chakra de la transmission du savoir, le chakra privilégié de l'enseignant, du formateur, du conférencier, de l'enseignant face à ses élèves, du maître artisan face à son apprenti.
C'est encore le lieu de passage de l'air, que nous respirons, source de l'oxygène vital pour notre organisme, et de la nourriture qui alimente notre corps.
Comme le chakra de la gorge est relié au thymus et à la parathyroïde, il gouverne toute la zone et les organes avoisinants, depuis les poumons, la cavité buccale, jusqu'aux oreilles et yeux, et à la moelle cervicale. Le chakra de la gorge contrôle donc les muscles du cou, les vertèbres cervicales, la mâchoire, la langue, les cordes vocales, le pharynx et le larynx, les bronches, l'œsophage et, bien sûr, les oreilles.
Il agit aussi directement sur les bras et les mains, outils traditionnels indispensables de communication, particulièrement dans les civilisations latines.
Il est le garant du bon développement physique et intellectuel, lors de la croissance, par l'acquisition des savoirs transmis, que ce soit une transmission orale, écrite ou audiovisuelle.
Il régularise le métabolisme du corps, la transformation des aliments et de l'air en énergie, la consommation énergétique des organes et des muscles.
Lorsque ce chakra est noué ou bloqué, comme ces personnes ne sont pas suffisamment à l'écoute de leur propre corps, elles sont incapables de percevoir les signes annonciateurs des maladies ou des dysfonctionnements pathologiques avant un déclenchement grave. Elles n'ont aucun sens de la prévention.
Les pathologies que l'on rencontre couramment dans ce cas sont des inflammations des amygdales, des angines à répétition, de l'asthme, des bronchites, des douleurs de la nuque, de l'hyperthyroïdie, une langue chargée, des problèmes respiratoires, une capacité auditive médiocre, des toux chroniques.

Les principales propriétés énergétiques de votre pierre

Au Chakra de la gorge, la Chrysocolle calme les enrouements et les maux de gorge, aide à lutter contre les angines, les bronchites, les trachéites.
Au Chakra sacré elle apaise les maux des femmes lors de menstruations et atténue les cystites selon le principe de complémentarité chromatique.
Comme la turquoise dont elle partage nombre de propriétés, c'est une pierre très positive qui renforce l'amitié et la compréhension en détournant les influences négatives. De ce fait, elle chasse les ressentiments, permet une attitude tolérante et incite au pardon.
La chrysocolle posée dans une pièce fait régner la paix, la compréhension et la tolérance dans des atmosphères perturbées par la méfiance, la jalousie et le ressentiment.
C'est une excellente pierre de communication qui facilite l'expression, l'écoute des autres, la compréhension et le sens du dialogue.

Cu

L'oligoélément utile en soins : le cuivre (Cu)

Le cuivre est un oligoélément indispensable au développement de toute forme de vie et plus particulièrement chez les mammifères, car il est nécessaire à la formation de l'hémoglobine.
Il intervient dans les processus immunitaires. Un déficit en cuivre peut diminuer la résistance de l'organisme aux infections. Le cuivre agit aussi contre le stress oxydatif en empêchant la production de radicaux libres. Les radicaux libres sont des molécules instables qui peuvent endommager nos cellules. Les stress oxydatifs peuvent favoriser l'apparition des cancers, les affections dégénératives, les maladies cardiovasculaires, le syndrome d'Alzheimer et provoquer un vieillissement prématuré. Le cuivre facilite l'assimilation du fer. Des symptômes similaires à l'anémie peuvent être provoqués par un déficit en cuivre. Un déficit en cuivre peut aussi engendrer des anomalies osseuses, une dépigmentation de la peau, des complications lors de la croissance. On a également pu constater un développement anormal des taux de glucose et de cholestérol.
L'action du cuivre dans les traitements antirhumatismaux a été constatée en médecine thermale. Des cures d'eaux chargées en cuivre sont également bénéfiques sur des problèmes dermatologiques et en stomatologie.
Si le cuivre est indispensable à la production de spermatozoïdes, il peut aussi avoir un effet inhibiteur sur leur mobilité. C'est pourquoi il existe des stérilets en cuivre.
L'industrie pharmaceutique propose actuellement de nombreuses applications à base de cuivre pour ses vertus antiseptiques et antifongicides.

CONCLUSIONS

Au travers de votre choix, je pressens en vous quelques difficultés de communication avec certaines personnes de votre entourage, des problèmes d'incompréhension réciproque qui pourraient dégénérer en conflits si vous les laissiez se développer.
La chrysocolle vous aidera à surmonter ces difficultés pour une meilleure harmonie dans le dialogue. Elle vous sera aussi utile si vous éprouvez des ressentiments vis-à-vis d'une personne de votre entourage proche ou lointain.

Cette émotion qui reste au plus profond de vous pourrait vous pourrir la vie. Vous devriez pouvoir l'exprimer afin de vous en libérer avec un petit rituel. Même si la personne aux origines de ce problème a disparu, vous pouvez lui parler : écrivez sur une feuille de papier tout ce que vous avez à dire que vous n'avez jamais osé dire. Dans un endroit calme et serein, brûlez cette lettre. Tout ce qui ne s'exprime pas s'imprime à l'intérieur de votre corps.

CARTE N°53
CYANITE

Les fonctions du chakra correspondant : Chakra de la Gorge

Le chakra de la gorge est le chakra de la communication : il est le siège du langage articulé, de la capacité d'expression, de la faculté de bien communiquer avec autrui car il régit l'énergie akashique, le médium vibratoire par lequel se propagent les sons.
Il est le point par lequel tout ce que nous ressentons sera transmis à l'extérieur : les sentiments, les désirs, les émotions, les raisonnements, les interrogations, etc. Cette particularité fait du chakra de la gorge le porte-parole de tous les autres chakras.
Mais la communication ne se fait pas uniquement par le langage articulé : le chakra de la gorge agit aussi sur nos gestes, nos attitudes, les mouvements de notre corps, de notre visage et de nos yeux.
Il contribue à notre expression artistique et littéraire, développe notre faculté de création et toutes choses signifiantes que nous allons transmettre à notre entourage, consciemment ou inconsciemment.
La communication n'est pas à sens unique. C'est la raison pour laquelle notre sens de l'ouïe est directement relié au chakra de la gorge. C'est lui qui nous confère nos capacités d'écoute et de compréhension. Notre capacité d'écoute ne doit pas seulement s'exercer vis à vis de notre entourage. Elle doit nous permettre d'être en phase avec notre corps autant qu'avec notre esprit. En effet, le chakra de la gorge est en communication constante avec les autres chakras. Il nous permet de déceler nos carences physiques, nos problèmes de santé, de comprendre nos problèmes affectifs, sexuels, intellectuels et spirituels.
C'est par le chakra de la gorge que l'on peut se mettre en recherche de la sincérité, de la manifestation de la vérité et de l'objectivité, traquer les mensonges, ceux que l'on se fait à soi ou et ceux que l'on essaie de faire croire aux autres.

C'est aussi le chakra de la transmission du savoir, le chakra privilégié de l'enseignant, du formateur, du conférencier, de l'enseignant face à ses élèves, du maître artisan face à son apprenti.
C'est encore le lieu de passage de l'air, que nous respirons, source de l'oxygène vital pour notre organisme, et de la nourriture qui alimente notre corps.
Comme le chakra de la gorge est relié au thymus et à la parathyroïde, il gouverne toute la zone et les organes avoisinants, depuis les poumons, la cavité buccale, jusqu'aux oreilles et yeux, et à la moelle cervicale. Le chakra de la gorge contrôle donc les muscles du cou, les vertèbres cervicales, la mâchoire, la langue, les cordes vocales, le pharynx et le larynx, les bronches, l'œsophage et, bien sûr, les oreilles.
Il agit aussi directement sur les bras et les mains, outils traditionnels indispensables de communication, particulièrement dans les civilisations latines.
Il est le garant du bon développement physique et intellectuel, lors de la croissance, par l'acquisition des savoirs transmis, que ce soit une transmission orale, écrite ou audiovisuelle.
Il régularise le métabolisme du corps, la transformation des aliments et de l'air en énergie, la consommation énergétique des organes et des muscles.
Lorsque ce chakra est noué ou bloqué, comme ces personnes ne sont pas suffisamment à l'écoute de leur propre corps, elles sont incapables de percevoir les signes annonciateurs des maladies ou des dysfonctionnements pathologiques avant un déclenchement grave. Elles n'ont aucun sens de la prévention.
Les pathologies que l'on rencontre couramment dans ce cas sont des inflammations des amygdales, des angines à répétition, de l'asthme, des bronchites, des douleurs de la nuque, de l'hyperthyroïdie, une langue chargée, des problèmes respiratoires, une capacité auditive médiocre, des toux chroniques.

Les principales propriétés énergétiques de votre pierre

La Cyanite contribue au traitement des pathologies de l'ouïe.
Elle harmonise le timbre de voix et fluidifie le discours avec une certaine assurance.
C'est la pierre de la connaissance de soi. Elle permet de traiter efficacement les problèmes psychologiques, les névroses, les dérèglements mentaux.
C'est une pierre douce qui convient aux timides et aux personnes qui souffrent d'un complexe car elle apaise leurs angoisses. C'est une pierre particulièrement recommandée aux jeunes filles prépubères qui vivent de grandes incertitudes et s'interrogent sur leur avenir de femme et de mère.
Elle convient aussi aux personnes excessives, colériques ou brutales en les calmant. La cyanite agit indirectement par une connaissance de soi qui peut permettre d'infléchir son propre comportement.
C'est une pierre de sensibilisation à la contemplation artistique, surtout aux arts plastiques et à la musique.

Elle est très intuitive et incite non seulement à se fier à ses intuitions, mais aussi de les suivre en confiance. Elle donne de la suite dans les idées.

Al

L'oligoélément utile en soins : l'aluminium (Al)

Une carence en aluminium peut entraîner des pathologies similaires à une carence en vitamine B1, et notamment asthénie, anorexie, insuffisance cardiaque, problèmes neurologiques, irritabilité, troubles de la mémoire, difficultés de concentration.
L'aluminium agit essentiellement au niveau du système nerveux. Il est donc prescrit dans les cas de difficultés de concentration et de tensions nerveuses qui génèrent du stress, de l'anxiété, des insomnies. Ces tensions peuvent générer des troubles gastriques et de l'acidité. L'aluminium est un excellent antiacide.
Chez l'enfant hypoactif, l'aluminium contribue à un développement harmonieux et stimule ses capacités cognitives. Chez l'enfant agité comme chez l'adulte stressé, l'aluminium permettra de trouver le sommeil plus facilement. On pourra l'associer au manganèse.
On en trouve essentiellement dans les os, les poumons et le foie.
Une carence en aluminium peut entraîner des pathologies similaires à une carence en vitamine B1, et notamment asthénie, anorexie, insuffisance cardiaque, problèmes neurologiques, irritabilité, troubles de la mémoire, difficultés de concentration.
L'aluminium agit essentiellement au niveau du système nerveux. Il est donc prescrit dans les cas de difficultés de concentration et de tensions nerveuses qui génèrent du stress, de l'anxiété, des insomnies. Ces tensions peuvent générer des troubles gastriques et de l'acidité. L'aluminium est un excellent antiacide.
Chez l'enfant hypoactif, l'aluminium contribue à un développement harmonieux et stimule ses capacités cognitives. Chez l'enfant agité comme chez l'adulte stressé, l'aluminium permettra de trouver le sommeil plus facilement. On pourra l'associer au manganèse.

CONCLUSIONS

La cyanite est très utile si, comme cette carte le laisse supposer, vous êtes timide et que vous avez un complexe qui vous fait souffrir. Elle vous permettra de renforcer votre personnalité, de vous affirmer face aux autres en exprimant vos besoins et vos désirs. Elle pourrait aller jusqu'à faire de votre complexe une force qui vous donnera envie de réussir votre vie.
La cyanite vous aidera à mieux cerner votre personnalité et ainsi à vous donner la force d'oser. Elle pourra vous entraîner sur la voie d'une activité artistique par laquelle vous brillerez.

CARTE N°54
FLUORITE BLEUE

Les fonctions du chakra correspondant : Chakra de la Gorge

Le chakra de la gorge est le chakra de la communication : il est le siège du langage articulé, de la capacité d'expression, de la faculté de bien communiquer avec autrui car il régit l'énergie akashique, le médium vibratoire par lequel se propagent les sons.
Il est le point par lequel tout ce que nous ressentons sera transmis à l'extérieur : les sentiments, les désirs, les émotions, les raisonnements, les interrogations, etc. Cette particularité fait du chakra de la gorge le porte-parole de tous les autres chakras.
Mais la communication ne se fait pas uniquement par le langage articulé : le chakra de la gorge agit aussi sur nos gestes, nos attitudes, les mouvements de notre corps, de notre visage et de nos yeux.
Il contribue à notre expression artistique et littéraire, développe notre faculté de création et toutes choses signifiantes que nous allons transmettre à notre entourage, consciemment ou inconsciemment.
La communication n'est pas à sens unique. C'est la raison pour laquelle notre sens de l'ouïe est directement relié au chakra de la gorge. C'est lui qui nous confère nos capacités d'écoute et de compréhension. Notre capacité d'écoute ne doit pas seulement s'exercer vis à vis de notre entourage. Elle doit nous permettre d'être en phase avec notre corps autant qu'avec notre esprit. En effet, le chakra de la gorge est en communication constante avec les autres chakras. Il nous permet de déceler nos carences physiques, nos problèmes de santé, de comprendre nos problèmes affectifs, sexuels, intellectuels et spirituels.
C'est par le chakra de la gorge que l'on peut se mettre en recherche de la sincérité, de la manifestation de la vérité et de l'objectivité, traquer les mensonges, ceux que l'on se fait à soi ou et ceux que l'on essaie de faire

croire aux autres.
C'est aussi le chakra de la transmission du savoir, le chakra privilégié de l'enseignant, du formateur, du conférencier, de l'enseignant face à ses élèves, du maître artisan face à son apprenti.
C'est encore le lieu de passage de l'air, que nous respirons, source de l'oxygène vital pour notre organisme, et de la nourriture qui alimente notre corps.
Comme le chakra de la gorge est relié au thymus et à la parathyroïde, il gouverne toute la zone et les organes avoisinants, depuis les poumons, la cavité buccale, jusqu'aux oreilles et yeux, et à la moelle cervicale. Le chakra de la gorge contrôle donc les muscles du cou, les vertèbres cervicales, la mâchoire, la langue, les cordes vocales, le pharynx et le larynx, les bronches, l'œsophage et, bien sûr, les oreilles.
Il agit aussi directement sur les bras et les mains, outils traditionnels indispensables de communication, particulièrement dans les civilisations latines.
Il est le garant du bon développement physique et intellectuel, lors de la croissance, par l'acquisition des savoirs transmis, que ce soit une transmission orale, écrite ou audiovisuelle.
Il régularise le métabolisme du corps, la transformation des aliments et de l'air en énergie, la consommation énergétique des organes et des muscles.
Lorsque ce chakra est noué ou bloqué, comme ces personnes ne sont pas suffisamment à l'écoute de leur propre corps, elles sont incapables de percevoir les signes annonciateurs des maladies ou des dysfonctionnements pathologiques avant un déclenchement grave. Elles n'ont aucun sens de la prévention.
Les pathologies que l'on rencontre couramment dans ce cas sont des inflammations des amygdales, des angines à répétition, de l'asthme, des bronchites, des douleurs de la nuque, de l'hyperthyroïdie, une langue chargée, des problèmes respiratoires, une capacité auditive médiocre, des toux chroniques.

Les principales propriétés énergétiques de votre pierre

Symboliquement, les fluorites reflètent la structuration de l'esprit, particulièrement les fluorites jaunes bleues et violettes.
La fluorite jaune apaise les allergies respiratoires dues aux pollens.
Une fluorite jaune ou bleu violacé en amas de cristaux cubiques est excellente dans un lieu de travail intellectuel car elle aide à la concentration et à la réflexion cartésienne. C'est la pierre que les scientifiques placent dans leur bureau, dans leur laboratoire de recherche (grands blocs cristallisés et maclés). Elle organise les rouages de la pensée rationnelle, aide aux démarches logiques en y apportant une touche de créativité. Intimement liée au progrès, la fluorite est vraiment la pierre du chercheur. Elle structure l'imaginaire.
Le cristal de fluorite octaédrique a la forme de deux pyramides inversées. Il symbolise l'équilibre entre le ciel et la terre, entre le rêve et la réalité, entre

le spirituel et le physique. En méditation, on aura soin de le tenir verticalement. Comme le quartz biterminé, la fluorite octaédrique est un excellent outil de télépathie.
Elle permet un rafraîchissement et une fluidification du système respiratoire, de vos capacités d'écoute, et vous pousse à une expression plus spontanée et plus structurée.
Elle permet une bonne structuration de l'esprit, développe l'intelligence, renforce la mémoire, structure les capacités d'analyse et de synthèse, et permet d'acquérir le sens de la méthode.

L'oligoélément utile en soins : le fluor (F)

Le fluor participe à la fixation du calcium dans les os et dans les dents. Il permet un développement harmonieux du squelette, solidifie les os, renforce la structure des ligaments et des parois vasculaires, contribue au bon fonctionnement des articulations. Il est donc indispensable en période de croissance des enfants, chez les personnes âgées et les femmes en phase de ménopause, de gestation et d'allaitement. Il peut avoir une action bénéfique sur des insuffisances veineuses qui occasionnent des varices.
Il se fixe dans l'émail des dents et les rend beaucoup plus résistantes aux attaques des bactéries de la plaque dentaire.
Une carence en fluor engendre des pertes de calcium dans l'organisme, provoquant ainsi des détériorations du tissu osseux et de l'émail dentaire. Les fractures osseuses se résorbent moins rapidement.

CONCLUSIONS

Il semblerait au travers de votre tirage que soyez parfois sujet(te) à des confusions dans votre discours et que vos capacités d'écoute soient parfois quelques peu altérées, ce qui pourrait engendrer des difficultés d'interprétation et des confusions dans les dialogues avec vos proches ou dans votre environnement social et professionnel.

La fluorite bleue pourrait vous permettre de structurer votre discours tout en développant en vous de meilleures capacités d'écoute et d'interprétation des paroles de vos interlocuteurs.

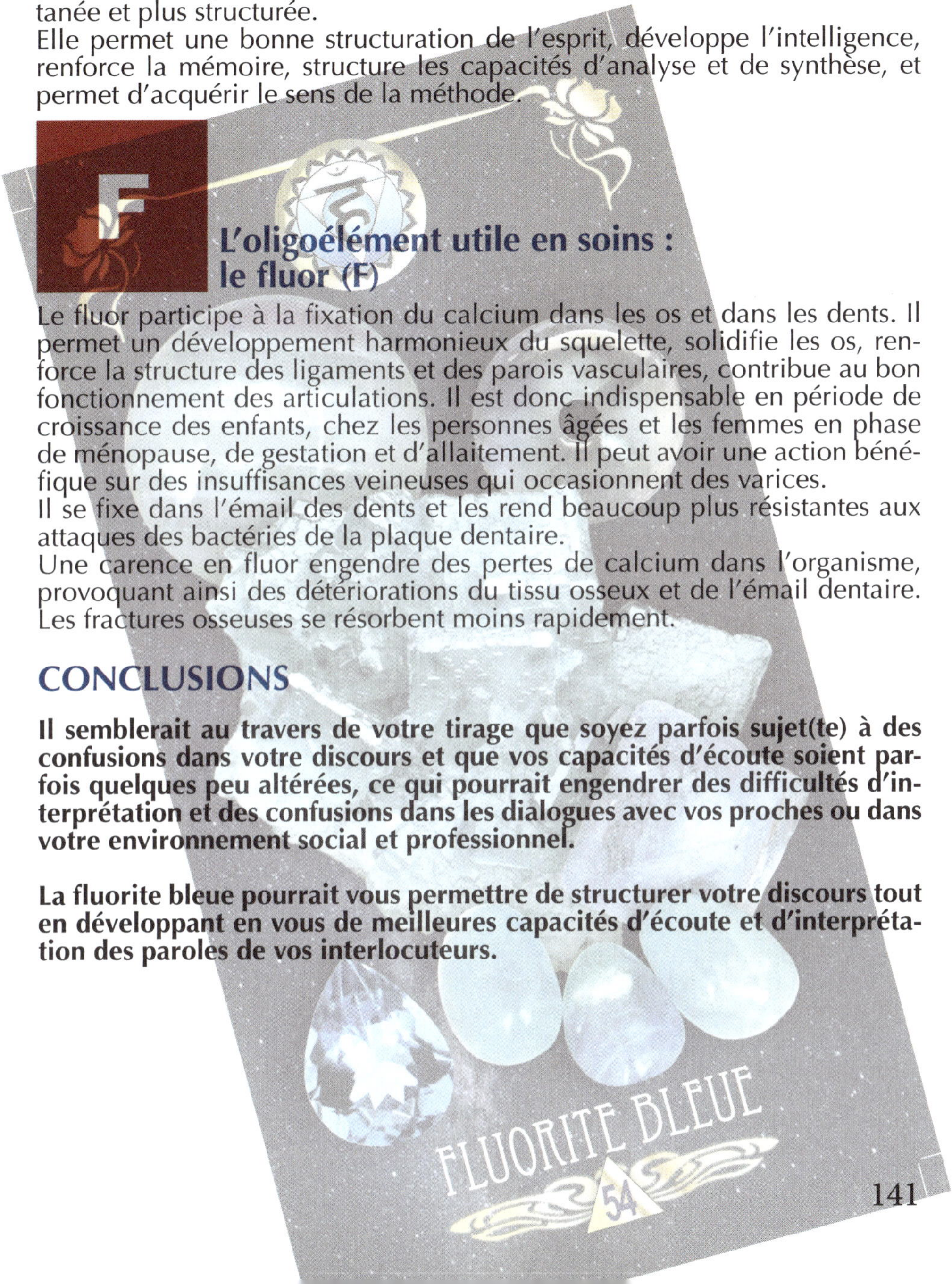

CARTE N°55
TURQUOISE

Les fonctions du chakra correspondant : Chakrade la Gorge

Le chakra de la gorge est le chakra de la communication : il est le siège du langage articulé, de la capacité d'expression, de la faculté de bien communiquer avec autrui car il régit l'énergie akashique, le médium vibratoire par lequel se propagent les sons.
Il est le point par lequel tout ce que nous ressentons sera transmis à l'extérieur : les sentiments, les désirs, les émotions, les raisonnements, les interrogations, etc. Cette particularité fait du chakra de la gorge le porte-parole de tous les autres chakras.
Mais la communication ne se fait pas uniquement par le langage articulé : le chakra de la gorge agit aussi sur nos gestes, nos attitudes, les mouvements de notre corps, de notre visage et de nos yeux.
Il contribue à notre expression artistique et littéraire, développe notre faculté de création et toutes choses signifiantes que nous allons transmettre à notre entourage, consciemment ou inconsciemment.
La communication n'est pas à sens unique. C'est la raison pour laquelle notre sens de l'ouïe est directement relié au chakra de la gorge. C'est lui qui nous confère nos capacités d'écoute et de compréhension. Notre capacité d'écoute ne doit pas seulement s'exercer vis à vis de notre entourage. Elle doit nous permettre d'être en phase avec notre corps autant qu'avec notre esprit. En effet, le chakra de la gorge est en communication constante avec les autres chakras. Il nous permet de déceler nos carences physiques, nos problèmes de santé, de comprendre nos problèmes affectifs, sexuels, intellectuels et spirituels.
C'est par le chakra de la gorge que l'on peut se mettre en recherche de la sincérité, de la manifestation de la vérité et de l'objectivité, traquer les mensonges, ceux que l'on se fait à soi ou et ceux que l'on essaie de faire

croire aux autres.
C'est aussi le chakra de la transmission du savoir, le chakra privilégié de l'enseignant, du formateur, du conférencier, de l'enseignant face à ses élèves, du maître artisan face à son apprenti.
C'est encore le lieu de passage de l'air, que nous respirons, source de l'oxygène vital pour notre organisme, et de la nourriture qui alimente notre corps.
Comme le chakra de la gorge est relié au thymus et à la parathyroïde, il gouverne toute la zone et les organes avoisinants, depuis les poumons, la cavité buccale, jusqu'aux oreilles et yeux, et à la moelle cervicale. Le chakra de la gorge contrôle donc les muscles du cou, les vertèbres cervicales, la mâchoire, la langue, les cordes vocales, le pharynx et le larynx, les bronches, l'œsophage et, bien sûr, les oreilles.
Il agit aussi directement sur les bras et les mains, outils traditionnels indispensables de communication, particulièrement dans les civilisations latines.
Il est le garant du bon développement physique et intellectuel, lors de la croissance, par l'acquisition des savoirs transmis, que ce soit une transmission orale, écrite ou audiovisuelle.
Il régularise le métabolisme du corps, la transformation des aliments et de l'air en énergie, la consommation énergétique des organes et des muscles.
Lorsque ce chakra est noué ou bloqué, comme ces personnes ne sont pas suffisamment à l'écoute de leur propre corps, elles sont incapables de percevoir les signes annonciateurs des maladies ou des dysfonctionnements pathologiques avant un déclenchement grave. Elles n'ont aucun sens de la prévention.
Les pathologies que l'on rencontre couramment dans ce cas sont des inflammations des amygdales, des angines à répétition, de l'asthme, des bronchites, des douleurs de la nuque, de l'hyperthyroïdie, une langue chargée, des problèmes respiratoires, une capacité auditive médiocre, des toux chroniques.

Les principales propriétés énergétiques de votre pierre

C'est la pierre qui évoque les mers du sud, lorsque les teintes du ciel et de la mer se mêlent si intimement qu'il est difficile de les différencier. Si elle évoque irrésistiblement des vacances de rêve, l'association de deux contraires, l'eau et le feu, en font une pierre à l'équilibre précaire, pas si facile à manipuler malgré son apparente douceur.
Elle a une action purificatrice sur les fluides vitaux du corps : sang, urine, sperme, liquide céphalorachidien, sécrétions hormonales. À ce titre, elle peut être travaillée au chakra du sexe.
Elle contribue à renforcer le système immunitaire.
Elle est efficace contre les intoxications, les empoisonnements, les excès de cholestérol, de triglycérides et de sucre.
Elle protège les muqueuses de la gorge, du nez et de la boite crânienne ainsi que les yeux.

C'est une pierre positive, optimiste qui permet de discerner le bien du mal. Elle est sincère et diffuse la confiance partagée sous le signe de la vérité.
La turquoise est un bon régulateur du système nerveux.
Elle donne un sens artistique passif qui permet de discerner le bon goût du mauvais.
Elle permet de transformer son agressivité, ses instincts guerriers en puissance créatrice et poétique, mais soyez bien attentifs à l'éternelle dualité feu/eau de la Turquoise car le contraire est aussi possible.
Elle conforte l'amitié et le sentiment d'affection réciproque.
C'est, par essence, la grande pierre de communication qui aide à l'expression et favorise l'écoute des autres. Éloquence, virtuosité dans les joutes verbales, sens de la répartie, talents polémiques, qualité vocale, tout y est dans cet archétype majeur du discours talentueux.
Pierre de la jeunesse éternelle, elle est néanmoins porteuse d'une solide expérience qui donne courage et savoir-faire intuitif.
Ses effets apaisants contribuent à maîtriser ses coups de colère.
La turquoise élève l'esprit vers le ciel. Depuis la nuit des temps, la turquoise est une pierre sacrée en Égypte, en Perse, au Tibet, en Inde, chez les Mayas, les Aztèques et les Incas. Magique, elle a la propriété de protéger votre entourage de vos propres pensées négatives en les absorbant à tel point qu'elle peut pâlir et mourir, voire se fendre lorsque la maladie ou la mort frappe son propriétaire, comme si elle s'offrait en sacrifice.
Elle protège aussi des énergies négatives émises par l'entourage, du mauvais œil, des agressions physiques, des accidents, de la mort violente.

K | Cu | Al

Les oligoéléments utiles en soins : le phosphore (K), le cuivre (Cu) et l'aluminium (Al)

Cette composition chimique complexe ne permet pas de pratiquer des soins précis en oligothérapie.

CONCLUSIONS

Il semblerait au travers de ce tirage que ayez besoin de vous affirmer dans votre environnement social en vous exprimant avec plus de clarté, plus de précision, plus de force, avec une plus grande délicatesse.
La turquoise vous montrera le chemin. Elle vous sera utile si vous avez besoin de vous affirmer par la qualité de votre discours. Elle est sincère et diffuse la confiance sous le signe de la vérité tout en exacerbant votre sens de l'écoute. Avec la turquoise vous allez acquérir un statut d'orateur apprécié pour son sens de l'équité et sa douce fermeté.
La turquoise vous rendra conscient de vos potentiels et saura vous les mettre en lumière.

CARTE N°56
CALCÉDOINE

Les fonctions du chakra correspondant : Chakrade la Gorge

Le chakra de la gorge est le chakra de la communication : il est le siège du langage articulé, de la capacité d'expression, de la faculté de bien communiquer avec autrui car il régit l'énergie akashique, le médium vibratoire par lequel se propagent les sons.

Il est le point par lequel tout ce que nous ressentons sera transmis à l'extérieur : les sentiments, les désirs, les émotions, les raisonnements, les interrogations, etc. Cette particularité fait du chakra de la gorge le porte-parole de tous les autres chakras.

Mais la communication ne se fait pas uniquement par le langage articulé : le chakra de la gorge agit aussi sur nos gestes, nos attitudes, les mouvements de notre corps, de notre visage et de nos yeux.

Il contribue à notre expression artistique et littéraire, développe notre faculté de création et toutes choses signifiantes que nous allons transmettre à notre entourage, consciemment ou inconsciemment.

La communication n'est pas à sens unique. C'est la raison pour laquelle notre sens de l'ouïe est directement relié au chakra de la gorge. C'est lui qui nous confère nos capacités d'écoute et de compréhension. Notre capacité d'écoute ne doit pas seulement s'exercer vis à vis de notre entourage. Elle doit nous permettre d'être en phase avec notre corps autant qu'avec notre esprit. En effet, le chakra de la gorge est en communication constante avec les autres chakras. Il nous permet de déceler nos carences physiques, nos problèmes de santé, de comprendre nos problèmes affectifs, sexuels, intellectuels et spirituels.

C'est par le chakra de la gorge que l'on peut se mettre en recherche de la sincérité, de la manifestation de la vérité et de l'objectivité, traquer les mensonges, ceux que l'on se fait à soi ou et ceux que l'on essaie de faire

croire aux autres.
C'est aussi le chakra de la transmission du savoir, le chakra privilégié de l'enseignant, du formateur, du conférencier, de l'enseignant face à ses élèves, du maître artisan face à son apprenti.
C'est encore le lieu de passage de l'air, que nous respirons, source de l'oxygène vital pour notre organisme, et de la nourriture qui alimente notre corps.
Comme le chakra de la gorge est relié au thymus et à la parathyroïde, il gouverne toute la zone et les organes avoisinants, depuis les poumons, la cavité buccale, jusqu'aux oreilles et yeux, et à la moelle cervicale. Le chakra de la gorge contrôle donc les muscles du cou, les vertèbres cervicales, la mâchoire, la langue, les cordes vocales, le pharynx et le larynx, les bronches, l'œsophage et, bien sûr, les oreilles.
Il agit aussi directement sur les bras et les mains, outils traditionnels indispensables de communication, particulièrement dans les civilisations latines.
Il est le garant du bon développement physique et intellectuel, lors de la croissance, par l'acquisition des savoirs transmis, que ce soit une transmission orale, écrite ou audiovisuelle.
Il régularise le métabolisme du corps, la transformation des aliments et de l'air en énergie, la consommation énergétique des organes et des muscles.
Lorsque ce chakra est noué ou bloqué, comme ces personnes ne sont pas suffisamment à l'écoute de leur propre corps, elles sont incapables de percevoir les signes annonciateurs des maladies ou des dysfonctionnements pathologiques avant un déclenchement grave. Elles n'ont aucun sens de la prévention.
Les pathologies que l'on rencontre couramment dans ce cas sont des inflammations des amygdales, des angines à répétition, de l'asthme, des bronchites, des douleurs de la nuque, de l'hyperthyroïdie, une langue chargée, des problèmes respiratoires, une capacité auditive médiocre, des toux chroniques.

Les principales propriétés énergétiques de votre pierre

La sérénité est la caractéristique fondamentale de la calcédoine.
Elle adoucit les inflammations du larynx, facilite la qualité d'expression, estompe les enrouements, fluidifie les bégaiements (chakra de la gorge).
Elle protège des empoisonnements (tabac, alcool, drogue...).
Pierre d'une grande douceur, elle est la fumée du bâtonnet d'encens qui s'élève vers le ciel. Très positive, elle propage des émotions paisibles, apaise les chagrins, guérit les surmenés et les agité. Elle est recommandée aux personnes agressives ou irritables car elle apaise l'expression, s'oppose à l'ironie et à la provocation verbale (chakra de la gorge). Elle convient aussi aux timides, aux personnes réservées en facilitant leur capacité d'expression.
Elle est innocence dans les travaux de recherche spirituels et permet d'aborder les plus hautes sphères de la spiritualité sans crainte, sans stress.

Si

L'oligoéléments utile en soins : le silicium (Si)

Le silicium est le principal composant du collagène. Il permet l'assemblage de toutes les cellules du corps. C'est dans l'artère aorte, dans la peau et le thymus que l'on trouve les plus grandes concentrations de silicium. Son taux diminue avec l'âge dans des proportions importantes, engendrant une perte d'élasticité et une rigidification, d'où un risque sérieux d'hypertension artérielle, voire de rupture de vaisseaux sanguins.

Les globules blancs sont gros consommateurs de silicium. Ce sont les meilleurs défenseurs de notre organisme contre les infections microbiennes. Le silicium participe donc activement à nos défenses immunitaires naturelles, d'autant plus qu'il est impliqué dans la synthèse des anticorps.

Le silicium favorise la fixation du calcium dans les os et les dents, surtout en période de croissance des enfants, chez la femme enceinte, allaitante ou en période de ménopause pour contrer les risques d'ostéoporose, et chez les personnes âgées.

Le taux de silicium devrait être surveillé chez les personnes qui ont des activités sportives, car elles risquent de multiples incidents dus à une carence claquages musculaires, tendinites, entorses et microfractures.

Les os, les tendons, les ligaments et les muscles ont besoin de conserver toute leur élasticité tributaire de la présence de silicium dans le collagène et l'élastine.

Bon stimulateur des glandes endocrines, le silicium contribue à un développement harmonieux du système nerveux et préserve des risques de déficience intellectuelle, de pertes de mémoire et d'atonie cérébrale, surtout en période de croissance.

Le silicium a un effet diurétique puissant. Il est recommandé aux personnes qui ont de la cellulite et qui font de la rétention d'eau.

La présence de silicium dans la peau aide à la conserver en bon état et contribue à la réparation des blessures et des inflammations en facilitant la cicatrisation.

CONCLUSIONS

La carte de la calcédoine signifie que vous avez parfois tendance à vous emporter pour faire valoir votre point de vue.

Vous avez besoin de plus douceur et de sérénité lorsque vous vous exprimez dans votre environnement familial et social. On vous écoutera et on vous entendra mieux.

La calcédoine vous aidera à faire les bons choix.

Vous serez ainsi plus doux dans votre expression et plus sensible aux arguments des autres.

CALCEDOINE

56

CARTE N°57
LARIMAR

Les fonctions du chakra correspondant : Chakra de la Gorge

Le chakra de la gorge est le chakra de la communication : il est le siège du langage articulé, de la capacité d'expression, de la faculté de bien communiquer avec autrui car il régit l'énergie akashique, le médium vibratoire par lequel se propagent les sons.

Il est le point par lequel tout ce que nous ressentons sera transmis à l'extérieur : les sentiments, les désirs, les émotions, les raisonnements, les interrogations, etc. Cette particularité fait du chakra de la gorge le porte-parole de tous les autres chakras.

Mais la communication ne se fait pas uniquement par le langage articulé : le chakra de la gorge agit aussi sur nos gestes, nos attitudes, les mouvements de notre corps, de notre visage et de nos yeux.

Il contribue à notre expression artistique et littéraire, développe notre faculté de création et toutes choses signifiantes que nous allons transmettre à notre entourage, consciemment ou inconsciemment.

La communication n'est pas à sens unique. C'est la raison pour laquelle notre sens de l'ouïe est directement relié au chakra de la gorge. C'est lui qui nous confère nos capacités d'écoute et de compréhension. Notre capacité d'écoute ne doit pas seulement s'exercer vis-à-vis de notre entourage. Elle doit nous permettre d'être en phase avec notre corps autant qu'avec notre esprit. En effet, le chakra de la gorge est en communication constante avec les autres chakras. Il nous permet de déceler nos carences physiques, nos problèmes de santé, de comprendre nos problèmes affectifs, sexuels, intellectuels et spirituels.

C'est par le chakra de la gorge que l'on peut se mettre en recherche de la sincérité, de la manifestation de la vérité et de l'objectivité, traquer les mensonges, ceux que l'on se fait à soi ou et ceux que l'on essaie de faire

croire aux autres.
C'est aussi le chakra de la transmission du savoir, le chakra privilégié de l'enseignant, du formateur, du conférencier, de l'enseignant face à ses élèves, du maître artisan face à son apprenti.
C'est encore le lieu de passage de l'air, que nous respirons, source de l'oxygène vital pour notre organisme, et de la nourriture qui alimente notre corps.
Comme le chakra de la gorge est relié au thymus et à la parathyroïde, il gouverne toute la zone et les organes avoisinants, depuis les poumons, la cavité buccale, jusqu'aux oreilles et yeux, et à la moelle cervicale. Le chakra de la gorge contrôle donc les muscles du cou, les vertèbres cervicales, la mâchoire, la langue, les cordes vocales, le pharynx et le larynx, les bronches, l'œsophage et, bien sûr, les oreilles.
Il agit aussi directement sur les bras et les mains, outils traditionnels indispensables de communication, particulièrement dans les civilisations latines.
Il est le garant du bon développement physique et intellectuel, lors de la croissance, par l'acquisition des savoirs transmis, que ce soit une transmission orale, écrite ou audiovisuelle.
Il régularise le métabolisme du corps, la transformation des aliments et de l'air en énergie, la consommation énergétique des organes et des muscles.
Lorsque ce chakra est noué ou bloqué, comme ces personnes ne sont pas suffisamment à l'écoute de leur propre corps, elles sont incapables de percevoir les signes annonciateurs des maladies ou des dysfonctionnements pathologiques avant un déclenchement grave. Elles n'ont aucun sens de la prévention.
Les pathologies que l'on rencontre couramment dans ce cas sont des inflammations des amygdales, des angines à répétition, de l'asthme, des bronchites, des douleurs de la nuque, de l'hyperthyroïdie, une langue chargée, des problèmes respiratoires, une capacité auditive médiocre, des toux chroniques.

Les principales propriétés énergétiques de votre pierre

Certains auteurs prétendent que le larimar serait de la pectolite, mais les pectolites que je connais sont de petits cristaux fragiles, incolores ou jaune paille. Néanmoins, une pectolite blanche opaque aurait été découverte récemment au Mexique. Sa structure ressemble beaucoup à celle du larimar. On pourrait imaginer que cette pectolite blanche puisse être teintée par un procédé chimique pour produire du larimar. Le larimar pourrait être une variante de pectolite, mais comme il n'est que rarement répertorié dans les ouvrages de minéralogie, cela pose un problème de traçabilité.
Gisements : île de Saint-Domingue. La rumeur voudrait que ce soit le seul gisement au monde et que le site serait inaccessible. Impossible donc de voir la veine de larimar dans la roche-mère du gisement et de vérifier les informations fournies par les marchands américains, allemands et hollandais qui vendent cette pierre en exclusivité à des prix rédhibitoires que rien ne

justifie. Si j'étais de mauvaise foi, je me demanderais où se trouve l'usine de larimar…
La pierre des Atlantes (d'après les prospectus des marchands). Le récit de Platon sur « La Légende de l'Atlantide » nous situait ce continent mythique plutôt en Méditerranée et les scientifiques contemporains à l'emplacement du volcan Santorin.
Symboliquement, ce sont de doux cumulus dans un ciel serein, la forme éthérée de la matière, la métamorphose. Chez les chrétiens, c'est la Vierge Marie.
Bien qu'étant très dubitatif sur les origines du Larimar, à tel point que j'avais refusé d'en faire mention dans le premier Dictionnaire des Pierres utilisées en lithothérapie paru en 1992, je conviens néanmoins que cette pierre ne manque pas de qualités.
Elle agit sur les cartilages et facilite les mouvements des articulations.
Elle est douce, maternelle, poétique, apaisante. C'est l'élégance de l'âme.
Elle est fluide, comme l'eau des mers du sud, comme un ciel aux filaments argentés de mousselines. Elle est candide, innocente et pure.
C'est une pierre très intuitive, mais quelque peu naïve.

Ca Na

Les oligoéléments utiles en soins : le calcium (Ca), et le sodium (Na)

Bien que ces deux oligoéléments soient intéressants, leur association ne permet pas de pratiquer des soins suffisamment précis en oligothérapie.

CONCLUSIONS

Le tirage de cette carte peut laisser supposer que vous auriez parfois tendance à subir des attitudes de sacrifice qui vous empêchent de prendre votre vie en main.
Le larimar vous aidera à vous débarrasser d'anciens schémas de vie qui vous inciteraient à croire que seule la souffrance vous était dévolue.

Avec le larimar vous pourrez vous débarrasser de vos peurs. Vous retrouverez une réflexion constructive qui vous donnera un nouvel élan pour une vie créative.

Il vous ouvrira le champ des possibles en vous procurant le sentiment de plénitude et la sérénité nécessaire pour enfin bénéficier des bons côtés de votre vie.

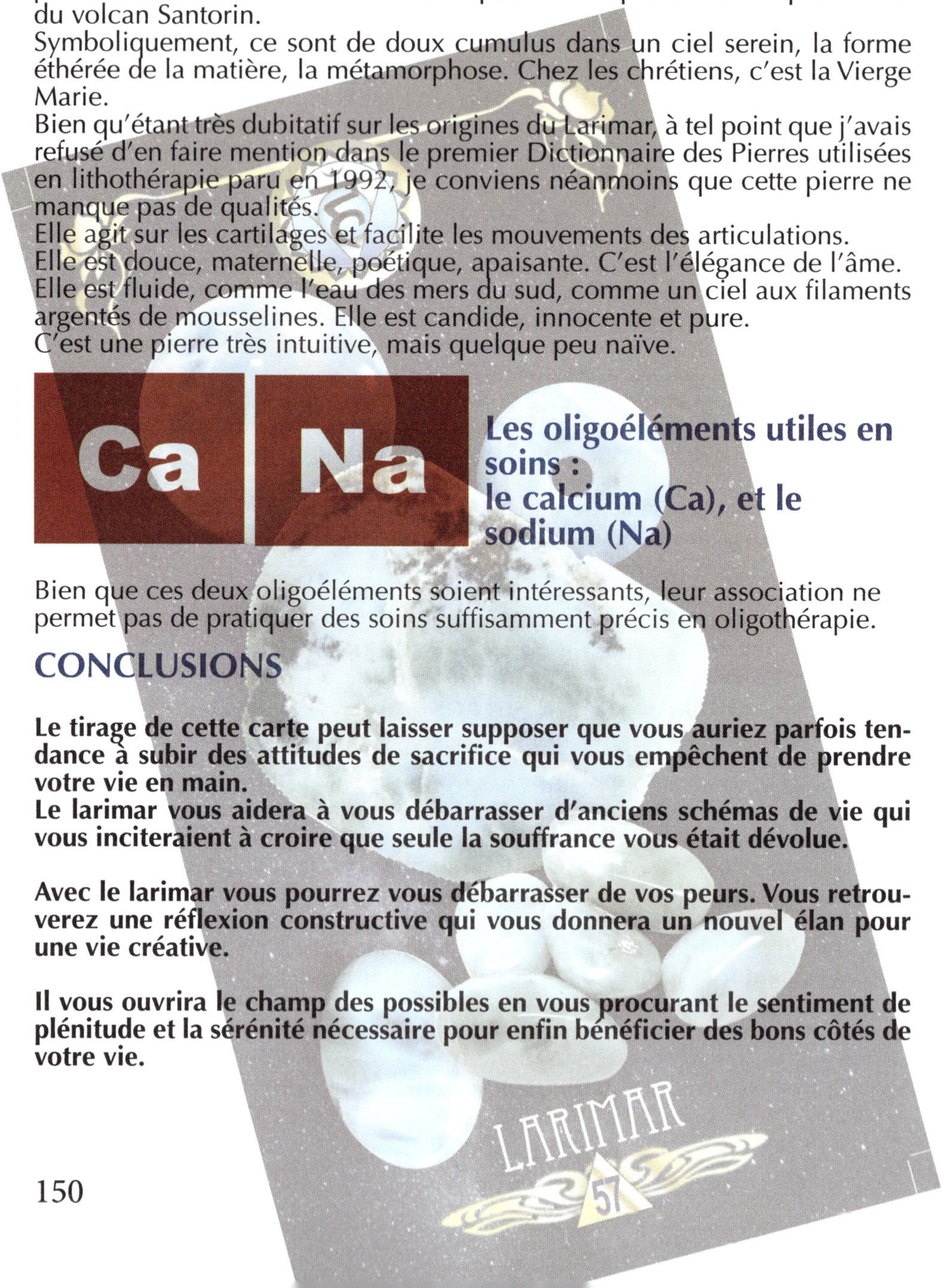

CARTE N°58
TOPAZE BLEUE

Les fonctions du chakra correspondant : Chakrade la Gorge

Le chakra de la gorge est le chakra de la communication : il est le siège du langage articulé, de la capacité d'expression, de la faculté de bien communiquer avec autrui car il régit l'énergie akashique, le médium vibratoire par lequel se propagent les sons.
Il est le point par lequel tout ce que nous ressentons sera transmis à l'extérieur : les sentiments, les désirs, les émotions, les raisonnements, les interrogations, etc. Cette particularité fait du chakra de la gorge le porte-parole de tous les autres chakras.
Mais la communication ne se fait pas uniquement par le langage articulé : le chakra de la gorge agit aussi sur nos gestes, nos attitudes, les mouvements de notre corps, de notre visage et de nos yeux.
Il contribue à notre expression artistique et littéraire, développe notre faculté de création et toutes choses signifiantes que nous allons transmettre à notre entourage, consciemment ou inconsciemment.
La communication n'est pas à sens unique. C'est la raison pour laquelle notre sens de l'ouïe est directement relié au chakra de la gorge. C'est lui qui nous confère nos capacités d'écoute et de compréhension. Notre capacité d'écoute ne doit pas seulement s'exercer vis à vis de notre entourage. Elle doit nous permettre d'être en phase avec notre corps autant qu'avec notre esprit. En effet, le chakra de la gorge est en communication constante avec les autres chakras. Il nous permet de déceler nos carences physiques, nos problèmes de santé, de comprendre nos problèmes affectifs, sexuels, intellectuels et spirituels.
C'est par le chakra de la gorge que l'on peut se mettre en recherche de la sincérité, de la manifestation de la vérité et de l'objectivité, traquer les mensonges, ceux que l'on se fait à soi ou et ceux que l'on essaie de faire

croire aux autres.
C'est aussi le chakra de la transmission du savoir, le chakra privilégié de l'enseignant, du formateur, du conférencier, de l'enseignant face à ses élèves, du maître artisan face à son apprenti.
C'est encore le lieu de passage de l'air, que nous respirons, source de l'oxygène vital pour notre organisme, et de la nourriture qui alimente notre corps.
Comme le chakra de la gorge est relié au thymus et à la parathyroïde, il gouverne toute la zone et les organes avoisinants, depuis les poumons, la cavité buccale, jusqu'aux oreilles et yeux, et à la moelle cervicale. Le chakra de la gorge contrôle donc les muscles du cou, les vertèbres cervicales, la mâchoire, la langue, les cordes vocales, le pharynx et le larynx, les bronches, l'œsophage et, bien sûr, les oreilles.
Il agit aussi directement sur les bras et les mains, outils traditionnels indispensables de communication, particulièrement dans les civilisations latines.
Il est le garant du bon développement physique et intellectuel, lors de la croissance, par l'acquisition des savoirs transmis, que ce soit une transmission orale, écrite ou audiovisuelle.
Il régularise le métabolisme du corps, la transformation des aliments et de l'air en énergie, la consommation énergétique des organes et des muscles.
Lorsque ce chakra est noué ou bloqué, comme ces personnes ne sont pas suffisamment à l'écoute de leur propre corps, elles sont incapables de percevoir les signes annonciateurs des maladies ou des dysfonctionnements pathologiques avant un déclenchement grave. Elles n'ont aucun sens de la prévention.
Les pathologies que l'on rencontre couramment dans ce cas sont des inflammations des amygdales, des angines à répétition, de l'asthme, des bronchites, des douleurs de la nuque, de l'hyperthyroïdie, une langue chargée, des problèmes respiratoires, une capacité auditive médiocre, des toux chroniques.

Les principales propriétés énergétiques de votre pierre

Symboliquement, la topaze bleue; c'est l'initiation, comprise en tant que mort et renaissance.
On confond souvent la topaze bleue avec l'aigue-marine, surtout quand elle est facettée pour la joaillerie. Au Brésil, les petits marchands des rues en ont fait une spécialité pour abuser les touristes candides: la topaze bleue est beaucoup moins chère que l'aigue-marine.
Il est vrai que, sur le plan énergétique, la topaze bleue a des vertus proches bien qu'elle soit moins puissante.
Un cristal brut de topaze bleue naturelle est généralement d'un bleu très pâle et sa forme de cristallisation ne saurait être confondue avec celle de l'aigue-marine.
Elle favorise un sommeil calme. Elle est relaxante et apaisante.
Elle stabilise les surdités évolutives.

C'est une pierre douce et généreuse qui aide au dialogue, à l'expression orale, à l'écoute des autres. De ce point de vue, elle contribue à une bonne communication entre les personnes et fait découvrir l'amitié vraie, profonde et durable.

En éliminant les tensions consécutives du doute, elle donne aux timides la capacité de s'exprimer avec simplicité.

C'est une pierre de savoir et de tolérance, de détachement des choses matérielles et de générosité.

Elle s'oppose à l'ignorance et au repli sur soi, au fanatisme, à l'envie, à la jalousie. Elle est sincère et honnête. Elle chasse l'hypocrisie et la mauvaise foi. Elle stimule l'imagination et la créativité artistique. Elle nettoie l'esprit de ses tendances colériques, un peu comme si elle chassait les gros nuages noirs d'un ciel serein. Elle est pure, intuitive, en connexion avec les Forces Cosmiques qui la nourrissent en valeurs morales.

Al

L'oligoélément utile en soins : l'aluminium (Al)

On en trouve essentiellement dans les os, les poumons et le foie.

Une carence en aluminium peut entraîner des pathologies similaires à une carence en vitamine B1, et notamment asthénie, anorexie, insuffisance cardiaque, problèmes neurologiques, irritabilité, troubles de la mémoire, difficultés de concentration.

L'aluminium agit essentiellement au niveau du système nerveux. Il est donc prescrit dans les cas de difficultés de concentration et de tensions nerveuses qui génèrent du stress, de l'anxiété, des insomnies. Ces tensions peuvent générer des troubles gastriques et de l'acidité. L'aluminium est un excellent antiacide.

Chez l'enfant hypoactif, l'aluminium contribue à un développement harmonieux et stimule ses capacités cognitives. Chez l'enfant agité comme chez l'adulte stressé, l'aluminium permettra de trouver le sommeil plus facilement. On pourra l'associer au manganèse.

CONCLUSIONS

Cette carte peut laisser supposer que vous exercez une activité artistique et que vous manquez d'inspiration ou que vos aimeriez développer un don artistique que vous appréhendez quelque peu.

La topaze bleue chassera les doutes qui vous empêchent de développer une créativité imaginative et sincère.

Elle vous fera découvrir ou redécouvrir toute la richesse de vos images intérieures en vous autorisant à les exprimer.

Elle vous reconnectera à force cosmique.

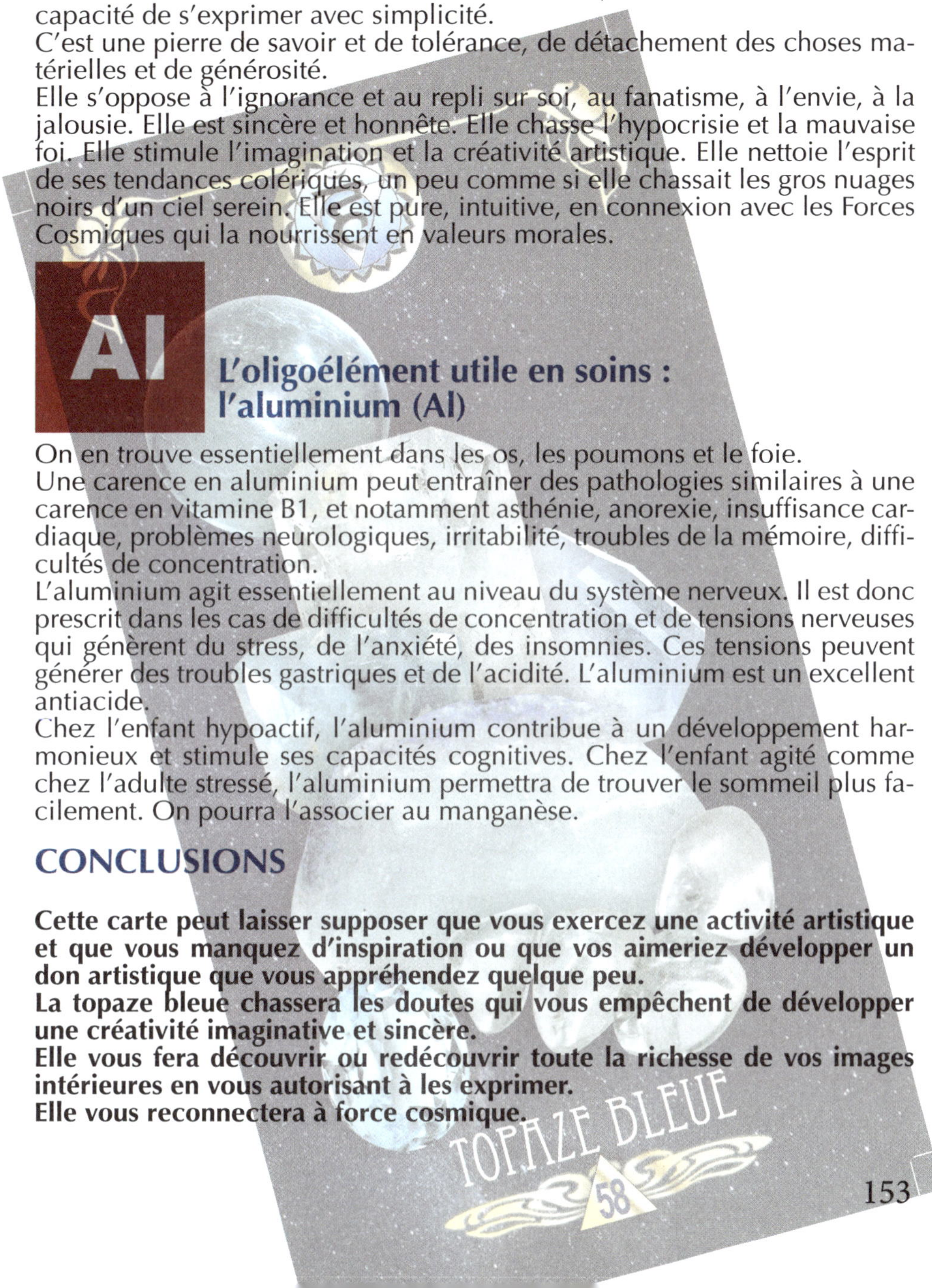

CARTE N°60
AMÉTRINE

Les fonctions du chakra correspondant : Chakra du troisième œil

Irrigué d'énergie spirituelle pure, sorte de synthèse supérieure des cinq éléments matériels, le chakra du troisième œil représente la vision de la Volonté divine, laquelle est impérative : il s'agit bien du chakra du commandement. Il introduit l'action (le *karma*) qui oriente l'ego vers la réalisation de ses désirs, tissant ainsi les liens puissants du karma en tant que loi de cause à effet.
Le chakra du troisième œil est très cérébral : c'est par lui que tout ce qui concerne l'esprit se manifeste. Il est le siège de l'intelligence, des capacités d'analyse et de synthèse, de la mémoire, des perceptions sensorielles, aussi bien organiques qu'émotionnelles, des idées, de l'imagination, de la créativité, et de la volonté.

Il filtre les perceptions que l'on reçoit et les intègre grâce au savoir, aux concepts socioculturels acquis, aux sentiments innés, à la spiritualité, et à l'intuition.
Le chakra du troisième œil agit tout autant sur le plan physique que sur le plan spirituel. Il est le centre de la prise de conscience spirituelle autant que matérielle, intellectuelle autant que physique. Il est donc le garant de notre propre évolution sur de nombreux plans car c'est par lui que se développent les perceptions extra-sensorielles comme l'intuition, la clairvoyance, les capacités télépathiques. Bien irrigué en énergies, il peut apporter de grands changements dans notre vie. La plupart des gens n'ont pas tout à fait conscience que leur chakra du troisième œil fonctionne harmonieusement mais il est certain que c'est par un travail introspectif régulier que l'on peut l'irriguer en énergies et l'ouvrir en grand, en s'ouvrant à la conscience et à la sagesse. On peut ainsi atteindre un haut niveau de compétences dans des domaines complexes comme la recherche scientifique, acquérir une maîtrise et la compréhension des

concepts philosophiques, mathématiques ou théologiques.
Mais restons modestes et contentons nous d'essayer de donner un éclairage objectif sur nos projets : il perçoit la partie invisible des choses, les qualités et les pièges cachés. Il vous guidera vers la concrétisation réussite d'idées que vous avez eues intuitivement. C'est ainsi que vous maîtriserez mieux vos projets d'avenir tout en tenant compte de la mémoire que vous avez a des expériences de votre passé.
Le sixième chakra est bien le chakra du sixième sens…
Le chakra du troisième œil est relié au corps pituitaire et gouverne le cerveau bas, les yeux et le système nerveux, mais aussi la mémoire et l'usage conscient des diverses fonctions cérébrales. Le troisième œil contrôle le système nerveux céphalorachidien, celui qui commande les actes volontaires. Il stimule les fonctions glandulaires et régule les sécrétions.
Il agit par proximité sur le visage, sur ses expressions, son harmonie, sur le nez et les sinus, les yeux, les oreilles, aussi bien en matière de perceptions sensitives que sur un plan extrasensoriel, l'oreille interne, le cervelet et le sens de l'équilibre.
Lorsque le chakra du troisième œil est hyperactif, la personne est souvent atteinte d'une sorte de surexcitation diffuse qui peut s'exprimer par des cauchemars fréquents, des vertiges et des migraines, sans compter avec les pathologies liées à l'usage de stupéfiants, ces drogues qui, parait-il, permettent un élargissement de la conscience et qui, en fait, ne font que dévier l'esprit de ses responsabilités et du sens des réalités. Quand, au contraire, les énergies manquent de fluidité sur ce chakra, on a pu constater de nombreux cas de troubles de la vision et des sinusites chroniques.
Le chakra du troisième œil régit l'intellect supérieur, avec ses attributs de foi, clairvoyance, discrimination et analyse. Mais, alors qu'au niveau du chakra du plexus solaire ces fonctions sont orientées vers des résultats objectifs ancrés dans le monde extérieur, ici, toute l'énergie de la connaissance est orientée vers l'intériorité de plus en plus absolue. Il représente la discipline, les choix sélectifs, les buts à long terme.
Lorsque ce chakra présente une carence dans les flux énergétiques qui devraient le traverser, on se trouve en présence de personnes dont les schémas de pensée sont nébuleux. Leurs intuitions sont brèves et contradictoires, difficilement assimilables. Elles ne ressentent ou n'acceptent jamais la moindre perception extrasensorielle. Il s'agit de personnes incapables de s'impliquer et qui s'en déresponsabilisent sans qu'elles soient réellement détachées des réalités. Chez elles, ni intuition, ni sens logique. Leurs sens de l'ego est imprécis : elles sont capables de s'identifier spontanément avec d'autres personnes : leur alter ego, c'est tout le monde et n'importe qui. Elles méconnaissent leur moi profond et n'ont aucune prédisposition pour l'incarnation. C'est pourquoi elle développent parallèlement un complexe d'infériorité et un comportement de suiveur. Comme elles ont tendance à adhérer aux idées toutes faites et aux préjugés, leur manque de personnalité, d'esprit critique,

de caractère et de libre arbitre les engage vers une fascination pour les champs clos et limités des sectes ou des mouvements religieux fondamentalistes. C'est assez logique, dans la mesure ou leur manque de curiosité fait qu'elles sont incapables d'intellectualiser. Elles montrent un franc désintérêt pour la culture, le savoir et les sciences.
Lorsque le chakra du troisième œil est bien épanoui, on acquiert le sens des harmoniques universelles avec leurs résonances et leurs correspondances. On transcende alors les entraves sensorielles et les logiques usuelles. Cela permet de libérer l'intuition spirituelle pure, au delà du temps et de l'espace. On ouvre ainsi la perception vers les plans subtils. On a une vision claire de l'interconnexion entre les divers plans de la réalité. On a désormais accès à la lecture des annales akashiques, à l'inspiration transpersonnelle et au schéma évolutif de l'humanité. Avec une clairvoyance et une vision unifiées.
C'est ainsi que l'on a accès à une vision cohérente de l'avenir.

Les principales propriétés énergétiques de votre pierre

Bien que, contrairement aux croyances communes, l'amétrine ne contienne pas de citrine, elle regroupe sur le plan énergétique les qualités de deux pierres : l'améthyste et la citrine.
Au chakra du plexus solaire, elle aide l'organisme à repousser les douleurs ressenties au niveau de la ceinture abdominale (coliques néphrétiques, crises de foie, douleurs gastriques, crises d'appendicite, aérophagie).
Comme elle contient dans la même pierre les deux couleurs principales du chakra du troisième œil (violet et jaune), c'est sa pierre de prédilection. Elle estompe les troubles liés à la dyslexie. Elle apaise les émotions, calme les montées d'adrénaline en cas de choc émotionnel violent. Elle aide l'esprit à relativiser.
Elle favorise la créativité humoristique, une imagination dynamique et détendue, les méditations dans la bonne humeur, une bonne acuité intellectuelle. Elle anime l'esprit en vue d'une méditation spirituelle au chakra coronal, favorise la justesse de formulation de ses propres interrogations. C'est la pierre d'un engagement spirituel du type sacerdotal car elle favorise l'élévation de l'âme et l'accession à la sagesse.
Les professions dans lesquelles il peut se produire des chocs émotionnels provoquant des montées d'adrénaline : pilotes de course, alpinistes, et toute profession confrontée à des dangers subits.

Si

L'oligoéléments utile en soins : le silicium (Si)

Le silicium est le principal composant du collagène. Il permet l'assemblage

de toutes les cellules du corps. C'est dans l'artère aorte, dans la peau et le thymus que l'on trouve les plus grandes concentrations de silicium. Son taux diminue avec l'âge dans des proportions importantes, engendrant une perte d'élasticité et une rigidification, d'où un risque sérieux d'hypertension artérielle, voire de rupture de vaisseaux sanguins.
Les globules blancs sont gros consommateurs de silicium. Ce sont les meilleurs défenseurs de notre organisme contre les infections microbiennes. Le silicium participe donc activement à nos défenses immunitaires naturelles, d'autant plus qu'il est impliqué dans la synthèse des anticorps.
Le silicium favorise la fixation du calcium dans les os et les dents, surtout en période de croissance des enfants, chez la femme enceinte, allaitante ou en période de ménopause pour contrer les risques d'ostéoporose, et chez les personnes âgées.
Le taux de silicium devrait être surveillé chez les personnes qui ont des activités sportives, car elles risquent de multiples incidents dus à une carence claquages musculaires, tendinites, entorses et microfractures.
Les os, les tendons, les ligaments et les muscles ont besoin de conserver toute leur élasticité tributaire de la présence de silicium dans le collagène et l'élastine.
Bon stimulateur des glandes endocrines, le silicium contribue à un développement harmonieux du système nerveux et préserve des risques de déficience intellectuelle, de pertes de mémoire et d'atonie cérébrale, surtout en période de croissance.
Le silicium a un effet diurétique puissant. Il est recommandé aux personnes qui ont de la cellulite et qui font de la rétention d'eau.
La présence de silicium dans la peau aide à la conserver en bon état et contribue à la réparation des blessures et des inflammations en facilitant la cicatrisation.

CONCLUSIONS

En tirant cette carte, on pourrait déduire que vous avez quelques difficultés à trouver un équilibre entre l'intellect et la spiritualité. Il semblerait que auriez souvent tendance à opposer ces deux notions.

Sachez qu'elles ne sont pas conflictuelles et qu'elles peuvent très bien cohabiter en bonne intelligence pour vous engager dans la recherche de votre moi profond.

L'amétrine vous apportera la lucidité et le dynamisme pour harmoniser perceptions subtiles et vos actions.

Avec l'amétrine vous pouvez sans craintes vous ouvrir à une spiritualité épanouie sans jamais vous écarter d'une réalité construite avec un bon esprit de synthèse.

CARTE N°61
AZURITE

Les fonctions du chakra correspondant : Chakra du troisième œil

Irrigué d'énergie spirituelle pure, sorte de synthèse supérieure des cinq éléments matériels, le chakra du troisième œil représente la vision de la Volonté divine, laquelle est impérative : il s'agit bien du chakra du commandement. Il introduit l'action (le *karma*) qui oriente l'ego vers la réalisation de ses désirs, tissant ainsi les liens puissants du karma en tant que loi de cause à effet.
Le chakra du troisième œil est très cérébral : c'est par lui que tout ce qui concerne l'esprit se manifeste. Il est le siège de l'intelligence, des capacités d'analyse et de synthèse, de la mémoire, des perceptions sensorielles, aussi bien organiques qu'émotionnelles, des idées, de l'imagination, de la créativité, et de la volonté. Il filtre les perceptions que l'on reçoit et les intègre grâce au savoir, aux concepts socioculturels acquis, aux sentiments innés, à la spiritualité, et à l'intuition.
Le chakra du troisième œil agit touta autant sur le plan physque que sur le plan spirituel. Il est le centre de la prise de conscience spiritelle autant que matérielle, intellectuelle autant que physique. Il est donc le garant de notre propre évolution sur de nombreux plans car c'est par lui que se développent les perceptions extra-sensorielles comme l'intuition, la clairvoyance, les capacités télépathiques. Bien irrigué en énergies, il peut apporter de grands changements dans notre vie. La plupart des gens n'ont pas tout à fait conscience que leur chakra du troisième œil fonctionne harmonieusement mais il est certain que c'est par un travail introspectif régulier que l'on peut l'irriguer en énergies et l'ouvrir en grand, en s'ouvrant à la conscience et à la sagesse. On peut ainsi atteindre un haut niveau de compétences dans des domaines complexes comme la recherche scientifique, acquérir une maîtrise et la compréhension des concepts philosophiques, mathématiques ou théologiques.
Mais restons modestes et contentons nous d'essayer de donner un éclairage

objectif sur nos projets : il perçoit la partie invisible des choses, les qualités et les pièges cachés. Il vous guidera vers la concrétisation réussite d'idées que vous avez eues intuitivement. C'est ainsi que vous maîtriserez mieux vos projets d'avenir tout en tenant compte de la mémoire que vous avez a des expériences de votre passé.

Le sixième chakra est bien le chakra du sixième sens…

Le chakra du troisième œil est relié au corps pituitaire et gouverne le cerveau bas, les yeux et le système nerveux, mais aussi la mémoire et l'usage conscient des diverses fonctions cérébrales. Le troisième œil contrôle le système nerveux céphalorachidien, celui qui commande les actes volontaires. Il stimule les fonctions glandulaires et régule les sécrétions.

Il agit par proximité sur le visage, sur ses expressions, son harmonie, sur le nez et les sinus, les yeux, les oreilles, aussi bien en matière de perceptions sensitives que sur un plan extrasensoriel, l'oreille interne, le cervelet et le sens de l'équilibre.

Lorsque le chakra du troisième œil est hyperactif, la personne est souvent atteinte d'une sorte de surexcitation diffuse qui peut s'exprimer par des cauchemars fréquents, des vertiges et des migraines, sans compter avec les pathologies liées à l'usage de stupéfiants, ces drogues qui, parait-il, permettent un élargissement de la conscience et qui, en fait, ne font que dévier l'esprit de ses responsabilités et du sens des réalités. Quand, au contraire, les énergies manquent de fluidité sur ce chakra, on a pu constater de nombreux cas de troubles de la vision et des sinusites chroniques.

Le chakra du troisième œil régit l'intellect supérieur, avec ses attributs de foi, clairvoyance, discrimination et analyse. Mais, alors qu'au niveau du chakra du plexus solaire ces fonctions sont orientées vers des résultats objectifs ancrés dans le monde extérieur, ici, toute l'énergie de la connaissance est orientée vers l'intériorité de plus en plus absolue. Il représente la discipline, les choix sélectifs, les buts à long terme.

Lorsque ce chakra présente une carence dans les flux énergétiques qui devraient le traverser, on se trouve en présence de personnes dont les schémas de pensée sont nébuleux. Leurs intuitions sont brèves et contradictoires, difficilement assimilables. Elles ne ressentent ou n'acceptent jamais la moindre perception extrasensorielle. Il s'agit de personnes incapables de s'impliquer et qui s'en déresponsabilisent sans qu'elles soient réellement détachées des réalités. Chez elles, ni intuition, ni sens logique. Leurs sens de l'ego est imprécis : elles sont capables de s'identifier spontanément avec d'autres personnes : leur alter ego, c'est tout le monde et n'importe qui. Elles méconnaissent leur moi profond et n'ont aucune prédisposition pour l'incarnation. C'est pourquoi elle développent parallèlement un complexe d'infériorité et un comportement de suiveur. Comme elles ont tendance à adhérer aux idées toutes faites et aux préjugés, leur manque de personnalité, d'esprit critique, de caractère et de libre arbitre les engage vers une fascination pour les champs clos et limités des sectes ou des mouvements religieux fondamen-

talistes. C'est assez logique, dans la mesure ou leur manque de curiosité fait qu'elles sont incapables d'intellectualiser. Elles montrent un franc désintérêt pour la culture, le savoir et les sciences.
Lorsque le chakra du troisième œil est bien épanoui, on acquiert le sens des harmoniques universelles avec leurs résonances et leurs correspondances. On transcende alors les entraves sensorielles et les logiques usuelles. Cela permet de libérer l'intuition spirituelle pure, au delà du temps et de l'espace. On ouvre ainsi la perception vers les plans subtils. On a une vision claire de l'interconnexion entre les divers plans de la réalité. On a désormais accès à la lecture des annales akashiques, à l'inspiration transpersonnelle et au schéma évolutif de l'humanité. Avec une clairvoyance et une vision unifiées.
C'est ainsi que l'on a accès à une vision cohérente de l'avenir.

Les principales propriétés énergétiques de votre pierre

L'azurite agit sur chacune des cellules de notre corps en leur insufflant la lumière et la connaissance universelle des forces cosmiques. L'azurite est, de ce fait, un fantastique régulateur de tout l'organisme dans sa structure la plus intime. De plus, elle agit indirectement sur la mémoire par l'addition de toutes les micromémoires de chacune des cellules du corps. Elle permet de détecter de façon quasi immédiate des dérèglements et des dysfonctionnements dont le corps a déjà eu à pâtir auparavant. Elle trouve le chemin des origines cachées d'un mal, contribue à établir un bilan, une carte énergétique précise de ces origines. L'azurite est le gardien préventif de l'organisme et nous met en état de veille thérapeutique. Elle combat efficacement les inflammations microbiennes grâce à sa forte teneur en cuivre.
C'est un puissant vecteur pour les guérisons à distance.
Elle transmet l'énergie psychique vers le plan physique pour restructurer le corps éthérique après une intervention chirurgicale. Elle est souveraine lors de convalescences postopératoires.
Les hypotendus doivent veiller à ne l'utiliser qu'avec modération.
L'azurite résorbe les troubles de la parole d'origine nerveuse.
C'est la pierre de l'Esprit Divin dont elle ouvre la porte grâce à son puissant rayonnement. Elle accroît les facultés extrasensorielles, active les zones supérieures de la pensée, illumine de lumière pure les pensées les plus cachées ou déguisées en vue d'une régénération, purifie l'esprit, harmonise le matériel et le spirituel. Elle nous permet ainsi de porter un regard neuf sur notre vie et notre destin, nous donne les moyens spirituels de les infléchir.
C'est un grand bond en avant pour le développement des capacités extrasensorielles, l'intuition, les dons de divination et de voyance, la communication télépathique.
Au chakra coronal, c'est le grand voyage astral, la fusion avec l'esprit divin et les forces cosmiques.
Les cristaux d'azurite sont des outils extrêmement puissants qu'il faut manier avec précautions et respect. Lorsque l'on travaille avec des cristaux d'azurite, l'emploi de la tourmaline noire est indispensable au niveau des

voûtes plantaires ou du chakra de la base afin que l'esprit qui s'aventure dans le maelström cosmique revienne au corps au moment désiré.
En radiesthésie, l'azurite est une pierre très utile car elle assure un lien direct avec les forces cosmiques qui le guideront sur les ramifications complexes des sentiers de la Vérité.

Cu

L'oligoélément utile en soins : l e cuivre (Cu)

Le cuivre est un oligoélément indispensable au développement de toute forme de vie et plus particulièrement chez les mammifères, car il est nécessaire à la formation de l'hémoglobine.
Il intervient dans les processus immunitaires. Un déficit en cuivre peut diminuer la résistance de l'organisme aux infections. Le cuivre agit aussi contre le stress oxydatif en empêchant la production de radicaux libres. Les radicaux libres sont des molécules instables qui peuvent endommager nos cellules. Les stress oxydatifs peuvent favoriser l'apparition des cancers, les affections dégénératives, les maladies cardiovasculaires, le syndrome d'Alzheimer et provoquer un vieillissement prématuré. Le cuivre facilite l'assimilation du fer. Des symptômes similaires à l'anémie peuvent être provoqués par un déficit en cuivre. Un déficit en cuivre peut aussi engendrer des anomalies osseuses, une dépigmentation de la peau, des complications lors de la croissance. On a également pu constater un développement anormal des taux de glucose et de cholestérol.
L'action du cuivre dans les traitements antirhumatismaux a été constatée en médecine thermale. Des cures d'eaux chargées en cuivre sont également bénéfiques sur des problèmes dermatologiques et en stomatologie.
Si le cuivre est indispensable à la production de spermatozoïdes, il peut aussi avoir un effet inhibiteur sur leur mobilité. C'est pourquoi il existe des stérilets en cuivre.
L'industrie pharmaceutique propose actuellement de nombreuses applications à base de cuivre pour ses vertus antiseptiques et antifongicides.

CONCLUSIONS

Tirer la carte de l'azurite n'est pas innocent: cela révèle le besoin irrépressible que vous avez de développer et de comprendre les messages subtils que vous recevez des forces cosmiques.
Apposée quotidiennement osée sur votre chakra du troisième œil chaque jour, elle vous conduira à la rencontre de l'Esprit divin dont elle ouvre la porte grâce à son puissant rayonnement. Elle développera vos facultés extrasensorielle et illuminera de lumière chacune des cellules de votre corps. Elle pourra même vous révéler les causes cachées d'un mal pour le magnifier et le transcender. Avec l'azurite, vous irez chercher des messages dans les forces cosmiques.
Ils vous serviront aussi bien pour vous-mêmes que pour vos proches.

CARTE N°62
HÉLIODORE

Les fonctions du chakra correspondant : Chakra du troisième œil

Irrigué d'énergie spirituelle pure, sorte de synthèse supérieure des cinq éléments matériels, le chakra du troisième œil représente la vision de la Volonté divine, laquelle est impérative : il s'agit bien du chakra du commandement. Il introduit l'action (le *karma*) qui oriente l'ego vers la réalisation de ses désirs, tissant ainsi les liens puissants du karma en tant que loi de cause à effet.

Le chakra du troisième œil est très cérébral : c'est par lui que tout ce qui concerne l'esprit se manifeste. Il est le siège de l'intelligence, des capacités d'analyse et de synthèse, de la mémoire, des perceptions sensorielles, aussi bien organiques qu'émotionnelles, des idées, de l'imagination, de la créativité, et de la volonté.

Il filtre les perceptions que l'on reçoit et les intègre grâce au savoir, aux concepts socioculturels acquis, aux sentiments innés, à la spiritualité, et à l'intuition.

Le chakra du troisième œil agit tout autant sur le plan physique que sur le plan spirituel. Il est le centre de la prise de conscience spirituelle autant que matérielle, intellectuelle autant que physique. Il est donc le garant de notre propre évolution sur de nombreux plans car c'est par lui que se développent les perceptions extra-sensorielles comme l'intuition, la clairvoyance, les capacités télépathiques. Bien irrigué en énergies, il peut apporter de grands changements dans notre vie. La plupart des gens n'ont pas tout à fait conscience que leur chakra du troisième œil fonctionne harmonieusement mais il est certain que c'est par un travail introspectif régulier que l'on peut l'irriguer en énergies et l'ouvrir en grand, en s'ouvrant à la conscience et à la sagesse. On peut ainsi atteindre un haut niveau de compétences dans des domaines complexes comme la recherche scientifique, acquérir une maîtrise et la compréhension des

concepts philosophiques, mathématiques ou théologiques.
Mais restons modestes et contentons nous d'essayer de donner un éclairage objectif sur nos projets: il perçoit la partie invisible des choses, les qualités et les pièges cachés. Il vous guidera vers la concrétisation réussite d'idées que vous avez eues intuitivement. C'est ainsi que vous maîtriserez mieux vos projets d'avenir tout en tenant compte de la mémoire que vous avez a des expériences de votre passé.
Le sixième chakra est bien le chakra du sixième sens...
Le chakra du troisième œil est relié au corps pituitaire et gouverne le cerveau bas, les yeux et le système nerveux, mais aussi la mémoire et l'usage conscient des diverses fonctions cérébrales. Le troisième œil contrôle le système nerveux céphalorachidien, celui qui commande les actes volontaires. Il stimule les fonctions glandulaires et régule les sécrétions.
Il agit par proximité sur le visage, sur ses expressions, son harmonie, sur le nez et les sinus, les yeux, les oreilles, aussi bien en matière de perceptions sensitives que sur un plan extrasensoriel, l'oreille interne, le cervelet et le sens de l'équilibre.
Lorsque le chakra du troisième œil est hyperactif, la personne est souvent atteinte d'une sorte de surexcitation diffuse qui peut s'exprimer par des cauchemars fréquents, des vertiges et des migraines, sans compter avec les pathologies liées à l'usage de stupéfiants, ces drogues qui, parait-il, permettent un élargissement de la conscience et qui, en fait, ne font que dévier l'esprit de ses responsabilités et du sens des réalités. Quand, au contraire, les énergies manquent de fluidité sur ce chakra, on a pu constater de nombreux cas de troubles de la vision et des sinusites chroniques.
Le chakra du troisième œil régit l'intellect supérieur, avec ses attributs de foi, clairvoyance, discrimination et analyse. Mais, alors qu'au niveau du chakra du plexus solaire ces fonctions sont orientées vers des résultats objectifs ancrés dans le monde extérieur, ici, toute l'énergie de la connaissance est orientée vers l'intériorité de plus en plus absolue. Il représente la discipline, les choix sélectifs, les buts à long terme.
Lorsque ce chakra présente une carence dans les flux énergétiques qui devraient le traverser, on se trouve en présence de personnes dont les schémas de pensée sont nébuleux. Leurs intuitions sont brèves et contradictoires, difficilement assimilables. Elles ne ressentent ou n'acceptent jamais la moindre perception extrasensorielle. Il s'agit de personnes incapables de s'impliquer et qui s'en déresponsabilisent sans qu'elles soient réellement détachées des réalités. Chez elles, ni intuition, ni sens logique. Leurs sens de l'ego est imprécis: elles sont capables de s'identifier spontanément avec d'autres personnes: leur alter ego, c'est tout le monde et n'importe qui. Elles méconnaissent leur moi profond et n'ont aucune prédisposition pour l'incarnation. C'est pourquoi elle développent parallèlement un complexe d'infériorité et un comportement de suiveur. Comme elles ont tendance à adhérer aux idées toutes faites et aux préjugés, leur manque de personnalité, d'esprit critique,

de caractère et de libre arbitre les engage vers une fascination pour les champs clos et limités des sectes ou des mouvements religieux fondamentalistes. C'est assez logique, dans la mesure ou leur manque de curiosité fait qu'elles sont incapables d'intellectualiser. Elles montrent un franc désintérêt pour la culture, le savoir et les sciences.
Lorsque le chakra du troisième œil est bien épanoui, on acquiert le sens des harmoniques universelles avec leurs résonances et leurs correspondances. On transcende alors les entraves sensorielles et les logiques usuelles. Cela permet de libérer l'intuition spirituelle pure, au delà du temps et de l'espace. On ouvre ainsi la perception vers les plans subtils. On a une vision claire de l'interconnexion entre les divers plans de la réalité. On a désormais accès à la lecture des annales akashiques, à l'inspiration transpersonnelle et au schéma évolutif de l'humanité. Avec une clairvoyance et une vision unifiées.
C'est ainsi que l'on a accès à une vision cohérente de l'avenir.

Les principales propriétés énergétiques de votre pierre

Symboliquement, c'est la pierre du soleil à son zénith.
L'héliodore jaune doré est très dynamisant. Il possède des vertus identiques à celles de la citrine mais avec une puissance infiniment plus grande.
L'héliodore jaune teinté de vert est idéal dans l'environnement d'une pièce, il contribue aussi bien à la bonne santé des plantes vertes qu'à celle des personnes ou des animaux qui y vivent.
C'est une excellente prévention contre de nombreuses maladies et un gage de bonne santé car, en assurant le lien entre le chakra du cœur et le chakra du plexus solaire, l'Héliodore apporte la purification spirituelle en même temps que la chaleur solaire par le chakra du cœur qui nous apprend à nous aimer. On distribue ainsi amour et chaleur à tout notre organisme.
C'est une pierre d'enthousiasme et de gaieté partagée, très extravertie (chakra du plexus solaire).
Au chakra du troisième œil, c'est sur le plan intellectuel qu'il agit : un cristal d'héliodore jaune, bien cristallisé en hexagone, est une merveille pour la structuration de la pensée. Créativité enthousiaste, fluidification des liens entre les banques de données du cerveau et ses zones de création : l'héliodore agit sur la mémoire en la structurant pour en tirer les éléments nécessaires à une nouvelle création, qu'elle soit technologique ou artistique, immatérielle et poétique ou matérielle et concrète. Il assemble les éléments utiles, les analyse et les synthétise avec virtuosité et précision. L'héliodore hexagonal jaune doré est bien la pierre qui structure le cerveau.
De plus, l'héliodore installe des relations de confiance là où la méfiance règne : il permet de s'ouvrir à l'autre sans baisser sa garde et de rayonner de bonnes énergies positives, gages de confiance.
Il stimulerait le don de prophétie.
On peut le recommander à toutes les professions qui nécessitent une bonne structuration de l'esprit, de la vivacité et de la mémoire.

Al L'oligoélément utile en soins : l'aluminium (Al)

On en trouve essentiellement dans les os, les poumons et le foie.
Une carence en aluminium peut entraîner des pathologies similaires à une carence en vitamine B1, et notamment asthénie, anorexie, insuffisance cardiaque, problèmes neurologiques, irritabilité, troubles de la mémoire, difficultés de concentration.
L'aluminium agit essentiellement au niveau du système nerveux. Il est donc prescrit dans les cas de difficultés de concentration et de tensions nerveuses qui génèrent du stress, de l'anxiété, des insomnies. Ces tensions peuvent générer des troubles gastriques et de l'acidité. L'aluminium est un excellent antiacide.
Chez l'enfant hypoactif, l'aluminium contribue à un développement harmonieux et stimule ses capacités cognitives. Chez l'enfant agité comme chez l'adulte stressé, l'aluminium permettra de trouver le sommeil plus facilement. On pourra l'associer au manganèse.

CONCLUSIONS

Avec cette carte, vous venez de d'illuminer votre esprit de la puissante lumière purificatrice du soleil.

Elle révèle votre besoin de vous rapprocher de l'archétype du père spirituel.

En effet, l'héliodore vous permettra de réparer votre vision du père et de toute votre lignée masculine. Il vous apportera l'autorité naturelle qui magnifiera votre charisme.

Il structure si bien la pensée qu'avec lui aucune digression n'est possible. Il centre l'esprit, le clarifie, en chasse les brumes du doute et développe l'amour de soi pour faire rayonner vos facultés de guérison tout autour de vous.

CARTE N°63
QUARTZ RUTILÉ

Les fonctions du chakra correspondant : Chakra du troisième œil

Irrigué d'énergie spirituelle pure, sorte de synthèse supérieure des cinq éléments matériels, le chakra du troisième œil représente la vision de la Volonté divine, laquelle est impérative : il s'agit bien du chakra du commandement. Il introduit l'action (le *karma*) qui oriente l'ego vers la réalisation de ses désirs, tissant ainsi les liens puissants du karma en tant que loi de cause à effet.

Le chakra du troisième œil est très cérébral : c'est par lui que tout ce qui concerne l'esprit se manifeste. Il est le siège de l'intelligence, des capacités d'analyse et de synthèse, de la mémoire, des perceptions sensorielles, aussi bien organiques qu'émotionnelles, des idées, de l'imagination, de la créativité, et de la volonté.

Il filtre les perceptions que l'on reçoit et les intègre grâce au savoir, aux concepts socioculturels acquis, aux sentiments innés, à la spiritualité, et à l'intuition.

Le chakra du troisième œil agit tout autant sur le plan physique que sur le plan spirituel. Il est le centre de la prise de conscience spirituelle autant que matérielle, intellectuelle autant que physique. Il est donc le garant de notre propre évolution sur de nombreux plans car c'est par lui que se développent les perceptions extra-sensorielles comme l'intuition, la clairvoyance, les capacités télépathiques. Bien irrigué en énergies, il peut apporter de grands changements dans notre vie.

La plupart des gens n'ont pas tout à fait conscience que leur chakra du troisième œil fonctionne harmonieusement mais il est certain que c'est par un travail introspectif régulier que l'on peut l'irriguer en énergies et l'ouvrir en grand, en s'ouvrant à la conscience et à la sagesse. On peut ainsi atteindre un haut niveau de compétences dans des domaines complexes comme la recherche scientifique, acquérir une maîtrise et la compréhension des

concepts philosophiques, mathématiques ou théologiques.
Mais restons modestes et contentons nous d'essayer de donner un éclairage objectif sur nos projets : il perçoit la partie invisible des choses, les qualités et les pièges cachés. Il vous guidera vers la concrétisation réussite d'idées que vous avez eues intuitivement. C'est ainsi que vous maîtriserez mieux vos projets d'avenir tout en tenant compte de la mémoire que vous avez a des expériences de votre passé.
Le sixième chakra est bien le chakra du sixième sens...
Le chakra du troisième œil est relié au corps pituitaire et gouverne le cerveau bas, les yeux et le système nerveux, mais aussi la mémoire et l'usage conscient des diverses fonctions cérébrales. Le troisième œil contrôle le système nerveux céphalorachidien, celui qui commande les actes volontaires. Il stimule les fonctions glandulaires et régule les sécrétions.
Il agit par proximité sur le visage, sur ses expressions, son harmonie, sur le nez et les sinus, les yeux, les oreilles, aussi bien en matière de perceptions sensitives que sur un plan extrasensoriel, l'oreille interne, le cervelet et le sens de l'équilibre.
Lorsque le chakra du troisième œil est hyperactif, la personne est souvent atteinte d'une sorte de surexcitation diffuse qui peut s'exprimer par des cauchemars fréquents, des vertiges et des migraines, sans compter avec les pathologies liées à l'usage de stupéfiants, ces drogues qui, parait-il, permettent un élargissement de la conscience et qui, en fait, ne font que dévier l'esprit de ses responsabilités et du sens des réalités. Quand, au contraire, les énergies manquent de fluidité sur ce chakra, on a pu constater de nombreux cas de troubles de la vision et des sinusites chroniques.
Le chakra du troisième œil régit l'intellect supérieur, avec ses attributs de foi, clairvoyance, discrimination et analyse. Mais, alors qu'au niveau du chakra du plexus solaire ces fonctions sont orientées vers des résultats objectifs ancrés dans le monde extérieur, ici, toute l'énergie de la connaissance est orientée vers l'intériorité de plus en plus absolue. Il représente la discipline, les choix sélectifs, les buts à long terme.
Lorsque ce chakra présente une carence dans les flux énergétiques qui devraient le traverser, on se trouve en présence de personnes dont les schémas de pensée sont nébuleux. Leurs intuitions sont brèves et contradictoires, difficilement assimilables. Elles ne ressentent ou n'acceptent jamais la moindre perception extrasensorielle. Il s'agit de personnes incapables de s'impliquer et qui s'en déresponsabilisent sans qu'elles soient réellement détachées des réalités. Chez elles, ni intuition, ni sens logique. Leurs sens de l'ego est imprécis : elles sont capables de s'identifier spontanément avec d'autres personnes : leur alter ego, c'est tout le monde et n'importe qui. Elles méconnaissent leur moi profond et n'ont aucune prédisposition pour l'incarnation. C'est pourquoi elle développent parallèlement un complexe d'infériorité et un comportement de suiveur. Comme elles ont tendance à adhérer aux idées toutes faites et aux préjugés, leur manque de personnalité, d'esprit critique,

de caractère et de libre arbitre les engage vers une fascination pour les champs clos et limités des sectes ou des mouvements religieux fondamentalistes. C'est assez logique, dans la mesure ou leur manque de curiosité fait qu'elles sont incapables d'intellectualiser. Elles montrent un franc désintérêt pour la culture, le savoir et les sciences.
Lorsque le chakra du troisième œil est bien épanoui, on acquiert le sens des harmoniques universelles avec leurs résonances et leurs correspondances. On transcende alors les entraves sensorielles et les logiques usuelles. Cela permet de libérer l'intuition spirituelle pure, au delà du temps et de l'espace. On ouvre ainsi la perception vers les plans subtils. On a une vision claire de l'interconnexion entre les divers plans de la réalité. On a désormais accès à la lecture des annales akashiques, à l'inspiration transpersonnelle et au schéma évolutif de l'humanité. Avec une clairvoyance et une vision unifiées.
C'est ainsi que l'on a accès à une vision cohérente de l'avenir.

Les principales propriétés énergétiques de votre pierre

Le quartz rutilé est un cristal de roche ou un quartz enfumé qui contient des faisceaux de rutile, parfois sous forme de lamelles étroites, plus souvent sous forme de touffes filamenteuses que l'on appelle « Cheveux de Vénus ». Ces très fines aiguilles de rutile ont une apparence généralement dorée, parfois argentées, parfois rouge orangée.
Le quartz rutilé amplifie les effets du rutile qui donne ses propriétés au cristal : puissance, force, volonté, résistance, gaieté (voir rutile).
Il est un excellent soutien au système respiratoire (bronchites, sevrage tabagique), à l'oxygénation du sang.
Dans sa variété rouge orangée, il est plus physique, plus enclin aux plaisirs sexuels et à la procréation.
Rigoureux au niveau de l'esprit, il fortifie le mental et le rend imperméable à toute attaque d'ordre psychique.
Il favorise la clarté des idées et contribue à la stimulation créative.
Il m'a été cité un cas dans lequel un quartz rutilé aurait aidé un jeune autiste à sortir de sa coquille.
Dans sa variété argentée, il est plutôt un outil de modération.
Dans sa variété dorée, il donne aussi un rayonnement spirituel intérieur, une richesse d'âme exemplaire.

Si

L'oligoéléments utile en soins : le silicium (Si)

Le silicium est le principal composant du collagène. Il permet l'assemblage de toutes les cellules du corps. C'est dans l'artère aorte, dans la peau et le

thymus que l'on trouve les plus grandes concentrations de silicium. Son taux diminue avec l'âge dans des proportions importantes, engendrant une perte d'élasticité et une rigidification, d'où un risque sérieux d'hypertension artérielle, voire de rupture de vaisseaux sanguins.
Les globules blancs sont gros consommateurs de silicium. Ce sont les meilleurs défenseurs de notre organisme contre les infections microbiennes. Le silicium participe donc activement à nos défenses immunitaires naturelles, d'autant plus qu'il est impliqué dans la synthèse des anticorps.
Le silicium favorise la fixation du calcium dans les os et les dents, surtout en période de croissance des enfants, chez la femme enceinte, allaitante ou en période de ménopause pour contrer les risques d'ostéoporose, et chez les personnes âgées.
Le taux de silicium devrait être surveillé chez les personnes qui ont des activités sportives, car elles risquent de multiples incidents dus à une carence claquages musculaires, tendinites, entorses et microfractures.
Les os, les tendons, les ligaments et les muscles ont besoin de conserver toute leur élasticité tributaire de la présence de silicium dans le collagène et l'élastine.
Bon stimulateur des glandes endocrines, le silicium contribue à un développement harmonieux du système nerveux et préserve des risques de déficience intellectuelle, de pertes de mémoire et d'atonie cérébrale, surtout en période de croissance.
Le silicium a un effet diurétique puissant. Il est recommandé aux personnes qui ont de la cellulite et qui font de la rétention d'eau.
La présence de silicium dans la peau aide à la conserver en bon état et contribue à la réparation des blessures et des inflammations en facilitant la cicatrisation.

CONCLUSIONS

La carte que vous venez de tirer répond clairement au désir que vous avez d'élever votre esprit en le fortifiant.
Cette nouvelle force mentale vous permettrait de développer votre ressenti, votre intuition et vos capacités extrasensorielle latentes.

Le quartz rutilé est une garantie de protection lorsque vous avez besoin de protéger votre esprit lors de travaux spirituels, ésotériques ou intellectuels. Il vous rendra imperméable à toutes les attaques psychiques venant de l'extérieur. Avec le quartz rutilé vous pourrez ainsi aborder vos travaux avec une sérénité sans faille.

Il est certain que le quartz rutilé vous permettra d'atteindre des objectifs ambitieux.

CARTE N°64
SAPHIR

Les fonctions du chakra correspondant : Chakra du troisième œil

Irrigué d'énergie spirituelle pure, sorte de synthèse supérieure des cinq éléments matériels, le chakra du troisième œil représente la vision de la Volonté divine, laquelle est impérative : il s'agit bien du chakra du commandement. Il introduit l'action (le *karma*) qui oriente l'ego vers la réalisation de ses désirs, tissant ainsi les liens puissants du karma en tant que loi de cause à effet.
Le chakra du troisième œil est très cérébral : c'est par lui que tout ce qui concerne l'esprit se manifeste. Il est le siège de l'intelligence, des capacités d'analyse et de synthèse, de la mémoire, des perceptions sensorielles, aussi bien organiques qu'émotionnelles, des idées, de l'imagination, de la créativité, et de la volonté.

Il filtre les perceptions que l'on reçoit et les intègre grâce au savoir, aux concepts socioculturels acquis, aux sentiments innés, à la spiritualité, et à l'intuition.
Le chakra du troisième œil agit tout autant sur le plan physique que sur le plan spirituel. Il est le centre de la prise de conscience spirituelle autant que matérielle, intellectuelle autant que physique. Il est donc le garant de notre propre évolution sur de nombreux plans car c'est par lui que se développent les perceptions extra-sensorielles comme l'intuition, la clairvoyance, les capacités télépathiques. Bien irrigué en énergies, il peut apporter de grands changements dans notre vie.
La plupart des gens n'ont pas tout à fait conscience que leur chakra du troisième œil fonctionne harmonieusement mais il est certain que c'est par un travail introspectif régulier que l'on peut l'irriguer en énergies et l'ouvrir en grand, en s'ouvrant à la conscience et à la sagesse. On peut ainsi atteindre un haut niveau de compétences dans des domaines complexes comme la recherche scientifique, acquérir une maîtrise et la compréhension des

concepts philosophiques, mathématiques ou théologiques.
Mais restons modestes et contentons nous d'essayer de donner un éclairage objectif sur nos projets : il perçoit la partie invisible des choses, les qualités et les pièges cachés. Il vous guidera vers la concrétisation réussite d'idées que vous avez eues intuitivement. C'est ainsi que vous maîtriserez mieux vos projets d'avenir tout en tenant compte de la mémoire que vous avez a des expériences de votre passé.
Le sixième chakra est bien le chakra du sixième sens...
Le chakra du troisième œil est relié au corps pituitaire et gouverne le cerveau bas, les yeux et le système nerveux, mais aussi la mémoire et l'usage conscient des diverses fonctions cérébrales. Le troisième œil contrôle le système nerveux céphalorachidien, celui qui commande les actes volontaires. Il stimule les fonctions glandulaires et régule les sécrétions.
Il agit par proximité sur le visage, sur ses expressions, son harmonie, sur le nez et les sinus, les yeux, les oreilles, aussi bien en matière de perceptions sensitives que sur un plan extrasensoriel, l'oreille interne, le cervelet et le sens de l'équilibre.
Lorsque le chakra du troisième œil est hyperactif, la personne est souvent atteinte d'une sorte de surexcitation diffuse qui peut s'exprimer par des cauchemars fréquents, des vertiges et des migraines, sans compter avec les pathologies liées à l'usage de stupéfiants, ces drogues qui, parait-il, permettent un élargissement de la conscience et qui, en fait, ne font que dévier l'esprit de ses responsabilités et du sens des réalités. Quand, au contraire, les énergies manquent de fluidité sur ce chakra, on a pu constater de nombreux cas de troubles de la vision et des sinusites chroniques.
Le chakra du troisième œil régit l'intellect supérieur, avec ses attributs de foi, clairvoyance, discrimination et analyse. Mais, alors qu'au niveau du chakra du plexus solaire ces fonctions sont orientées vers des résultats objectifs ancrés dans le monde extérieur, ici, toute l'énergie de la connaissance est orientée vers l'intériorité de plus en plus absolue. Il représente la discipline, les choix sélectifs, les buts à long terme.
Lorsque ce chakra présente une carence dans les flux énergétiques qui devraient le traverser, on se trouve en présence de personnes dont les schémas de pensée sont nébuleux. Leurs intuitions sont brèves et contradictoires, difficilement assimilables. Elles ne ressentent ou n'acceptent jamais la moindre perception extrasensorielle. Il s'agit de personnes incapables de s'impliquer et qui s'en déresponsabilisent sans qu'elles soient réellement détachées des réalités. Chez elles, ni intuition, ni sens logique. Leurs sens de l'ego est imprécis : elles sont capables de s'identifier spontanément avec d'autres personnes : leur alter ego, c'est tout le monde et n'importe qui. Elles méconnaissent leur moi profond et n'ont aucune prédisposition pour l'incarnation. C'est pourquoi elle développent parallèlement un complexe d'infériorité et un comportement de suiveur. Comme elles ont tendance à adhérer aux idées toutes faites et aux préjugés, leur manque de personnalité, d'esprit critique,

de caractère et de libre arbitre les engage vers une fascination pour les champs clos et limités des sectes ou des mouvements religieux fondamentalistes. C'est assez logique, dans la mesure ou leur manque de curiosité fait qu'elles sont incapables d'intellectualiser. Elles montrent un franc désintérêt pour la culture, le savoir et les sciences.
Lorsque le chakra du troisième œil est bien épanoui, on acquiert le sens des harmoniques universelles avec leurs résonances et leurs correspondances. On transcende alors les entraves sensorielles et les logiques usuelles. Cela permet de libérer l'intuition spirituelle pure, au delà du temps et de l'espace. On ouvre ainsi la perception vers les plans subtils. On a une vision claire de l'interconnexion entre les divers plans de la réalité. On a désormais accès à la lecture des annales akashiques, à l'inspiration transpersonnelle et au schéma évolutif de l'humanité. Avec une clairvoyance et une vision unifiées.
C'est ainsi que l'on a accès à une vision cohérente de l'avenir.

Les principales propriétés énergétiques de votre pierre

Le Saphir bleu est un élément actif de l'espérance et de la foi dans les moments difficiles de la vie, il permet de laisser passer les tempêtes en toute sécurité.
Il symbolise l'ancrage en tant qu'élément de stabilité, de solidité, de fidélité.
Le saphir bleu est apaisement : il traite les insomnies, soulage les migraines, calme les larmes et évacue les états dépressifs.
Le saphir bleu parle à l'ensemble de notre corps sur le plan cellulaire par le biais de l'acide désoxyribonucléique (ADN), porteur de notre patrimoine génétique, de notre soma et donc de notre mémoire ancestrale.
Comme le lapis-lazuli, il est excellent pour se mettre à l'écoute de notre corps et déceler ce qui ne va pas avant le déclenchement des maladies. C'est donc un excellent outil de prévention et de diagnostic (chakra de la gorge).
Le saphir bleu est une pierre de patience, de ténacité et de loyauté. Il convient aux gens trop pressés, aux velléitaires, à tous ceux qui se conduisent comme des girouettes.
Le saphir bleu est aussi considéré comme la pierre de la fidélité. C'est pourquoi il est un cadeau fréquent dans les rapports amoureux : c'est la pierre idéale des fiançailles. Cependant, en cas de rupture, mieux vaut rendre cette pierre à la personne qui l'a offerte, faute de quoi il serait difficile de se dégager l'esprit du lien affectif qu'elle symbolise. Une fois rendue, la pierre n'a plus alors de propriétés autres que décoratives et ne saurait être offerte à nouveau comme gage de fidélité. Elle pourrait même exercer des effets contraires.
Cette pierre très spirituelle qui s'applique au chakra du sommet et au troisième œil, possède des propriétés proches de celles de l'azurite et de celles du lapis-lazuli : spiritualité de haut niveau, développement des facultés ex-

trasensorielles, imagination, créativité.
Comme pour le rubis étoilé, c'est un réseau d'aiguilles de rutile contenues dans la pierre qui provoque un reflet de surface en forme d'étoile à six branches. Comme pour le rubis, le saphir se charge alors des propriétés spécifiques du rutile : force physique, résistance, puissance. Cela peut être très utile chez des sujets physiquement faibles qui désirent se livrer à des méditations lointaines et complexes car il donne la résistance physique qui permettra de surmonter les grandes fatigues des recherches spirituelles de haut niveau.
Le saphir étoilé est une pierre prodigieusement efficace dans le développement des facultés extrasensorielles (chakra du troisième œil).

Al L'oligoélément utile en soins : l'aluminium (Al)

On en trouve essentiellement dans les os, les poumons et le foie.
Une carence en aluminium peut entraîner des pathologies similaires à une carence en vitamine B1, et notamment asthénie, anorexie, insuffisance cardiaque, problèmes neurologiques, irritabilité, troubles de la mémoire, difficultés de concentration.
L'aluminium agit essentiellement au niveau du système nerveux. Il est donc prescrit dans les cas de difficultés de concentration et de tensions nerveuses qui génèrent du stress, de l'anxiété, des insomnies. Ces tensions peuvent générer des troubles gastriques et de l'acidité. L'aluminium est un excellent antiacide.
Chez l'enfant hypoactif, l'aluminium contribue à un développement harmonieux et stimule ses capacités cognitives. Chez l'enfant agité comme chez l'adulte stressé, l'aluminium permettra de trouver le sommeil plus facilement. On pourra l'associer au manganèse.

CONCLUSIONS

L'apparition du saphir bleu dans votre tirage de cartes laisse supposer que vous être en recherche de fidélité dans les rapports amoureux ou en amitié, ou dans votre environnement familial et social.
Avec cette pierre, vous ne vous laisserez plus déborder par le temps qui passe trop vite. Vous prendrez le temps de vous poser sereinement, le temps de la réflexion.

Il peut aussi vous être utile lorsque vous effectuez des activités spirituelles de haut niveau. Il vous permettra d'accéder à de grandes facultés extrasensorielles et même à des capacités médiumniques en relation avec les mondes invisibles dont vous transmettrez les messages à vos proches.

CARTE N°65
TANZANITE

Les fonctions du chakra correspondant : Chakra du troisième œil

Irrigué d'énergie spirituelle pure, sorte de synthèse supérieure des cinq éléments matériels, le chakra du troisième œil représente la vision de la Volonté divine, laquelle est impérative : il s'agit bien du chakra du commandement. Il introduit l'action (le *karma*) qui oriente l'ego vers la réalisation de ses désirs, tissant ainsi les liens puissants du karma en tant que loi de cause à effet.

Le chakra du troisième œil est très cérébral : c'est par lui que tout ce qui concerne l'esprit se manifeste. Il est le siège de l'intelligence, des capacités d'analyse et de synthèse, de la mémoire, des perceptions sensorielles, aussi bien organiques qu'émotionnelles, des idées, de l'imagination, de la créativité, et de la volonté.

Il filtre les perceptions que l'on reçoit et les intègre grâce au savoir, aux concepts socioculturels acquis, aux sentiments innés, à la spiritualité, et à l'intuition.

Le chakra du troisième œil agit tout autant sur le plan physique que sur le plan spirituel. Il est le centre de la prise de conscience spirituelle autant que matérielle, intellectuelle autant que physique. Il est donc le garant de notre propre évolution sur de nombreux plans car c'est par lui que se développent les perceptions extra-sensorielles comme l'intuition, la clairvoyance, les capacités télépathiques. Bien irrigué en énergies, il peut apporter de grands changements dans notre vie.

La plupart des gens n'ont pas tout à fait conscience que leur chakra du troisième œil fonctionne harmonieusement mais il est certain que c'est par un travail introspectif régulier que l'on peut l'irriguer en énergies et l'ouvrir en grand, en s'ouvrant à la conscience et à la sagesse. On peut ainsi atteindre un haut niveau de compétences dans des domaines complexes comme la recherche scientifique, acquérir une maîtrise et la compréhension des

concepts philosophiques, mathématiques ou théologiques.
Mais restons modestes et contentons nous d'essayer de donner un éclairage objectif sur nos projets : il perçoit la partie invisible des choses, les qualités et les pièges cachés. Il vous guidera vers la concrétisation réussite d'idées que vous avez eues intuitivement. C'est ainsi que vous maîtriserez mieux vos projets d'avenir tout en tenant compte de la mémoire que vous avez a des expériences de votre passé.
Le sixième chakra est bien le chakra du sixième sens...
Le chakra du troisième œil est relié au corps pituitaire et gouverne le cerveau bas, les yeux et le système nerveux, mais aussi la mémoire et l'usage conscient des diverses fonctions cérébrales. Le troisième œil contrôle le système nerveux céphalorachidien, celui qui commande les actes volontaires. Il stimule les fonctions glandulaires et régule les sécrétions.
Il agit par proximité sur le visage, sur ses expressions, son harmonie, sur le nez et les sinus, les yeux, les oreilles, aussi bien en matière de perceptions sensitives que sur un plan extrasensoriel, l'oreille interne, le cervelet et le sens de l'équilibre.
Lorsque le chakra du troisième œil est hyperactif, la personne est souvent atteinte d'une sorte de surexcitation diffuse qui peut s'exprimer par des cauchemars fréquents, des vertiges et des migraines, sans compter avec les pathologies liées à l'usage de stupéfiants, ces drogues qui, parait-il, permettent un élargissement de la conscience et qui, en fait, ne font que dévier l'esprit de ses responsabilités et du sens des réalités. Quand, au contraire, les énergies manquent de fluidité sur ce chakra, on a pu constater de nombreux cas de troubles de la vision et des sinusites chroniques.
Le chakra du troisième œil régit l'intellect supérieur, avec ses attributs de foi, clairvoyance, discrimination et analyse. Mais, alors qu'au niveau du chakra du plexus solaire ces fonctions sont orientées vers des résultats objectifs ancrés dans le monde extérieur, ici, toute l'énergie de la connaissance est orientée vers l'intériorité de plus en plus absolue. Il représente la discipline, les choix sélectifs, les buts à long terme.
Lorsque ce chakra présente une carence dans les flux énergétiques qui devraient le traverser, on se trouve en présence de personnes dont les schémas de pensée sont nébuleux. Leurs intuitions sont brèves et contradictoires, difficilement assimilables. Elles ne ressentent ou n'acceptent jamais la moindre perception extrasensorielle. Il s'agit de personnes incapables de s'impliquer et qui s'en déresponsabilisent sans qu'elles soient réellement détachées des réalités. Chez elles, ni intuition, ni sens logique. Leurs sens de l'ego est imprécis : elles sont capables de s'identifier spontanément avec d'autres personnes : leur alter ego, c'est tout le monde et n'importe qui. Elles méconnaissent leur moi profond et n'ont aucune prédisposition pour l'incarnation. C'est pourquoi elle développent parallèlement un complexe d'infériorité et un comportement de suiveur. Comme elles ont tendance à adhérer aux idées toutes faites et aux préjugés, leur manque de personnalité, d'esprit critique,

de caractère et de libre arbitre les engage vers une fascination pour les champs clos et limités des sectes ou des mouvements religieux fondamentalistes. C'est assez logique, dans la mesure ou leur manque de curiosité fait qu'elles sont incapables d'intellectualiser. Elles montrent un franc désintérêt pour la culture, le savoir et les sciences.
Lorsque le chakra du troisième œil est bien épanoui, on acquiert le sens des harmoniques universelles avec leurs résonances et leurs correspondances. On transcende alors les entraves sensorielles et les logiques usuelles. Cela permet de libérer l'intuition spirituelle pure, au delà du temps et de l'espace. On ouvre ainsi la perception vers les plans subtils. On a une vision claire de l'interconnexion entre les divers plans de la réalité. On a désormais accès à la lecture des annales akashiques, à l'inspiration transpersonnelle et au schéma évolutif de l'humanité. Avec une clairvoyance et une vision unifiées.
C'est ainsi que l'on a accès à une vision cohérente de l'avenir.

Les principales propriétés énergétiques de votre pierre

Selon d'anciennes traditions, la tanzanite est la pierre du cavalier. Les civilisations d'hommes à cheval sont des civilisations d'hommes fiers, rigoureux, qui dominent le commun des mortels et voient au-delà des apparences physiques : leurs regards portent au-delà d'horizon plus lointain que celui des piétons. Cet accès à la hauteur physique est aussi un accès à la hauteur morale, une élévation vers la perfection.
Symboliquement, c'est l'élévation de l'âme.
Bien qu'étant extrêmement puissante, la tanzanite est une pierre de l'esprit qui agit avec beaucoup de douceur. Elle convient aux chakras supérieurs : gorge, troisième œil, sommet.
Elle agit essentiellement sur le cerveau (meilleure irrigation, dynamisation des échanges chimiques et électriques) mais elle est aussi très bénéfique pour la vue et l'ouïe.
C'est une pierre qui stimule l'imagination, la créativité artistique, l'écriture musicale et la qualité d'écoute, le talent littéraire, l'humour.
Elle donne l'envie irrépressible de se cultiver dans tous les domaines du savoir humain, d'acquérir une culture très vaste car elle fortifie la mémoire et excite la curiosité.
La qualité des rêves qu'elle procure pendant le sommeil est incomparable de douceur, de raffinement et d'élégance, avec une magnifique grandeur d'âme et d'esprit. C'est une pierre d'accomplissement de soi. Elle permet de se dégager de toutes nos petites lâchetés du quotidien, nous révèle les meilleurs outils de l'action : l'esprit et la parole.
Elle nous donne le désir et les moyens intellectuels de combattre pour la paix. Cultivée, raffinée, intelligente, infiniment subtile, la tanzanite est la plus merveilleuse des pierres d'élévation de l'esprit humain vers les sphères célestes. Elle repousse la bête primaire qui est en nous pour ouvrir notre âme au divin et au savoir universel. Le ravissement

contemplatif qu'elle procure en méditation est un réel enchantement kaléidoscopique, à l'unisson des mélodies de l'âme. Elle stimule également les perceptions extrasensorielles, affine les qualités intuitives. La tanzanite est recommandée à toutes les professions intellectuelles, artistiques, créatives et celles qui requièrent le courage de dire la vérité dans un environnement conflictuel (professions à but social ou politique, médiateurs…) afin d'apaiser les conflits.

Tanzanite Œil de chat
C'est une pierre qui développe la vision nocturne. Sur le plan symbolique, cela signifie qu'elle permet de trouver la lumière dans les ténèbres d'un problème apparemment insoluble. C'est une conseillère extrêmement intuitive qui féconde l'esprit.

Ca | Al

Les oligoéléments utiles en soins : le calcium (Ca) et l'aluminium (Al)

Bien qu'ils soient intéressants séparément, ces deux oligoéléments associés dans la composition chimique de la tanzanite ne permettent pas des soins très précis en oligothérapie.

CONCLUSIONS

Le tirage que vous avez fait de cette pierre répond clairement au besoin confus que vous avez d'élever votre esprit vers une spiritualité créative qui vous permettrait de développer votre ressenti, votre intuition, votre créativité et vos capacités extrasensorielle latentes.

La tanzanite pourrait aussi exprimer en vous le besoin de prendre des décisions qui exerceraient une influence importante dans votre vie spirituelle.

Elle saura vous guider pour faire les choix qui vous permettent d'élever le taux de vos fréquences énergétiques. Elle vous rendra curieux et vous donnera l'envie d'acquérir des connaissances plus profondes dans les domaines ésotériques et holistiques qui vous permettront d'évoluer vers des sphères vibratoires élevées.

Il est certain que la tanzanite vous permettra d'atteindre ces objectifs ambitieux.

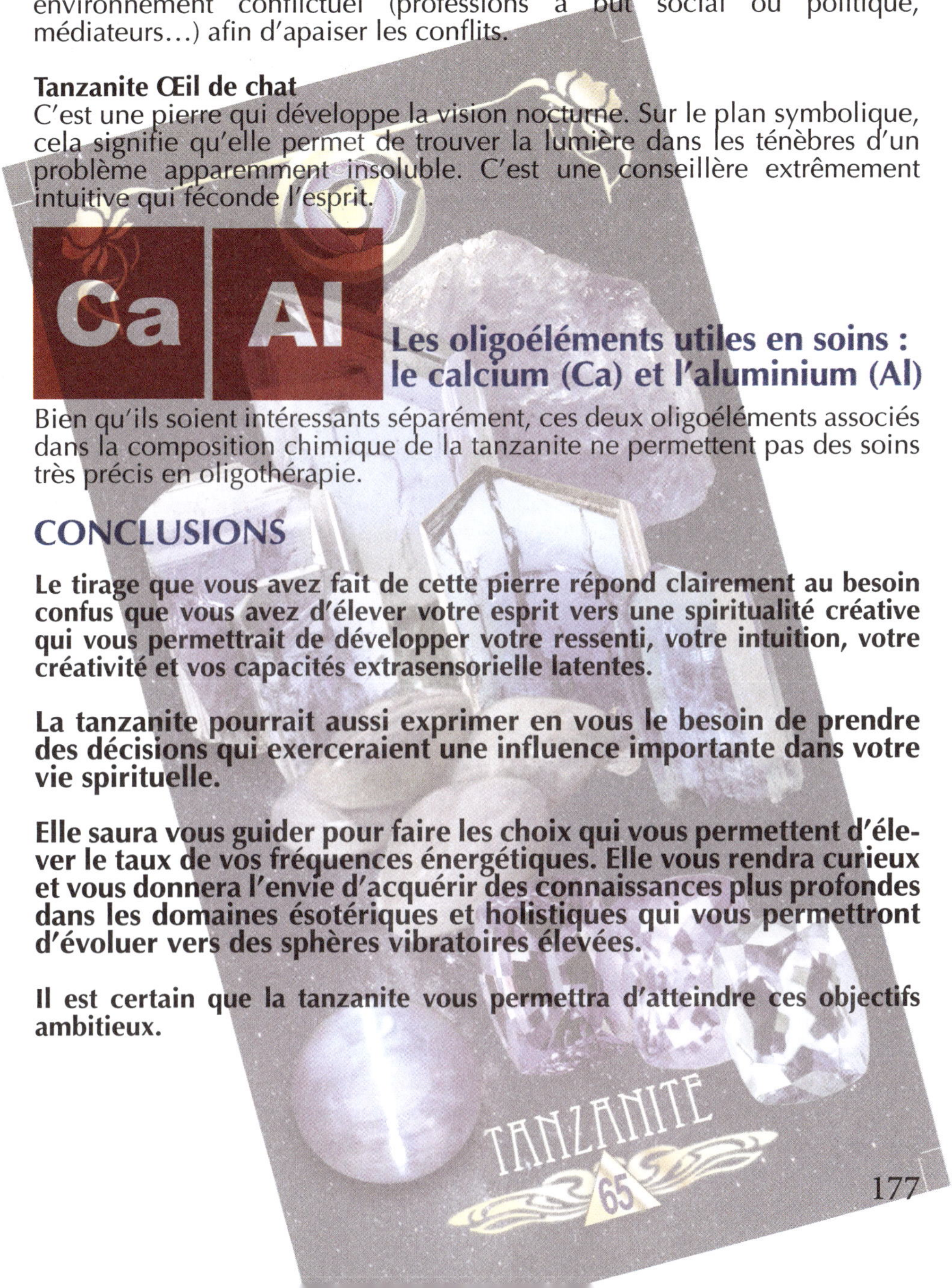

CARTE N°66
CORDIÉRITE

Les fonctions du chakra correspondant : Chakra du troisième œil

Irrigué d'énergie spirituelle pure, sorte de synthèse supérieure des cinq éléments matériels, le chakra du troisième œil représente la vision de la Volonté divine, laquelle est impérative: il s'agit bien du chakra du commandement. Il introduit l'action (le *karma*) qui oriente l'ego vers la réalisation de ses désirs, tissant ainsi les liens puissants du karma en tant que loi de cause à effet.

Le chakra du troisième œil est très cérébral: c'est par lui que tout ce qui concerne l'esprit se manifeste. Il est le siège de l'intelligence, des capacités d'analyse et de synthèse, de la mémoire, des perceptions sensorielles, aussi bien organiques qu'émotionnelles, des idées, de l'imagination, de la créativité, et de la volonté.

Il filtre les perceptions que l'on reçoit et les intègre grâce au savoir, aux concepts socioculturels acquis, aux sentiments innés, à la spiritualité, et à l'intuition.

Le chakra du troisième œil agit tout autant sur le plan physique que sur le plan spirituel. Il est le centre de la prise de conscience spirituelle autant que matérielle, intellectuelle autant que physique. Il est donc le garant de notre propre évolution sur de nombreux plans car c'est par lui que se développent les perceptions extra-sensorielles comme l'intuition, la clairvoyance, les capacités télépathiques. Bien irrigué en énergies, il peut apporter de grands changements dans notre vie.

La plupart des gens n'ont pas tout à fait conscience que leur chakra du troisième œil fonctionne harmonieusement mais il est certain que c'est par un travail introspectif régulier que l'on peut l'irriguer en énergies et l'ouvrir en grand, en s'ouvrant à la conscience et à la sagesse. On peut ainsi atteindre un haut niveau de compétences dans des domaines complexes comme la recherche scientifique, acquérir une maîtrise et la compréhension des

concepts philosophiques, mathématiques ou théologiques.
Mais restons modestes et contentons nous d'essayer de donner un éclairage objectif sur nos projets : il perçoit la partie invisible des choses, les qualités et les pièges cachés. Il vous guidera vers la concrétisation réussite d'idées que vous avez eues intuitivement. C'est ainsi que vous maîtriserez mieux vos projets d'avenir tout en tenant compte de la mémoire que vous avez a des expériences de votre passé.
Le sixième chakra est bien le chakra du sixième sens...
Le chakra du troisième œil est relié au corps pituitaire et gouverne le cerveau bas, les yeux et le système nerveux, mais aussi la mémoire et l'usage conscient des diverses fonctions cérébrales. Le troisième œil contrôle le système nerveux céphalorachidien, celui qui commande les actes volontaires. Il stimule les fonctions glandulaires et régule les sécrétions.
Il agit par proximité sur le visage, sur ses expressions, son harmonie, sur le nez et les sinus, les yeux, les oreilles, aussi bien en matière de perceptions sensitives que sur un plan extrasensoriel, l'oreille interne, le cervelet et le sens de l'équilibre.
Lorsque le chakra du troisième œil est hyperactif, la personne est souvent atteinte d'une sorte de surexcitation diffuse qui peut s'exprimer par des cauchemars fréquents, des vertiges et des migraines, sans compter avec les pathologies liées à l'usage de stupéfiants, ces drogues qui, parait-il, permettent un élargissement de la conscience et qui, en fait, ne font que dévier l'esprit de ses responsabilités et du sens des réalités. Quand, au contraire, les énergies manquent de fluidité sur ce chakra, on a pu constater de nombreux cas de troubles de la vision et des sinusites chroniques.
Le chakra du troisième œil régit l'intellect supérieur, avec ses attributs de foi, clairvoyance, discrimination et analyse. Mais, alors qu'au niveau du chakra du plexus solaire ces fonctions sont orientées vers des résultats objectifs ancrés dans le monde extérieur, ici, toute l'énergie de la connaissance est orientée vers l'intériorité de plus en plus absolue. Il représente la discipline, les choix sélectifs, les buts à long terme.
Lorsque ce chakra présente une carence dans les flux énergétiques qui devraient le traverser, on se trouve en présence de personnes dont les schémas de pensée sont nébuleux. Leurs intuitions sont brèves et contradictoires, difficilement assimilables. Elles ne ressentent ou n'acceptent jamais la moindre perception extrasensorielle. Il s'agit de personnes incapables de s'impliquer et qui s'en déresponsabilisent sans qu'elles soient réellement détachées des réalités. Chez elles, ni intuition, ni sens logique. Leurs sens de l'ego est imprécis : elles sont capables de s'identifier spontanément avec d'autres personnes : leur alter ego, c'est tout le monde et n'importe qui. Elles méconnaissent leur moi profond et n'ont aucune prédisposition pour l'incarnation. C'est pourquoi elle développent parallèlement un complexe d'infériorité et un comportement de suiveur. Comme elles ont tendance à adhérer aux idées toutes faites et aux préjugés, leur manque de personnalité, d'esprit critique,

de caractère et de libre arbitre les engage vers une fascination pour les champs clos et limités des sectes ou des mouvements religieux fondamentalistes. C'est assez logique, dans la mesure ou leur manque de curiosité fait qu'elles sont incapables d'intellectualiser. Elles montrent un franc désintérêt pour la culture, le savoir et les sciences.
Lorsque le chakra du troisième œil est bien épanoui, on acquiert le sens des harmoniques universelles avec leurs résonances et leurs correspondances. On transcende alors les entraves sensorielles et les logiques usuelles. Cela permet de libérer l'intuition spirituelle pure, au delà du temps et de l'espace. On ouvre ainsi la perception vers les plans subtils. On a une vision claire de l'interconnexion entre les divers plans de la réalité. On a désormais accès à la lecture des annales akashiques, à l'inspiration transpersonnelle et au schéma évolutif de l'humanité. Avec une clairvoyance et une vision unifiées.
C'est ainsi que l'on a accès à une vision cohérente de l'avenir.

Les principales propriétés énergétiques de votre pierre

Dans les traditions des Grecs anciens, autant que nous puissions interpréter les textes, la Cordiérite était la pierre d'Athéna dont l'oiseau favori était une chouette.
Elle harmonise le sommeil, élimine les cauchemars et repousse les angoisses liées à la mort. Elle favorise les rêves prémonitoires.
La cordiérite est une pierre de spiritualité élevée. Comme la chouette, elle trouve son chemin dans l'obscurité, elle perçoit la réalité du monde de la nuit. Elle est cependant plus douce que ses grandes sœurs : saphir et tanzanite. Si ces dernières permettent un très grand voyage dans les plus hautes sphères de la spiritualité, la cordiérite est plutôt considérée comme une pierre d'initiation.
Elle est douce et rassurante sur ces sentiers difficiles et parfois douloureux de la spiritualité et de l'extra-sensorialité. Elle n'entraîne pas de risques d'accidents, de blocage « en haut » : le retour à la conscience matérielle est aisé car, grâce à son dichroïsme du violet au brun beige, elle permet aussi de s'ancrer correctement aux réalités et favorise la canalisation des énergies entre le chakra racine et celui du Sommet.
C'est pourquoi nous recommandons chaleureusement cette pierre à tous ceux qui éprouvent le besoin de commencer leur initiation à la spiritualité. Sa patience et sa douceur sont réellement d'essence divine.

Mn **Al** **Si**

Les oligoéléments utiles en soins : le manganèse (Mn), l'aluminium (Al) et le silicium (Si)

Bien qu'ils soient intéressants séparément, ces trois oligoéléments associés dans la composition chimique de la tanzanite ne permettent pas des soins très précis en oligothérapie.

CONCLUSIONS

Au travers du tirage de cette pierre, on sent très bien en vous une attirance vers la spiritualité teintée d'un légère réticence. Peut-être estimez-vous que la spiritualité n'est pas pour vous parce qu'elle vous semble trop compliquée à mettre en œuvre.

Vous pouvez y aller pas à pas : la cordiérite est une bonne pierre d'initiation.

Elle pourrait vous être utile si vous sentez en vous un appel plus ou moins confus de spiritualité. Elle sera une accompagnatrice douce, rassurante et respectueuse de vos cheminements, même si vous les trouvez parfois difficiles et douloureux lors de vos recherches en développement personnel.

Avec elle le retour à la conscience et à la réalité matérielle se fait en douceur après avoir réussi à canaliser les énergies du chakra racine vers celui du sommet lors d'une bonne séance de méditation

N'ayez pas peur de la cordiérite, c'est une amie qui vous guidera.

CARTE N°67
LAPIS LAZULI

Les fonctions du chakra correspondant : Chakra du troisième œil

Irrigué d'énergie spirituelle pure, sorte de synthèse supérieure des cinq éléments matériels, le chakra du troisième œil représente la vision de la Volonté divine, laquelle est impérative : il s'agit bien du chakra du commandement. Il introduit l'action (le *karma*) qui oriente l'ego vers la réalisation de ses désirs, tissant ainsi les liens puissants du karma en tant que loi de cause à effet.
Le chakra du troisième œil est très cérébral : c'est par lui que tout ce qui concerne l'esprit se manifeste. Il est le siège de l'intelligence, des capacités d'analyse et de synthèse, de la mémoire, des perceptions sensorielles, aussi bien organiques qu'émotionnelles, des idées, de l'imagination, de la créativité, et de la volonté.

Il filtre les perceptions que l'on reçoit et les intègre grâce au savoir, aux concepts socioculturels acquis, aux sentiments innés, à la spiritualité, et à l'intuition.
Le chakra du troisième œil agit tout autant sur le plan physique que sur le plan spirituel. Il est le centre de la prise de conscience spirituelle autant que matérielle, intellectuelle autant que physique. Il est donc le garant de notre propre évolution sur de nombreux plans car c'est par lui que se développent les perceptions extra-sensorielles comme l'intuition, la clairvoyance, les capacités télépathiques. Bien irrigué en énergies, il peut apporter de grands changements dans notre vie.
La plupart des gens n'ont pas tout à fait conscience que leur chakra du troisième œil fonctionne harmonieusement mais il est certain que c'est par un travail introspectif régulier que l'on peut l'irriguer en énergies et l'ouvrir en grand, en s'ouvrant à la conscience et à la sagesse. On peut ainsi atteindre un haut niveau de compétences dans des domaines complexes comme la recherche scientifique, acquérir une maîtrise et la compréhension des

concepts philosophiques, mathématiques ou théologiques.
Mais restons modestes et contentons nous d'essayer de donner un éclairage objectif sur nos projets : il perçoit la partie invisible des choses, les qualités et les pièges cachés. Il vous guidera vers la concrétisation réussite d'idées que vous avez eues intuitivement. C'est ainsi que vous maîtriserez mieux vos projets d'avenir tout en tenant compte de la mémoire que vous avez a des expériences de votre passé.
Le sixième chakra est bien le chakra du sixième sens...
Le chakra du troisième œil est relié au corps pituitaire et gouverne le cerveau bas, les yeux et le système nerveux, mais aussi la mémoire et l'usage conscient des diverses fonctions cérébrales. Le troisième œil contrôle le système nerveux céphalorachidien, celui qui commande les actes volontaires. Il stimule les fonctions glandulaires et régule les sécrétions.
Il agit par proximité sur le visage, sur ses expressions, son harmonie, sur le nez et les sinus, les yeux, les oreilles, aussi bien en matière de perceptions sensitives que sur un plan extrasensoriel, l'oreille interne, le cervelet et le sens de l'équilibre.
Lorsque le chakra du troisième œil est hyperactif, la personne est souvent atteinte d'une sorte de surexcitation diffuse qui peut s'exprimer par des cauchemars fréquents, des vertiges et des migraines, sans compter avec les pathologies liées à l'usage de stupéfiants, ces drogues qui, parait-il, permettent un élargissement de la conscience et qui, en fait, ne font que dévier l'esprit de ses responsabilités et du sens des réalités. Quand, au contraire, les énergies manquent de fluidité sur ce chakra, on a pu constater de nombreux cas de troubles de la vision et des sinusites chroniques.
Le chakra du troisième œil régit l'intellect supérieur, avec ses attributs de foi, clairvoyance, discrimination et analyse. Mais, alors qu'au niveau du chakra du plexus solaire ces fonctions sont orientées vers des résultats objectifs ancrés dans le monde extérieur, ici, toute l'énergie de la connaissance est orientée vers l'intériorité de plus en plus absolue. Il représente la discipline, les choix sélectifs, les buts à long terme.
Lorsque ce chakra présente une carence dans les flux énergétiques qui devraient le traverser, on se trouve en présence de personnes dont les schémas de pensée sont nébuleux. Leurs intuitions sont brèves et contradictoires, difficilement assimilables. Elles ne ressentent ou n'acceptent jamais la moindre perception extrasensorielle. Il s'agit de personnes incapables de s'impliquer et qui s'en déresponsabilisent sans qu'elles soient réellement détachées des réalités. Chez elles, ni intuition, ni sens logique. Leurs sens de l'ego est imprécis : elles sont capables de s'identifier spontanément avec d'autres personnes : leur alter ego, c'est tout le monde et n'importe qui. Elles méconnaissent leur moi profond et n'ont aucune prédisposition pour l'incarnation. C'est pourquoi elle développent parallèlement un complexe d'infériorité et un comportement de suiveur. Comme elles ont tendance à adhérer aux idées toutes faites et aux préjugés, leur manque de personnalité, d'esprit critique,

de caractère et de libre arbitre les engage vers une fascination pour les champs clos et limités des sectes ou des mouvements religieux fondamentalistes. C'est assez logique, dans la mesure ou leur manque de curiosité fait qu'elles sont incapables d'intellectualiser. Elles montrent un franc désintérêt pour la culture, le savoir et les sciences.
Lorsque le chakra du troisième œil est bien épanoui, on acquiert le sens des harmoniques universelles avec leurs résonances et leurs correspondances. On transcende alors les entraves sensorielles et les logiques usuelles. Cela permet de libérer l'intuition spirituelle pure, au delà du temps et de l'espace. On ouvre ainsi la perception vers les plans subtils. On a une vision claire de l'interconnexion entre les divers plans de la réalité. On a désormais accès à la lecture des annales akashiques, à l'inspiration transpersonnelle et au schéma évolutif de l'humanité. Avec une clairvoyance et une vision unifiées.
C'est ainsi que l'on a accès à une vision cohérente de l'avenir.

Les principales propriétés énergétiques de votre pierre

Le lapis-lazuli était déjà employé comme parure dans les temps préhistoriques. En Égypte ancienne, on le considérait comme la pierre des dieux. Au Moyen Âge, il était utilisé broyé comme pigment de peinture par les grands maîtres et servait aussi aux teintures de tissus.
Symboliquement, le Lapis Lazuli est la voûte céleste étoilée, sa force sacrée.
Le lapis-lazuli est une pierre de prédilection des chakras supérieurs (troisième œil, coronal).
On préférera utiliser pour les travaux de lithothérapie, un lapis-lazuli taillé ou poli, voire un galet roulé au tonneau, à un lapis-lazuli brut. On préférera la couleur bleu outremer soutenu avec quelques inclusions de pyrite dorée à la nuance bleue plus claire ou grisâtre tachetée de blanc.
Le lapis-lazuli a de nombreuses vertus curatives.
Il agit sur les yeux, améliore la vision nocturne. Il atténue la fièvre, soulage les maux de tête et combat les états dépressifs. Il aide à un sommeil calme et régénérateur, espace les crises d'épilepsie. Il est particulièrement recommandé pour toutes les personnes nerveuses sur lesquelles il exerce une action calmante très efficace.
Il contribue à guérir les maladies de peau, les dermites, l'eczéma, les pellicules, combat les éruptions cutanées, soulage des piqûres d'insectes. Il combat les allergies, l'asthme. Il calme la toux et les éternuements.
C'est une pierre de bonne humeur communicative. Il stimule l'intelligence et l'imagination, la finesse d'esprit, l'ingéniosité, la créativité.
Le lapis-lazuli est le symbole d'une personnalité forte et sympathique qui diffuse autour d'elle beaucoup de tendresse et de bonheur. Il favorise l'introspection et agit comme révélateur des carences et de ses propres problèmes physiques et psychologiques. À ce titre, il est précieux pour contribuer à établir un diagnostic (chakra de la gorge) car il permet de déceler les

causes cachées ou originelles du mal.
Le lapis-lazuli a une grande force de purification du corps, mais surtout de l'esprit qu'il stabilise et de l'âme qu'il élève.

Al | **Si** | **Na**

Les oligoéléments utiles en soins : l'aluminium (Al), le silicium (Si) et le sodium (Na)

La complexité de cette composition chimique ne permet pas une bonne précision dans les soins en oligothérapie.

CONCLUSIONS

Cette carte révèle qu'il est possible que vous considériez la spiritualité comme une pratique austère, voire monastique.

Au travers du choix de cette carte, on sent très bien en vous une attirance vers une spiritualité joyeuse, décomplexée et créative qui vous permettrait de développer votre intuition et vos capacités extrasensorielles.

Le lapis lazuli vous sera bénéfique pour apaiser votre mental.

Lorsque vous entamez un travail spirituel, des blocages dus à votre mental viennent parfois vous empêcher de trouver le chemin de l'élévation. Avec le lapis lazuli vous ferez fi de ces blocages et, étape par étape, vous ferez taire les causeries incessantes, parfois polémiques de vos pensées contradictoires.

N'hésitez pas : le lapis lazuli est une excellente pierre pour atteindre cet objectif.

CARTE N°68
SODALITE

Les fonctions du chakra correspondant : Chakra du troisième œil

Irrigué d'énergie spirituelle pure, sorte de synthèse supérieure des cinq éléments matériels, le chakra du troisième œil représente la vision de la Volonté divine, laquelle est impérative : il s'agit bien du chakra du commandement. Il introduit l'action (le *karma*) qui oriente l'ego vers la réalisation de ses désirs, tissant ainsi les liens puissants du karma en tant que loi de cause à effet.

Le chakra du troisième œil est très cérébral : c'est par lui que tout ce qui concerne l'esprit se manifeste. Il est le siège de l'intelligence, des capacités d'analyse et de synthèse, de la mémoire, des perceptions sensorielles, aussi bien organiques qu'émotionnelles, des idées, de l'imagination, de la créativité, et de la volonté.

Il filtre les perceptions que l'on reçoit et les intègre grâce au savoir, aux concepts socioculturels acquis, aux sentiments innés, à la spiritualité, et à l'intuition.

Le chakra du troisième œil agit tout autant sur le plan physique que sur le plan spirituel. Il est le centre de la prise de conscience spirituelle autant que matérielle, intellectuelle autant que physique. Il est donc le garant de notre propre évolution sur de nombreux plans car c'est par lui que se développent les perceptions extra-sensorielles comme l'intuition, la clairvoyance, les capacités télépathiques. Bien irrigué en énergies, il peut apporter de grands changements dans notre vie.

La plupart des gens n'ont pas tout à fait conscience que leur chakra du troisième œil fonctionne harmonieusement mais il est certain que c'est par un travail introspectif régulier que l'on peut l'irriguer en énergies et l'ouvrir en grand, en s'ouvrant à la conscience et à la sagesse. On peut ainsi atteindre un haut niveau de compétences dans des domaines complexes comme la recherche scientifique, acquérir une maîtrise et la compréhension des

concepts philosophiques, mathématiques ou théologiques.
Mais restons modestes et contentons-nous d'essayer de donner un éclairage objectif sur nos projets : il perçoit la partie invisible des choses, les qualités et les pièges cachés. Il vous guidera vers la concrétisation réussite d'idées que vous avez eues intuitivement. C'est ainsi que vous maîtriserez mieux vos projets d'avenir tout en tenant compte de la mémoire que vous avez des expériences de votre passé.
Le sixième chakra est bien le chakra du sixième sens...
Le chakra du troisième œil est relié au corps pituitaire et gouverne le cerveau bas, les yeux et le système nerveux, mais aussi la mémoire et l'usage conscient des diverses fonctions cérébrales. Le troisième œil contrôle le système nerveux céphalorachidien, celui qui commande les actes volontaires. Il stimule les fonctions glandulaires et régule les sécrétions.
Il agit par proximité sur le visage, sur ses expressions, son harmonie, sur le nez et les sinus, les yeux, les oreilles, aussi bien en matière de perceptions sensitives que sur un plan extrasensoriel, l'oreille interne, le cervelet et le sens de l'équilibre.
Lorsque le chakra du troisième œil est hyperactif, la personne est souvent atteinte d'une sorte de surexcitation diffuse qui peut s'exprimer par des cauchemars fréquents, des vertiges et des migraines, sans compter avec les pathologies liées à l'usage de stupéfiants, ces drogues qui, paraît-il, permettent un élargissement de la conscience et qui, en fait, ne font que dévier l'esprit de ses responsabilités et du sens des réalités. Quand, au contraire, les énergies manquent de fluidité sur ce chakra, on a pu constater de nombreux cas de troubles de la vision et des sinusites chroniques.
Le chakra du troisième œil régit l'intellect supérieur, avec ses attributs de foi, clairvoyance, discrimination et analyse. Mais, alors qu'au niveau du chakra du plexus solaire ces fonctions sont orientées vers des résultats objectifs ancrés dans le monde extérieur, ici, toute l'énergie de la connaissance est orientée vers l'intériorité de plus en plus absolue. Il représente la discipline, les choix sélectifs, les buts à long terme.
Lorsque ce chakra présente une carence dans les flux énergétiques qui devraient le traverser, on se trouve en présence de personnes dont les schémas de pensée sont nébuleux. Leurs intuitions sont brèves et contradictoires, difficilement assimilables. Elles ne ressentent ou n'acceptent jamais la moindre perception extrasensorielle. Il s'agit de personnes incapables de s'impliquer et qui s'en déresponsabilisent sans qu'elles soient réellement détachées des réalités. Chez elles, ni intuition, ni sens logique. Leur sens de l'ego est imprécis: elles sont capables de s'identifier spontanément avec d'autres personnes: leur alter ego, c'est tout le monde et n'importe qui. Elles méconnaissent leur moi profond et n'ont aucune prédisposition pour l'incarnation. C'est pourquoi elle développent parallèlement un complexe d'infériorité et un comportement de suiveur. Comme elles ont tendance à adhérer aux idées toutes faites et aux préjugés, leur manque de personnalité, d'esprit critique,

de caractère et de libre arbitre les engage vers une fascination pour les champs clos et limités des sectes ou des mouvements religieux fondamentalistes. C'est assez logique, dans la mesure ou leur manque de curiosité fait qu'elles sont incapables d'intellectualiser. Elles montrent un franc désintérêt pour la culture, le savoir et les sciences.
Lorsque le chakra du troisième œil est bien épanoui, on acquiert le sens des harmoniques universelles avec leurs résonances et leurs correspondances. On transcende alors les entraves sensorielles et les logiques usuelles. Cela permet de libérer l'intuition spirituelle pure, au delà du temps et de l'espace. On ouvre ainsi la perception vers les plans subtils. On a une vision claire de l'interconnexion entre les divers plans de la réalité. On a désormais accès à la lecture des annales akashiques, à l'inspiration transpersonnelle et au schéma évolutif de l'humanité. Avec une clairvoyance et une vision unifiées.
C'est ainsi que l'on a accès à une vision cohérente de l'avenir.

Les principales propriétés énergétiques de votre pierre

La sodalite pourrait être facilement confondue avec le lapis-lazuli, surtout quand elle contient des traces de pyrite. Cela n'a que peu d'importance en lithothérapie car la sodalite a des propriétés très proches de celles du lapis-lazuli. Bien qu'elle soit un peu moins puissante et plus discrète, elle propage les mêmes effets apaisants avec une sérénité plus profonde.
La sodalite est excellente pour les traitements des affections de la gorge et des yeux.
Elle est idéale pour calmer les gens qui ont tendance à vanter leurs mérites à l'excès car elle les rassure sur leurs capacités. Ils n'ont ainsi plus besoin de les prouver, ni aux autres, ni à eux-mêmes. Leur discours s'apaise car ils abandonnent leurs tendances à l'agression verbale, à l'ironie, et cessent de tout tourner en dérision.
C'est une pierre de logique qui canalise la pensée de façon rationnelle, la stabilise et permet une grande maîtrise des émotions. Les hypersensibles en font une de leurs pierres de prédilection.
C'est une pierre d'ouverture d'esprit, au monde, au savoir, aux connaissances, aux idées.
Elle assouplit l'esprit de ceux qui auraient tendance à se laisser aller aux idées toutes faites, aux lieux communs, aux ritualisations irraisonnées, aux conventions issues de la pression sociale, et à toutes les conséquences de la rigidité mentale. De ce point de vue, la sodalite permet de lutter contre les effets des troubles obsessionnels compulsifs.
Le renforcement raisonné de nos propres valeurs nous incite alors à une plus grande fidélité à nos principes, débarrassés de toutes convictions fantasmatiques ou erronées.
La Sodalite harmonise les énergies individuelles dans un travail de groupe pour installer une solidarité et une cohésion durable.
Elle permet d'éveiller le troisième œil, de préparer l'esprit à la connais-

sance intuitive et à l'introspection. À ce titre, elle est une excellente préparation à un travail plus poussé avec l'azurite.
La sodalite veinée de blanc apporte plus encore de lumière pour l'esprit.
La sodalite à zones sombres apporte une bonne protection contres les influences négatives.

Na

L'oligoélément utile en soins : le sodium (Na)

Le sodium est très présent dans l'organisme sous forme de sel (chlorure de sodium), particulièrement dans le plasma sanguin. Il est apporté dans l'alimentation par le sel de cuisine, qui sert à relever nos aliments et à nous ouvrir l'appétit. Les besoins quotidiens peuvent considérablement varier en fonction de multiples facteurs : état de santé, âge, poids, fréquence et intensité des activités physiques.
Dans un environnement chaud ou lors d'efforts physiques intenses, la transpiration élimine de grandes quantités de sel, pouvant ainsi engendrer une carence en potassium. Celle-ci se manifeste par une déshydratation, des crampes musculaires, des insomnies, voire des pertes de connaissance. Le sodium est aussi éliminé par les urines. Aussi est-il nécessaire de consommer plus de sel en période climatique chaude ou lorsqu'on doit fournir des efforts physiques ou intellectuels prolongés, car il stimule aussi bien les muscles que les capacités cognitives.
Un dysfonctionnement des reins, une insuffisance surrénale aiguë et des coliques néphrétiques provoquent souvent des déséquilibres en sodium dans le sang et de graves troubles métaboliques.
Une carence en sodium peut aussi être consécutive à différents troubles qui provoquent des rejets liquides comme les diarrhées, les vomissements, les transpirations excessives. Elle est encore possible lorsqu'on suit un régime sans sel associé à des diurétiques.
La carence en sodium provoque un déséquilibre de la répartition de l'eau dans l'organisme : une hydratation intracellulaire excessive combinée avec une déshydratation des liquides extracellulaires.
En cas de surconsommation de sel, on s'expose à un important désir de boire, à la rétention d'eau, à un surmenage des fonctions rénales. Le facteur de risque d'hypertension artérielle augmente considérablement et peut provoquer des insuffisances cardiaques, voire un infarctus du myocarde sur le long terme. L'excès de sel peut aussi provoquer des œdèmes des membres inférieurs.

CONCLUSIONS

En tirant la carte de la sodalite, on peut constater chez vous un besoin de simplicité dans l'exercice assumé de votre spiritualité naturelle, sans prise de tête.

Elle vous permet regarder sans jugement des parties réprimées de votre personnalité et de les accepter.

Avec la sodalite vous retrouvez votre unicité décomplexée de tout ce qui engendrerait des blocages. Vous allez ainsi créer les conditions de vie que vous avez choisies librement et en conscience.

Elle renforcera votre aspiration à la liberté d'être enfin ce que vous savez et ce que vous désirez être.

CARTE N°70
AMÉTHYSTE

Les fonctions du chakra correspondant : Chakra coronal

Le chakra coronal répond à une symbolique puissante : il est le Un qui renferme le Tout, ou le Tout dans l'Un.
Le chakra du sommet réunit toutes les énergies des autres chakras. Il est le point de rencontre et de fusion des Forces Cosmiques, de l'esprit divin avec nos propres énergies pour l'accomplissement suprême de soi.
En tant que point de fusion, le chakra du sommet permet d'atteindre la synthèse ultime : chaque partie de notre corps et de notre esprit est un tout qui se fond dans l'ensemble social qui lui-même fait partie d'un tout, sur terre et dans le ciel, au milieu des forces cosmiques et universelles. Il est l'unité absolue.
Il est le centre de nos origines, de notre mort, de notre présent et de notre renaissance perpétuelle. Le sentiment d'éternité se manifeste lorsque les deux mouvements sont perçus simultanément. Ce n'est qu'alors que l'on accède à la Connaissance de la Sagesse.
Il est au-delà du spirituel et du matériel. Il est le siège de la connaissance intuitive, parfaite et totale car il nous élève au cœur de l'esprit divin, siège de toutes choses.
L'ouverture du chakra du sommet débloque totalement les autres chakras. Il rayonne tant que tout votre entourage en est favorablement influencé. En vous se trouve la conscience de l'unité de tout, dans l'accomplissement des desseins divins au travers de vos actes.

Un soir d'été, levez simplement les yeux vers le ciel étoilé : cette myriade d'étoiles, si nombreuses qu'elle forment des nuages dans le ciel de nuit, si nombreuses qu'il ne vous est pas possible de les compter, ce n'est qu'une petite partie de notre galaxie.
Essayez de vous situer dans cet ensemble directement perceptible et là,

vous sentez déjà votre chakra du sommet s'entrouvrir. Vous avez compris que vous êtes la composante d'un TOUT qui est UN, régi par des forces qui vous échappent, sur lesquelles vous n'avez aucun contrôle, aucune influence.

Maintenant, faites le voyage à l'inverse, vers l'infiniment petit. Essayez de cernez la ronde des atomes, le ballet des particules. Essayez de vous situer par rapport à eux, d'appréhender leurs dimensions, les forces qui les animent. Là non plus, vous n'avez aucun contrôle, aucune influence. Pourtant, ces phénomènes sont en vous, comme en toute chose, sur terre, dans l'eau, l'air, le feu, dans l'univers entier qui est UN, de l'infiniment petit à l'immensément grand, bien au-delà et bien en-deçà de votre niveau de compréhension ou d'observation.
Alors, favorisez l'ouverture de votre chakra du sommet en laissant aller votre esprit à n'être rien d'autre qu'un TOUT. Étant TOUT, vous en avez la connaissance immédiate. Vous êtes univers et atome, vous êtes les forces qui les régissent. Vous êtes hors du temps car les distances ont disparu.

Les principales propriétés énergétiques de votre pierre

Symboliquement, l'améthyste associe la sagesse avec la force.
Selon son étymologie, elle combat l'ivresse. On l'utilise toujours pour combattre les intoxications (alcool, tabac, drogues, café...).
Elle apaise les maux de tête (chakra du troisième œil et chakra Coronal), fait baisser la fièvre (chakra Racine).
Elle apaise les douleurs gastriques consécutives à l'énervement, contribue au bon fonctionnement du foie.
Placée à proximité de la plaie, elle aide à la résorption des brûlures.
Elle permet de compenser les excès obsessionnels d'ordre sexuel (nymphomanie, priapisme, érotomanie du troisième âge). Elle aide à maîtriser les passions irraisonnées, chasse les pensées obsessionnelles.
Une géode d'améthyste placée dans une pièce purifie l'atmosphère, procure détente et paix. Dans une chambre à coucher, elle contribue à un sommeil calme et profond, détend les muscles des épaules et de la nuque.
On peut aussi placer quelques améthystes dans son oreiller pour éliminer les cauchemars et éclaircir les rêves.
L'améthyste apaise les angoisses et les colères, permet un rééquilibrage mental, calme l'hystérie (chakra du troisième œil et chakra du plexus solaire).
Par essence, l'améthyste est la pierre de la sagesse et de l'humilité. Elle favorise l'élévation spirituelle, la concentration et la méditation. Elle stimule l'imagination, la créativité, la clarté de l'esprit, la sérénité.
Le guérisseur purifie la main qui soigne à l'intérieur d'une géode d'améthyste: en remettant son organe au bon vouloir des Forces Cosmiques, l'améthyste lui offre l'innocence et la charge de sa puissance.
L'améthyste est une pierre recommandée à toutes les professions en rapport avec une forte spiritualité, qu'elle soit religieuse ou pas: prêtres, pasteurs,

rabbins, imams, ou autres. L'améthyste n'est-elle pas au doigt des évêques et ne compose-t-elle pas le chapelet des bouddhistes ?

L'oligoélément utile en soins : le silicium (Si)

Le silicium est le principal composant du collagène. Il permet l'assemblage de toutes les cellules du corps. C'est dans l'artère aorte, dans la peau et le thymus que l'on trouve les plus grandes concentrations de silicium. Son taux diminue avec l'âge dans des proportions importantes, engendrant une perte d'élasticité et une rigidification, d'où un risque sérieux d'hypertension artérielle, voire de rupture de vaisseaux sanguins.

Les globules blancs sont gros consommateurs de silicium. Ce sont les meilleurs défenseurs de notre organisme contre les infections microbiennes. Le silicium participe donc activement à nos défenses immunitaires naturelles, d'autant plus qu'il est impliqué dans la synthèse des anticorps.

Le silicium favorise la fixation du calcium dans les os et les dents, surtout en période de croissance des enfants, chez la femme enceinte, allaitante ou en période de ménopause pour contrer les risques d'ostéoporose, et chez les personnes âgées.

Le taux de silicium devrait être surveillé chez les personnes qui ont des activités sportives, car elles risquent de multiples incidents dus à une carence claquages musculaires, tendinites, entorses et microfractures.

Les os, les tendons, les ligaments et les muscles ont besoin de conserver toute leur élasticité tributaire de la présence de silicium dans le collagène et l'élastine.

Bon stimulateur des glandes endocrines, le silicium contribue à un développement harmonieux du système nerveux et préserve des risques de déficience intellectuelle, de pertes de mémoire et d'atonie cérébrale, surtout en période de croissance.

Le silicium a un effet diurétique puissant. Il est recommandé aux personnes qui ont de la cellulite et qui font de la rétention d'eau.

La présence de silicium dans la peau aide à la conserver en bon état et contribue à la réparation des blessures et des inflammations en facilitant la cicatrisation.

CONCLUSIONS

L'apparition de la carte de l'améthyste dans votre jeu révèle chez vous une attirance pour une spiritualité douce qui vous permettrait de vous équilibrer énergétiquement face aux contraintes matérielles de votre quotidien : travail, finances, relations familiales et sociales, etc.

En effet, l'améthyste est une des plus simple et des plus accessibles des pierres destinées à l'exercice du rêve comme échappatoire vers des sphères plus poétiques et plus spirituelles. Elle vous permettra de vous élever spirituellement avec humilité et sagesse.

Si vous avez quelques difficultés à trouver le sommeil, l'améthyste placée sous l'oreiller calmera votre mental et vous procurera détente et paix intérieure. Si vous faites des cauchemars, elle vous emmènera vers des rêves plus doux, débarrassés des soucis du quotidien et des cauchemars.

La sérénité qu'elle diffuse permet aussi de lutter contre les addictions (tabagique, alcoolique ou produits stupéfiants) qui sont autant de signes de conflit intérieur en refus des contraintes matérielles et des soucis qu'elles génèrent.

Avec l'améthyste, vous faites un premier pas vers la sérénité de l'âme.

CARTE N°71
CRISTAL DE ROCHE

Les fonctions du chakra correspondant : Chakra coronal

Le chakra coronal répond à une symbolique puissante : il est le Un qui renferme le Tout, ou le Tout dans l'Un.
Le chakra du sommet réunit toutes les énergies des autres chakras. Il est le point de rencontre et de fusion des Forces Cosmiques, de l'esprit divin avec nos propres énergies pour l'accomplissement suprême de soi.
En tant que point de fusion, le chakra du sommet permet d'atteindre la synthèse ultime : chaque partie de notre corps et de notre esprit est un tout qui se fond dans l'ensemble social qui lui-même fait partie d'un tout, sur terre et dans le ciel, au milieu des forces cosmiques et universelles. Il est l'unité absolue.
Il est le centre de nos origines, de notre mort, de notre présent et de notre renaissance perpétuelle. Le sentiment d'éternité se manifeste lorsque les deux mouvements sont perçus simultanément. Ce n'est qu'alors que l'on accède à la Connaissance de la Sagesse.
Il est au-delà du spirituel et du matériel. Il est le siège de la connaissance intuitive, parfaite et totale car il nous élève au cœur de l'esprit divin, siège de toutes choses.
L'ouverture du chakra du sommet débloque totalement les autres chakras. Il rayonne tant que tout votre entourage en est favorablement influencé. En vous se trouve la conscience de l'unité de tout, dans l'accomplissement des desseins divins au travers de vos actes.

Un soir d'été, levez simplement les yeux vers le ciel étoilé : cette myriade d'étoiles, si nombreuses qu'elle forment des nuages dans le ciel de nuit, si nombreuses qu'il ne vous est pas possible de les compter, ce n'est qu'une petite partie de notre galaxie.
Essayez de vous situer dans cet ensemble directement perceptible et là,

vous sentez déjà votre chakra du sommet s'entrouvrir. Vous avez compris que vous êtes la composante d'un TOUT qui est UN, régi par des forces qui vous échappent, sur lesquelles vous n'avez aucun contrôle, aucune influence.

Maintenant, faites le voyage à l'inverse, vers l'infiniment petit. Essayez de cernez la ronde des atomes, le ballet des particules. Essayez de vous situer par rapport à eux, d'appréhender leurs dimensions, les forces qui les animent. Là non plus, vous n'avez aucun contrôle, aucune influence. Pourtant, ces phénomènes sont en vous, comme en toute chose, sur terre, dans l'eau, l'air, le feu, dans l'univers entier qui est UN, de l'infiniment petit à l'immensément grand, bien au-delà et bien en-deçà de votre niveau de compréhension ou d'observation.
Alors, favorisez l'ouverture de votre chakra du sommet en laissant aller votre esprit à n'être rien d'autre qu'un TOUT. Étant TOUT, vous en avez la connaissance immédiate. Vous êtes univers et atome, vous êtes les forces qui les régissent. Vous êtes hors du temps car les distances ont disparu.

Les principales propriétés énergétiques de votre pierre

Les traditions qui concernent le cristal de roche sont nombreuses :
• Chamanisme amérindien : pierre sacrée de sagesse et de clairvoyance, facilite la transe et permet à l'esprit de voler, de voir l'invisible, éveille la conscience.
• Chamanisme australo-océanien : « Pierre de Lumière », instrument de clairvoyance, donne le pouvoir de percevoir les origines des maladies, permet à l'âme du malade de trouver les chemins de la guérison.
• Chrétienté : l'immaculée conception et, plus généralement, l'aboutissement d'une mission à caractère spirituel.
• Inde : embryon né de la roche. Lorsqu'il a atteint sa maturité, il devient diamant (sur le plan symbolique, le lithothérapeute moderne peut considérer le diamant de Herkimer comme un cristal à maturité intermédiaire entre le cristal de roche et le diamant).
Symboliquement, c'est l'union des contraires entre la matière solide et la transparence immatérielle.

Le cristal de roche est un quartz hyalin incolore, mais il est capable de décomposer la lumière dans toutes les nuances de l'arc-en-ciel. Il est de ce fait d'une absolue neutralité et peut être employé universellement en lithothérapie, sur tous les chakras, pour tous les usages.
Facile à programmer, le cristal de roche est un puissant amplificateur. C'est pourquoi on l'utilise fréquemment dans les géométries cristallines périphériques afin de renforcer la puissance d'une pierre plus spécialisée.
Grâce à une habile programmation, il peut être un substitut correct à une pierre spécialisée que l'on ne posséderait pas : s'il est capable d'en revêtir les propriétés, il n'a toutefois pas la puissance et la finesse de leurs éner-

gies. Ce n'est qu'un substitut…
Le cristal de roche est l'ami de la végétation : il attire la pluie.
Il est la pierre de lumière qui éloigne les ténèbres, permet de retrouver des objets, des personnes ou des animaux perdus, de se retrouver en soi, d'illuminer ses pensées.
Le cristal de roche est un puissant amplificateur énergétique qui active les chakras, fluidifie la circulation des énergies sur l'ensemble du canal de circulation des énergies, recentre et aligne les corps subtils de notre enveloppe énergétique.
C'est l'outil de base de la lithothérapie et une de ses pierres maîtresses, c'est pourquoi j'y consacre cet important paragraphe. Les outils particuliers taillés dans le cristal de roche sont légion. Chacun d'eux possède des fonctions précises et spécialisées en méditation et en lithothérapie. Les variétés naturelles de cristal de roche sont tout aussi nombreuses et chacune d'elles a des propriétés particulières. Quelques exemples en vrac dont vous pourrez découvrir les propriétés particulières dans le « *Dictionnaire de la Lithothérapie* » (Ambre éditions) :

- Laser quartz
- Cristaux biternimés
- Diamant de Herkimer
- Grand générateur
- Cristaux « cathédrale »
- Cristaux à fantômes
- Quartz à âme
- Quartz sceptre
- Druse de rechargement
- Icosaèdre d'harmonisation
- Etc.

Non contents de cela, les bricoleurs du New Age moderne ont inventé toute une palette d'outils à base de cristaux naturels de cristal de roche, bombardés à coup de particules d'or, de titane, de platine ou autre, trempés dans des bains électrolytiques qui vont déposer une couche métallique ou chimique à la surface du cristal. C'est ainsi que l'on obtient les cristaux « Aqua Aura », « Arc-en-ciel d'aura », « Opale d'aura », « Aura rose », « Aura rubis », « Aura ensoleillée », « Bleu sibérien », « Guérisseur doré », « Tangerine », et je ne les connais probablement pas tous. Même si l'on peut supposer que ces objets, créés à des fins essentiellement commerciales, peuvent éventuellement avoir des propriétés en soins ou en méditation, j'ai décidé de ne traiter que les cristaux naturels bruts, quitte à passer une fois de plus pour « un dangereux intégriste du cristal naturel », ainsi que je l'ai déjà entendu dire… Les cristaux naturels bruts sont bien assez nombreux et bien assez complexes pour qu'ils méritent un travail de fond méthodique.
Bien prétentieux celui qui ose prétendre avoir fait le tour de la question.

Si L'oligoélément utile en soins : le silicium (Si)

Le silicium est le principal composant du collagène. Il permet l'assemblage de toutes les cellules du corps. C'est dans l'artère aorte, dans la peau et le thymus que l'on trouve les plus grandes concentrations de silicium. Son taux diminue avec l'âge dans des proportions importantes, engendrant une perte d'élasticité et une rigidification, d'où un risque sérieux d'hypertension artérielle, voire de rupture de vaisseaux sanguins.
Les globules blancs sont gros consommateurs de silicium. Ce sont les meilleurs défenseurs de notre organisme contre les infections microbiennes. Le silicium participe donc activement à nos défenses immunitaires naturelles, d'autant plus qu'il est impliqué dans la synthèse des anticorps.
Le silicium favorise la fixation du calcium dans les os et les dents, surtout en période de croissance des enfants, chez la femme enceinte, allaitante ou en période de ménopause pour contrer les risques d'ostéoporose, et chez les personnes âgées.
Le taux de silicium devrait être surveillé chez les personnes qui ont des activités sportives, car elles risquent de multiples incidents dus à une carence claquages musculaires, tendinites, entorses et microfractures.
Les os, les tendons, les ligaments et les muscles ont besoin de conserver toute leur élasticité tributaire de la présence de silicium dans le collagène et l'élastine.
Bon stimulateur des glandes endocrines, le silicium contribue à un développement harmonieux du système nerveux et préserve des risques de déficience intellectuelle, de pertes de mémoire et d'atonie cérébrale, surtout en période de croissance.
Le silicium a un effet diurétique puissant. Il est recommandé aux personnes qui ont de la cellulite et qui font de la rétention d'eau.
La présence de silicium dans la peau aide à la conserver en bon état et contribue à la réparation des blessures et des inflammations en facilitant la cicatrisation.

CONCLUSIONS

Lorsque la carte « cristal de roche » apparaît dans votre tirage de carte, elle révèle chez vous une besoin d'universalité dans votre spiritualité car le cristal de roche agit sur l'harmonisation énergétique de l'ensemble de vos chakras en fluidifiant les flux énergétique sur tout votre canal de circulation des énergies. Ce phénomène est dû au fait que le cristal de roche est incolore mais qu'il est capable de diffracter la lumière blanche par

effet de prisme dans toutes les couleurs de l'arc-en-ciel pour irriguer tous vos chakras.

Il pourrait vous sera utile si vous avez besoin d'éloigner les ténèbres en vous illuminant de sa lumière pure. L'ombre et la lumière sont intimement liées.
Elles n'existent pas l'une sans l'autre, elles sont l'opposition des contraires.

Grâce au cristal de roche, vous pourrez identifier vos zones d'ombre et en estomper les contours.
Sur le plan symbolique, cela signifie que vous prendrez conscience de vos défauts, de vos travers, et que vous serez en capacité de les corriger et diffuser cette lumière au sein de votre entourage.

Le cristal de roche vous entraînera avec enthousiasme vers un travail profond (qui peut parfois être long et laborieux) qui stimulera le développement de votre être intérieur. Vous pourrez également programmer votre cristal de roche en lui donnant une intention tout d'abord sur le chakra du troisième œil puis sur le chakra du cœur. Veuillez noter que si une intention n'est que mentale, elle sera moins efficace pour la programmation). Une fois programmé, le cristal de roche gardera ce programme jusqu'à son accomplissement.

Si vous souhaitez changer de programme, il vous suffira de le purifier et de le recharger.

Selon ses principes d'universalité, le cristal de roche peut, par la programmation, se substituer à n'importe quelle autre pierre dont il imitera les propriétés énergétiques particulières sans toutefois en avoir la subtilité des nuances.

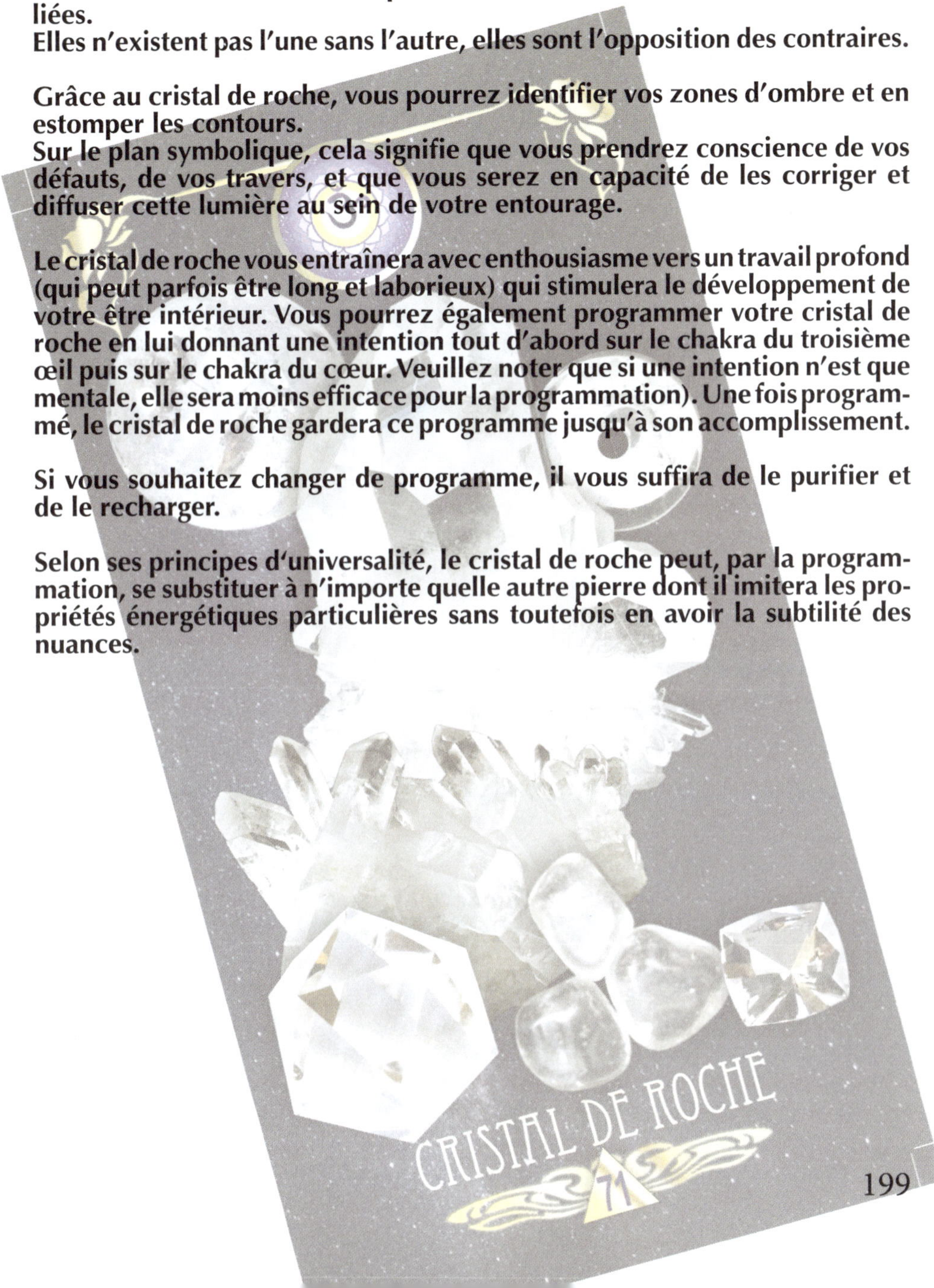

CARTE N°72
DIAMANT

Les fonctions du chakra correspondant : Chakra coronal

Le chakra coronal répond à une symbolique puissante: il est le Un qui renferme le Tout, ou le Tout dans l'Un.
Le chakra du sommet réunit toutes les énergies des autres chakras. Il est le point de rencontre et de fusion des Forces Cosmiques, de l'esprit divin avec nos propres énergies pour l'accomplissement suprême de soi.
En tant que point de fusion, le chakra du sommet permet d'atteindre la synthèse ultime: chaque partie de notre corps et de notre esprit est un tout qui se fond dans l'ensemble social qui lui-même fait partie d'un tout, sur terre et dans le ciel, au milieu des forces cosmiques et universelles. Il est l'unité absolue.
Il est le centre de nos origines, de notre mort, de notre présent et de notre renaissance perpétuelle. Le sentiment d'éternité se manifeste lorsque les deux mouvements sont perçus simultanément. Ce n'est qu'alors que l'on accède à la Connaissance de la Sagesse.
Il est au-delà du spirituel et du matériel. Il est le siège de la connaissance intuitive, parfaite et totale car il nous élève au cœur de l'esprit divin, siège de toutes choses.
L'ouverture du chakra du sommet débloque totalement les autres chakras. Il rayonne tant que tout votre entourage en est favorablement influencé. En vous se trouve la conscience de l'unité de tout, dans l'accomplissement des desseins divins au travers de vos actes.

Un soir d'été, levez simplement les yeux vers le ciel étoilé: cette myriade d'étoiles, si nombreuses qu'elle forment des nuages dans le ciel de nuit, si nombreuses qu'il ne vous est pas possible de les compter, ce n'est qu'une petite partie de notre galaxie.
Essayez de vous situer dans cet ensemble directement perceptible et là,

sentez déjà votre chakra du sommet s'entrouvrir. Vous avez compris que vous êtes la composante d'un TOUT qui est UN, régi par des forces qui vous échappent, sur lesquelles vous n'avez aucun contrôle, aucune influence.

Maintenant, faites le voyage à l'inverse, vers l'infiniment petit. Essayez de cernez la ronde des atomes, le ballet des particules. Essayez de vous situer par rapport à eux, d'appréhender leurs dimensions, les forces qui les animent. Là non plus, vous n'avez aucun contrôle, aucune influence. Pourtant, ces phénomènes sont en vous, comme en toute chose, sur terre, dans l'eau, l'air, le feu, dans l'univers entier qui est UN, de l'infiniment petit à l'immensément grand, bien au-delà et bien en-deçà de votre niveau de compréhension ou d'observation.
Alors, favorisez l'ouverture de votre chakra du sommet en laissant aller votre esprit à n'être rien d'autre qu'un TOUT. Étant TOUT, vous en avez la connaissance immédiate. Vous êtes univers et atome, vous êtes les forces qui les régissent. Vous êtes hors du temps car les distances ont disparu.

Les principales propriétés énergétiques de votre pierre

Symbole de pureté, les diamants, et plus particulièrement les diamants incolores, sont d'une puissance exceptionnelle. Le diamant est formellement déconseillé aux débutants dont la maladresse pourrait causer des dommages sinon irréversibles du moins très difficiles et longs à compenser.
De même, les initiés doivent approcher cette pierre avec le plus grand respect et s'entourer des meilleures précautions, notamment: grands cristaux de schorl (tourmalines noires), ou diamant noirs au niveau des pieds et (ou) du premier chakra, afin de faciliter le retour à la conscience et de créer un réseau de protection autour du corps physique pendant la séance.
L'utilisateur du diamant doit être mentalement pur. Toute perturbation dans le positivisme des pensées et la noblesse des intentions peut insuffler des vertus maléfiques dans la pierre. Or, le diamant est un puissant amplificateur.
Nous considérons que le diamant est la pierre ultime de la méditation, à n'utiliser que lorsque l'on a déjà une bonne expérience et une bonne maîtrise des autres pierres.
Le diamant favorise la cicatrisation (coagulation du sang). Il est d'un soutien efficace pour les hémophiles (chakra du cœur).
Il apaise la fièvre et les crises de démence (troisième œil).
Il protège contre les empoisonnements par piqûres ou morsures (à proximité de la plaie ou en élixir).
Il est bénéfique pour les yeux: cataracte, troubles de la vue, décollement rétinien (chakra du troisième œil).
Le diamant donne du courage. Il permet de déceler les trahisons (chakra de la gorge), aide à gagner les procès en justice pour de justes causes (chakra du cœur). Il tempère une sexualité excessive (chakra sacré).

L'oligoélément utile en soins : Aucun

Le diamant est composé de carbone pur (C). Le carbone n'est pas un oligoélément. Il est la brique élémentaire de la vie. Il n'a aucun besoin d'agir sur le métabolisme via des soins en oligothérapie. Il est la pure énergie vitale.

CONCLUSIONS

Vous avez tiré la carte « Diamant » et ce n'est pas un hasard.
Elle révèle chez vous un puissant besoin de pureté pour vous nettoyer des actes plus ou moins moralement répréhensibles que vous avez commis dans votre vie, de la plus infime des injustices jusqu'aux délits les plus graves qui salissent votre karma et pour lesquelles vous ressentez une culpabilité chronique ou récurrente.

Avec le diamant vous ne pourrez plus tricher et tenter de dissimuler ces regrets ou ces remords comme de la poussière sous les tapis.

Dans la mythologie, le diamant délivre des influences démoniaques et symbolise la justice et la vérité. Il vous aidera à trouver votre vérité et hissera votre caractère vers la noblesse de votre esprit et de vos comportements. Dans une recherche spirituelle, le diamant vous permettra d'être sincère avec vous-même et avec les autres, en les considérant sans préjugés.

Plus encore que le cristal de roche, le diamant est un apport d'une lumière puissante qui vous donne accès à la Connaissance Universelle : c'est le grand rayon blanc, éblouissant, originaire des premiers temps des origines de l'univers et des forces cosmique.

Il s'agit bien là d'une des cartes les plus puissantes de ce jeu.

CARTE N°73
LÉPIDOLITE

Les fonctions du chakra correspondant : Chakra coronal

Le chakra coronal répond à une symbolique puissante : il est le Un qui renferme le Tout, ou le Tout dans l'Un.
Le chakra du sommet réunit toutes les énergies des autres chakras. Il est le point de rencontre et de fusion des Forces Cosmiques, de l'esprit divin avec nos propres énergies pour l'accomplissement suprême de soi.
En tant que point de fusion, le chakra du sommet permet d'atteindre la synthèse ultime : chaque partie de notre corps et de notre esprit est un tout qui se fond dans l'ensemble social qui lui-même fait partie d'un tout, sur terre et dans le ciel, au milieu des forces cosmiques et universelles. Il est l'unité absolue.
Il est le centre de nos origines, de notre mort, de notre présent et de notre renaissance perpétuelle. Le sentiment d'éternité se manifeste lorsque les deux mouvements sont perçus simultanément. Ce n'est qu'alors que l'on accède à la Connaissance de la Sagesse.
Il est au-delà du spirituel et du matériel. Il est le siège de la connaissance intuitive, parfaite et totale car il nous élève au cœur de l'esprit divin, siège de toutes choses.
L'ouverture du chakra du sommet débloque totalement les autres chakras. Il rayonne tant que tout votre entourage en est favorablement influencé. En vous se trouve la conscience de l'unité de tout, dans l'accomplissement des desseins divins au travers de vos actes.

Un soir d'été, levez simplement les yeux vers le ciel étoilé : cette myriade d'étoiles, si nombreuses qu'elle forment des nuages dans le ciel de nuit, si nombreuses qu'il ne vous est pas possible de les compter, ce n'est qu'une petite partie de notre galaxie.
Essayez de vous situer dans cet ensemble directement perceptible et là,

sentez déjà votre chakra du sommet s'entrouvrir. Vous avez compris que vous êtes la composante d'un TOUT qui est UN, régi par des forces qui vous échappent, sur lesquelles vous n'avez aucun contrôle, aucune influence.

Maintenant, faites le voyage à l'inverse, vers l'infiniment petit. Essayez de cernez la ronde des atomes, le ballet des particules. Essayez de vous situer par rapport à eux, d'appréhender leurs dimensions, les forces qui les animent. Là non plus, vous n'avez aucun contrôle, aucune influence. Pourtant, ces phénomènes sont en vous, comme en toute chose, sur terre, dans l'eau, l'air, le feu, dans l'univers entier qui est UN, de l'infiniment petit à l'immensément grand, bien au-delà et bien en-deçà de votre niveau de compréhension ou d'observation.
Alors, favorisez l'ouverture de votre chakra du sommet en laissant aller votre esprit à n'être rien d'autre qu'un TOUT. Étant TOUT, vous en avez la connaissance immédiate. Vous êtes univers et atome, vous êtes les forces qui les régissent. Vous êtes hors du temps car les distances ont disparu.

Les principales propriétés énergétiques de votre pierre

La Lépidolite fait partie de la famille des micas. Tous les micas sont des pierres d'isolement électrique, thermique et énergétique. À ce titre, ils ont souvent des effets protecteurs contre les énergies négatives d'autrui, les mauvaises influences comportementales, les jalousies, les mauvais sorts.
La Lépidolite est une variété de mica rose violacée contenant du lithium.
Elle est un puissant obstacle aux cauchemars. Elle permet de trouver un sommeil apaisant, libère des angoisses.
De ce fait, elle permet de lutter contre les états dépressifs en gérant les contrariétés que le stress peut développer.
Conséquence intéressante : elle apaise les maux d'estomac.
Elle peut aussi être utilisée pour fermer sélectivement le chakra coronal.
Il peut être utile de fermer la porte de ce chakra lorsqu'on a affaire à une personne particulièrement mystique ou religieuse qui est déconnectée des réalités.

Li

L'oligoélément utile en soins : le lithium (Li)

On connaît encore mal le rôle que le lithium tient dans l'organisme, mais des études nutritionnelles l'impliquent comme facteur de bonne santé et suggèrent qu'il doit être considéré comme un oligoélément essentiel. Une étude épidémiologique de 2011 met en valeur le lien entre le taux de lithium contenu dans l'eau de boisson et la longévité des individus qui la consomment.

L'action du lithium sur le système nerveux est particulièrement remarquable avec son effet sédatif, il est un régulateur dans le traitement des psychoses maniacodépressive, des troubles obsessionnels compulsifs, des insomnies, de l'irritabilité, de l'hyperactivité, des anxiétés, de la fragilité émotive, de l'asthénie, des altérations de l'humeur, du stress, des manifestations psychosomatiques.
L'administration de lithium entraîne une diminution de la fréquence cardiaque.
En dermatologie, c'est un antiallergique.
On le recommande plus particulièrement aux personnes agitées, instables, ou trop émotives. On a constaté une amélioration des capacités mémorielles chez des étudiants stressés en période d'examen à qui on avait administré du lithium. Chez la femme, lors des périodes prémenstruelles ou en phase de ménopause, il a des effets apaisants. On retrouve aussi ces propriétés chez des personnes âgées victimes de troubles dépressifs, de sautes d'humeur et d'angoisses affectives.

CONCLUSIONS

Lorsque la lépidolite apparaît dans votre tirage, elle laisse supposer que vous auriez besoin de calmer l'influence d'une spiritualité exacerbée qui peut vous être plus ou moins préjudiciable. Elle est généralement tributaire de croyances irraisonnées, mystiques ou religieuses, ou ésotériques, véhiculées par votre entourage auxquelles vous adhérez en toute confiance et en toute bonne foi. Comme ces idées peuvent être une source d'inquiétude, il serait grand temps de vous en débarrasser. La lépidolite fait partie de la famille des micas réputés pour leur qualité d'isolant thermique, électrique et énergétique. C'est grâce à ces propriétés que vous pourrez vous concentrer sur l'essentiel sans vous disperser tout en restant fidèle à vos intentions.

Cependant, il est toujours possible que la remise en cause d'idées toutes faites, de conceptions déviantes ou de positionnements inappropriés puisse générer en vous d'autres conflits d'ordre philosophique ou métaphysique.

Mais rassurez-vous car la lépidolite peut vous être utile si vous êtes dans une phase dépressive parce que le lithium qu'elle contient vous aidera à vous sentir plus apaisé(e) et pourra même chasser vos angoisses existentielles. Elle protège votre sommeil des cauchemars et vous apporte la paix intérieure et la sérénité.

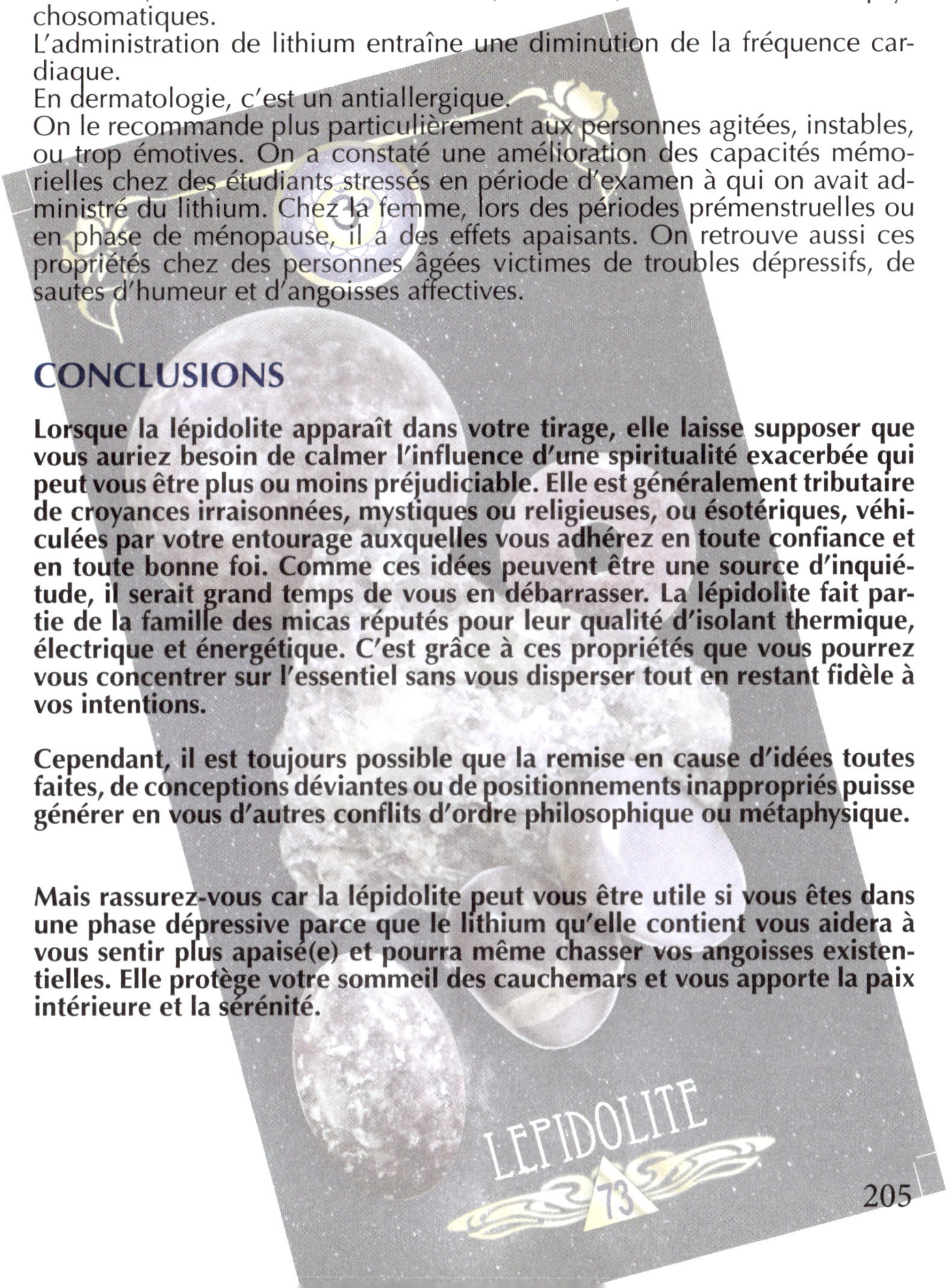

CARTE N°74
OR NATIF

Les fonctions du chakra correspondant : Chakra coronal

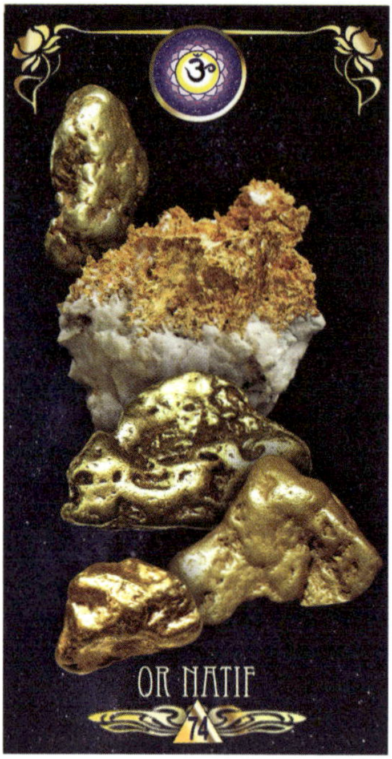

Le chakra coronal répond à une symbolique puissante : il est le Un qui renferme le Tout, ou le Tout dans l'Un.
Le chakra du sommet réunit toutes les énergies des autres chakras. Il est le point de rencontre et de fusion des Forces Cosmiques, de l'esprit divin avec nos propres énergies pour l'accomplissement suprême de soi.
En tant que point de fusion, le chakra du sommet permet d'atteindre la synthèse ultime : chaque partie de notre corps et de notre esprit est un tout qui se fond dans l'ensemble social qui lui-même fait partie d'un tout, sur terre et dans le ciel, au milieu des forces cosmiques et universelles. Il est l'unité absolue.
Il est le centre de nos origines, de notre mort, de notre présent et de notre renaissance perpétuelle. Le sentiment d'éternité se manifeste lorsque les deux mouvements sont perçus simultanément. Ce n'est qu'alors que l'on accède à la Connaissance de la Sagesse.
Il est au-delà du spirituel et du matériel. Il est le siège de la connaissance intuitive, parfaite et totale car il nous élève au cœur de l'esprit divin, siège de toutes choses.
L'ouverture du chakra du sommet débloque totalement les autres chakras. Il rayonne tant que tout votre entourage en est favorablement influencé. En vous se trouve la conscience de l'unité de tout, dans l'accomplissement des desseins divins au travers de vos actes.

Un soir d'été, levez simplement les yeux vers le ciel étoilé : cette myriade d'étoiles, si nombreuses qu'elle forment des nuages dans le ciel de nuit, si nombreuses qu'il ne vous est pas possible de les compter, ce n'est qu'une petite partie de notre galaxie.
Essayez de vous situer dans cet ensemble directement perceptible et là,

sentez déjà votre chakra du sommet s'entr'ouvrir. Vous avez compris que vous êtes la composante d'un TOUT qui est UN, régi par des forces qui vous échappent, sur lesquelles vous n'avez aucun contrôle, aucune influence.

Maintenant, faites le voyage à l'inverse, vers l'infiniment petit. Essayez de cernez la ronde des atomes, le ballet des particules. Essayez de vous situer par rapport à eux, d'appréhender leurs dimensions, les forces qui les animent. Là non plus, vous n'avez aucun contrôle, aucune influence. Pourtant, ces phénomènes sont en vous, comme en toute chose, sur terre, dans l'eau, l'air, le feu, dans l'univers entier qui est UN, de l'infiniment petit à l'immensément grand, bien au-delà et bien en-deçà de votre niveau de compréhension ou d'observation.
Alors, favorisez l'ouverture de votre chakra du sommet en laissant aller votre esprit à n'être rien d'autre qu'un TOUT. Étant TOUT, vous en avez la connaissance immédiate. Vous êtes univers et atome, vous êtes les forces qui les régissent. Vous êtes hors du temps car les distances ont disparu.

Les principales propriétés énergétiques de votre pierre

L'or est la lumière solaire d'essence divine.
La richesse de l'or est dans l'intelligence et la spiritualité qu'il véhicule.
L'or a des effets bénéfiques sur les yeux. Il guérit les orgelets, soulage les conjonctivites.
En élixir, il prévient les crises d'épilepsie.
Générosité, noblesse des sentiments, richesse intellectuelle dans tous les domaines complexes de la réflexion: philosophie, géopolitique, économie et finances, psychologie, et tout ce qui concerne l'analyse profonde des activités et des sentiments humains.
L'Or agit sur les capacités extrasensorielles en les développant, en les renforçant, en les bonifiant, en les illuminant de sa sagesse.
Il s'applique exclusivement au chakra coronal et peut être couplé au cristal de roche, au diamant, à l'opale noble, à l'azurite, et au lapis-lazuli dans un travail de recherche spirituelle poussée.
Il éclaire l'esprit, favorise le rapprochement avec l'être suprême et peut provoquer un engagement de type sacerdotal.
Sa richesse extrême l'autorise à un détachement des choses matérielles.

Au

L'oligoélément utile en soins : l'or (Au)

C'est essentiellement dans le foie, la rate et la moelle des os que l'or se fixe.
Il stimule l'activité cellulaire. Ce faisant, il stimule les capacités de réparation des lésions des divers tissus, permettant ainsi une cicatrisation des

plaies à la fois plus rapide et plus efficace.
En activant les capacités de destruction des globules blancs sur les infections microbiennes, il renforce nos défenses naturelles. En oligothérapie, on l'associe fréquemment avec le cuivre et l'argent qui ont, comme l'or, d'excellentes propriétés anti-infectieuses. L'association cuivre-or-argent peut être considérée comme un véritable antibiotique polyvalent. L'or est très efficace pour lutter contre la tuberculose pulmonaire ou osseuse en s'attaquant très spécifiquement à la prolifération du bacille de Koch. Contre la tuberculose et les rhumatismes, il est bon d'y adjoindre du soufre, surtout dans les cas d'arthrite rhumatoïde.
L'or est un oligoélément très polyvalent qui agit aussi contre des pathologies liées aux système de circulation sanguine hypertension, hémorroïdes, insuffisance veineuse des membres inférieurs (varices). Il aide aussi à lutter contre les affections en otorhinolaryngologie, particulièrement chez les enfants pour lesquels il a aussi un rôle dans la stimulation de leur croissance. et suggèrent qu'il doit être considéré comme un oligoélément essentiel.

CONCLUSIONS

L'or vient d'apparaître dans votre tirage de carte. Vous pouvez vous en réjouir car il est symbole d'une grande richesse à venir… mais modérez votre enthousiasme si vous croyez qu'il va vous apporter un opulence financière qui résoudra tous vos problème matériels, bien que tout reste possible.

Sa vraie richesse réside dans la manifestation d'une spiritualité orientée vers la générosité vis à vis d'autrui.

Il vous sera d'un grand soutien si vous êtes appelé(e) à vous engager dans votre vie pour la mettre au service des autres, que ce soit dans un engagement sacerdotal, pour une cause humanitaire ou même vis-à-vis d'une relation amoureuse. En libérant votre esprit des pesanteurs matérielles, l'or natif vous incitera à vous poser les bonnes questions, à opérer un tri raisonnable entre ce que vous voulez ou pas dans un engagement sincère, réfléchi et désintéressé, sans retour en arrière possible. Vous aurez pesé dans un souci de vérité le pour et le contre et votre détachement des contraintes matérielles sera l'assise de votre sérénité.

CARTE N°75
SUGILITE

Les fonctions du chakra correspondant : Chakra coronal

Le chakra coronal répond à une symbolique puissante : il est le Un qui renferme le Tout, ou le Tout dans l'Un.
Le chakra du sommet réunit toutes les énergies des autres chakras. Il est le point de rencontre et de fusion des Forces Cosmiques, de l'esprit divin avec nos propres énergies pour l'accomplissement suprême de soi.
En tant que point de fusion, le chakra du sommet permet d'atteindre la synthèse ultime : chaque partie de notre corps et de notre esprit est un tout qui se fond dans l'ensemble social qui lui-même fait partie d'un tout, sur terre et dans le ciel, au milieu des forces cosmiques et universelles. Il est l'unité absolue.
Il est le centre de nos origines, de notre mort, de notre présent et de notre renaissance perpétuelle. Le sentiment d'éternité se manifeste lorsque les deux mouvements sont perçus simultanément. Ce n'est qu'alors que l'on accède à la Connaissance de la Sagesse.
Il est au-delà du spirituel et du matériel. Il est le siège de la connaissance intuitive, parfaite et totale car il nous élève au cœur de l'esprit divin, siège de toutes choses.
L'ouverture du chakra du sommet débloque totalement les autres chakras. Il rayonne tant que tout votre entourage en est favorablement influencé. En vous se trouve la conscience de l'unité de tout, dans l'accomplissement des desseins divins au travers de vos actes.

Un soir d'été, levez simplement les yeux vers le ciel étoilé : cette myriade d'étoiles, si nombreuses qu'elle forment des nuages dans le ciel de nuit, si nombreuses qu'il ne vous est pas possible de les compter, ce n'est qu'une petite partie de notre galaxie.
Essayez de vous situer dans cet ensemble directement perceptible et là,

sentez déjà votre chakra du sommet s'entr'ouvrir. Vous avez compris que vous êtes la composante d'un TOUT qui est UN, régi par des forces qui vous échappent, sur lesquelles vous n'avez aucun contrôle, aucune influence.

Maintenant, faites le voyage à l'inverse, vers l'infiniment petit. Essayez de cernez la ronde des atomes, le ballet des particules. Essayez de vous situer par rapport à eux, d'appréhender leurs dimensions, les forces qui les animent. Là non plus, vous n'avez aucun contrôle, aucune influence. Pourtant, ces phénomènes sont en vous, comme en toute chose, sur terre, dans l'eau, l'air, le feu, dans l'univers entier qui est UN, de l'infiniment petit à l'immensément grand, bien au-delà et bien en-deçà de votre niveau de compréhension ou d'observation.
Alors, favorisez l'ouverture de votre chakra du sommet en laissant aller votre esprit à n'être rien d'autre qu'un TOUT. Étant TOUT, vous en avez la connaissance immédiate. Vous êtes univers et atome, vous êtes les forces qui les régissent. Vous êtes hors du temps car les distances ont disparu.

Les principales propriétés énergétiques de votre pierre

Symboliquement, la sugilite est la conscience holistique.
C'est le mouvement New Age qui a fait découvrir cette pierre dont les traités de minéralogie parlent peu mais dont la bijouterie se sert beaucoup.
Elle apaise les maux de tête, les grands stress générés par des maladies très graves, voire incurables : elle aide à détacher l'esprit de la matière, à accepter de ce qui est ou ce qui doit être, sans ressentiment, sans haine, sans drames. C'est cette dédramatisation qui aide à repousser le Mal hors de soi.
Spirituelle, elle agit à la façon d'une améthyste « violet évêque » : elle stimule l'imagination, la créativité, l'imagination.
Elle est peu conformiste, fortement individualiste mais tolérante.
Elle est idéaliste et quelque peu obsessionnelle.
Elle est sensible et méticuleuse mais velléitaire : c'est une pierre qui substitue des rêves évanescents à une réalité souvent médiocre, elle n'incite pas à l'action.
C'est la pierre d'éveil à la conscience holistique. Elle permet un ressenti profond de la circulation des énergies dans tout notre système énergétique et à sa compréhension.
On l'utilisera dans de somptueuses méditations sous un ciel étoilé, directement au contact des Forces Cosmiques, pour faire appel à une très haute spiritualité et aborder les questions fondamentales du positionnement : « Que suis-je par rapport à l'Univers Cosmique ? D'où viens-je ? Ai-je un rôle et si oui, quel est-il dans le temps de la vie physique qui m'est imparti ? Ou irai-je après ? »
Elle apporte une sérénité profonde de l'esprit, parfois jusqu'à l'extase. Mais elle est en même temps dynamisante : elle commence par faire onduler l'esprit et les pensées, les amène à pétiller, puis à s'élever en une farandole extatique qui, comme dans la tradition juive ou dans les danses rituelles

du soufisme (derviches tourneurs), conduit l'esprit à la rencontre de Dieu. Elle est excellente pour les guérisons à distance, avec une pierre d'émission chez le guérisseur et une pierre de réception chez le patient. Les défenses du corps éthérique du patient sont renforcées par un afflux d'énergies cosmiques au niveau du corps causal que la Sugilite a renforcé, développé, tout en le faisant monter en fréquence vibratoire.

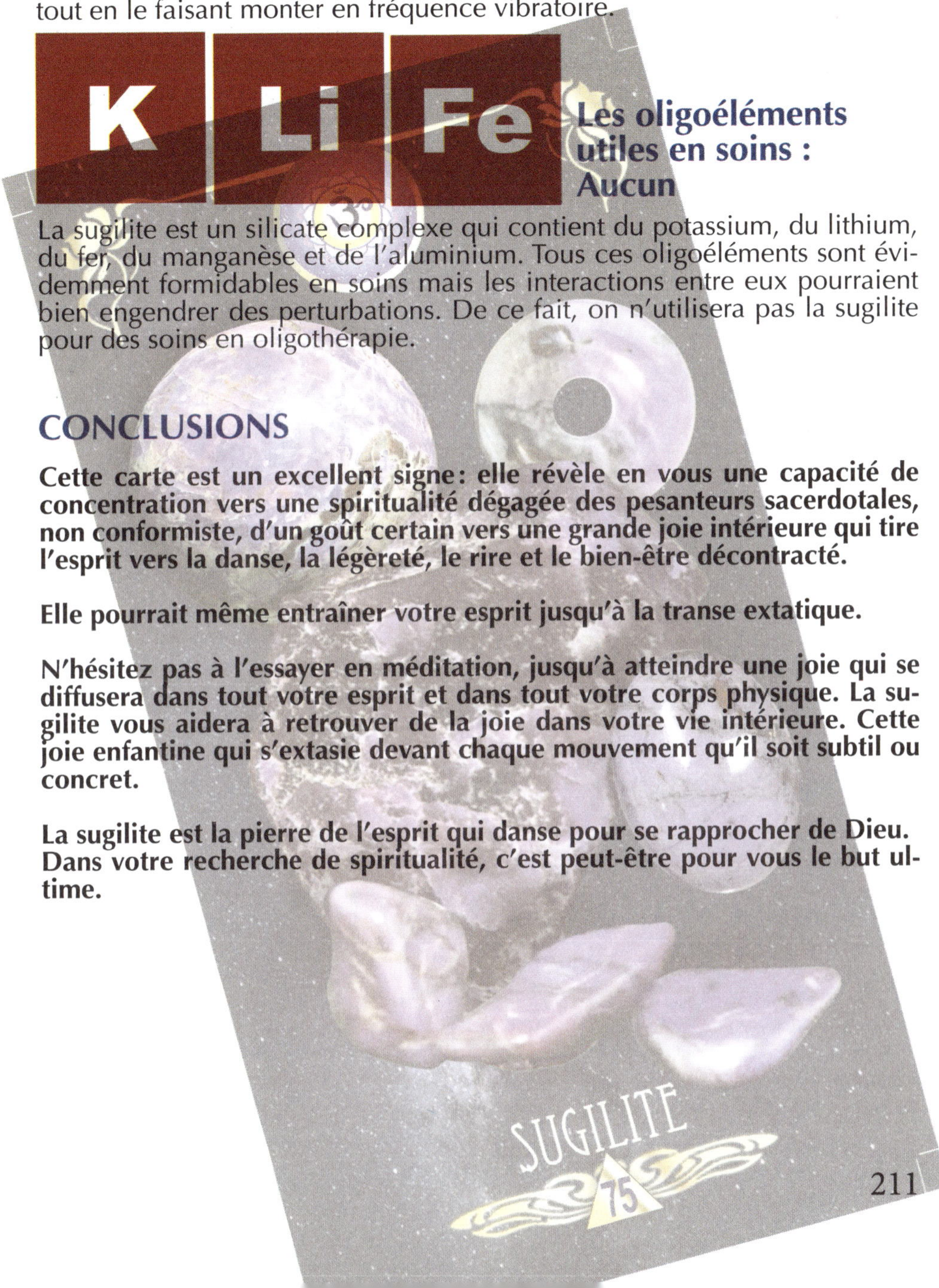

K **Li** **Fe**

Les oligoéléments utiles en soins : Aucun

La sugilite est un silicate complexe qui contient du potassium, du lithium, du fer, du manganèse et de l'aluminium. Tous ces oligoéléments sont évidemment formidables en soins mais les interactions entre eux pourraient bien engendrer des perturbations. De ce fait, on n'utilisera pas la sugilite pour des soins en oligothérapie.

CONCLUSIONS

Cette carte est un excellent signe: elle révèle en vous une capacité de concentration vers une spiritualité dégagée des pesanteurs sacerdotales, non conformiste, d'un goût certain vers une grande joie intérieure qui tire l'esprit vers la danse, la légèreté, le rire et le bien-être décontracté.

Elle pourrait même entraîner votre esprit jusqu'à la transe extatique.

N'hésitez pas à l'essayer en méditation, jusqu'à atteindre une joie qui se diffusera dans tout votre esprit et dans tout votre corps physique. La sugilite vous aidera à retrouver de la joie dans votre vie intérieure. Cette joie enfantine qui s'extasie devant chaque mouvement qu'il soit subtil ou concret.

La sugilite est la pierre de l'esprit qui danse pour se rapprocher de Dieu. Dans votre recherche de spiritualité, c'est peut-être pour vous le but ultime.

CARTE N°76
CHAROÏTE

Les fonctions du chakra correspondant : Chakra coronal

Le chakra coronal répond à une symbolique puissante : il est le Un qui renferme le Tout, ou le Tout dans l'Un.
Le chakra du sommet réunit toutes les énergies des autres chakras. Il est le point de rencontre et de fusion des Forces Cosmiques, de l'esprit divin avec nos propres énergies pour l'accomplissement suprême de soi.
En tant que point de fusion, le chakra du sommet permet d'atteindre la synthèse ultime : chaque partie de notre corps et de notre esprit est un tout qui se fond dans l'ensemble social qui lui-même fait partie d'un tout, sur terre et dans le ciel, au milieu des forces cosmiques et universelles. Il est l'unité absolue.
Il est le centre de nos origines, de notre mort, de notre présent et de notre renaissance perpétuelle. Le sentiment d'éternité se manifeste lorsque les deux mouvements sont perçus simultanément. Ce n'est qu'alors que l'on accède à la Connaissance de la Sagesse.
Il est au-delà du spirituel et du matériel. Il est le siège de la connaissance intuitive, parfaite et totale car il nous élève au cœur de l'esprit divin, siège de toutes choses.
L'ouverture du chakra du sommet débloque totalement les autres chakras. Il rayonne tant que tout votre entourage en est favorablement influencé. En vous se trouve la conscience de l'unité de tout, dans l'accomplissement des desseins divins au travers de vos actes.

Un soir d'été, levez simplement les yeux vers le ciel étoilé : cette myriade d'étoiles, si nombreuses qu'elle forment des nuages dans le ciel de nuit, si nombreuses qu'il ne vous est pas possible de les compter, ce n'est qu'une petite partie de notre galaxie.
Essayez de vous situer dans cet ensemble directement perceptible et là,

sentez déjà votre chakra du sommet s'entr'ouvrir. Vous avez compris que vous êtes la composante d'un TOUT qui est UN, régi par des forces qui vous échappent, sur lesquelles vous n'avez aucun contrôle, aucune influence.

Maintenant, faites le voyage à l'inverse, vers l'infiniment petit. Essayez de cernez la ronde des atomes, le ballet des particules. Essayez de vous situer par rapport à eux, d'appréhender leurs dimensions, les forces qui les animent. Là non plus, vous n'avez aucun contrôle, aucune influence. Pourtant, ces phénomènes sont en vous, comme en toute chose, sur terre, dans l'eau, l'air, le feu, dans l'univers entier qui est UN, de l'infiniment petit à l'immensément grand, bien au-delà et bien en-deçà de votre niveau de compréhension ou d'observation.
Alors, favorisez l'ouverture de votre chakra du sommet en laissant aller votre esprit à n'être rien d'autre qu'un TOUT. Étant TOUT, vous en avez la connaissance immédiate. Vous êtes univers et atome, vous êtes les forces qui les régissent. Vous êtes hors du temps car les distances ont disparu.

Les principales propriétés énergétiques de votre pierre

Bien que nous ne rencontrions cette pierre que depuis quelques années sur les marchés minéralogiques, nous avons trouvé des traces de traditions chamaniques chez les paysans de l'Oural qui nous font irrésistiblement penser aux cultes rendus à Bacchus par les Grecs et à Dyonisos par les Romains : exubérance, suppression des interdits, défoulement, fécondité, entendus sur un plan mystique. Il s'agit en réalité d'élever son âme par l'extase, au-delà du monde matériel, au-dessus du terrestre.
Symboliquement, la Charoïte représente la spiritualisation de l'homme libéré des contraintes de l'être de chair.
Elle a une action restructurante et fortifiante sur le muscle cardiaque.
Elle peut provoquer des sudations pour éliminer les fièvres.
Elle développe le sens olfactif, agit sur les sinus qu'elle purifie. C'est une pierre intéressante pour les gastronomes et surtout pour les dégustateurs de vins, d'autant qu'elle a aussi une action bénéfique sur les fonctions purificatrices du foie. Ce n'est certes pas un prétexte suffisant pour commettre des excès à moins que l'on considère, comme les Grecs anciens, que la dissolution de la personnalité dans le vin, breuvage de vie, permet un accès initiatique au divin.
Elle permet d'éradiquer les obsessions, elle apaise les troubles obsessionnels compulsifs. Elle développe le sens de l'observation, améliore les capacités d'analyse et de synthèse. Elle favorise les rêves par l'introspection.
Une méditation dans ses circonvolutions est un véritable voyage initiatique qui ouvre à l'intuition créative et exacerbe les qualités extrasensorielles.
C'est une pierre de grande sagesse détentrice du savoir intuitif.

K | Na | Ba

Les oligoéléments utiles en soins : Aucun

La Charoïte est un hydrosilicate complexe de potassium, calcium, sodium, baryum et strontium.
Elle contient trop d'oligoéléments différent pour permettre des soins précis et méthodiques en oligothérapie.

CONCLUSIONS

Le tirage de cette carte signifie que vous auriez probablement dans votre vécu actuel quelque chose qui vous encombre et occasionne une sorte de blocage qui vous empêche de progresser sur votre chemin de vie.

Vous aimeriez vous en libérer ? La charoïte vous serait d'un excellent soutien.

Elle est considérée comme une pierre de transformation.

Elle agit, efficacement, contre les émotions négatives, les peurs anciennes et les obsessions. Il est fréquent que les angoisses soient enfouies dans votre inconscient.

Avec son aide et une dose de méditation et de travail intérieur, vous dégagerez votre esprit de la négativité, du stress et des tensions nerveuses. Ainsi il vous sera beaucoup plus facile de réaliser de profonds changements dans votre vie et de lever vos blocages.

CARTE N°77
ÉRYTHRINE

Les fonctions du chakra correspondant : Chakra coronal

Le chakra coronal répond à une symbolique puissante : il est le Un qui renferme le Tout, ou le Tout dans l'Un.
Le chakra du sommet réunit toutes les énergies des autres chakras. Il est le point de rencontre et de fusion des Forces Cosmiques, de l'esprit divin avec nos propres énergies pour l'accomplissement suprême de soi.
En tant que point de fusion, le chakra du sommet permet d'atteindre la synthèse ultime : chaque partie de notre corps et de notre esprit est un tout qui se fond dans l'ensemble social qui lui-même fait partie d'un tout, sur terre et dans le ciel, au milieu des forces cosmiques et universelles. Il est l'unité absolue.
Il est le centre de nos origines, de notre mort, de notre présent et de notre renaissance perpétuelle. Le sentiment d'éternité se manifeste lorsque les deux mouvements sont perçus simultanément. Ce n'est qu'alors que l'on accède à la Connaissance de la Sagesse.
Il est au-delà du spirituel et du matériel. Il est le siège de la connaissance intuitive, parfaite et totale car il nous élève au cœur de l'esprit divin, siège de toutes choses.
L'ouverture du chakra du sommet débloque totalement les autres chakras. Il rayonne tant que tout votre entourage en est favorablement influencé. En vous se trouve la conscience de l'unité de tout, dans l'accomplissement des desseins divins au travers de vos actes.

Un soir d'été, levez simplement les yeux vers le ciel étoilé : cette myriade d'étoiles, si nombreuses qu'elle forment des nuages dans le ciel de nuit, si nombreuses qu'il ne vous est pas possible de les compter, ce n'est qu'une petite partie de notre galaxie.
Essayez de vous situer dans cet ensemble directement perceptible et là,

sentez déjà votre chakra du sommet s'entr'ouvrir. Vous avez compris que vous êtes la composante d'un TOUT qui est UN, régi par des forces qui vous échappent, sur lesquelles vous n'avez aucun contrôle, aucune influence.

Maintenant, faites le voyage à l'inverse, vers l'infiniment petit. Essayez de cernez la ronde des atomes, le ballet des particules. Essayez de vous situer par rapport à eux, d'appréhender leurs dimensions, les forces qui les animent. Là non plus, vous n'avez aucun contrôle, aucune influence. Pourtant, ces phénomènes sont en vous, comme en toute chose, sur terre, dans l'eau, l'air, le feu, dans l'univers entier qui est UN, de l'infiniment petit à l'immensément grand, bien au-delà et bien en-deçà de votre niveau de compréhension ou d'observation.
Alors, favorisez l'ouverture de votre chakra du sommet en laissant aller votre esprit à n'être rien d'autre qu'un TOUT. Étant TOUT, vous en avez la connaissance immédiate. Vous êtes univers et atome, vous êtes les forces qui les régissent. Vous êtes hors du temps car les distances ont disparu.

Les principales propriétés énergétiques de votre pierre

La rareté de l'érythrine fait que ce n'est pas une pierre majeure de la lithothérapie, mais la délicatesse de ses fragiles cristallisations feuilletées et ses adorables couleurs violet pourpre en font une pierre aussi attachante que puissante dans la recherche de la spiritualité. Elle permet d'éviter les nausées et les effets secondaires d'une chimiothérapie. Elle permet de développer ses capacités artistiques et littéraires, au sens de l'appréciation et de la compréhension de l'œuvre, et de faire rayonner autour de soi ce savoir.
Il est bon d'avoir une érythrine dans son proche environnement lorsque l'on exerce une profession créative car elle est très stimulante pour l'esprit.
Le cristal gemme d'érythrine est une pierre de très haute spiritualité. Il est aussi rare que fragile: pour vous laisser bercer par des beaux cristaux d'érythrine gemme, vous devrez probablement vous contenter de le faire dans un musée de minéralogie...
Huile dynamisée: si vous possédez un amas de petits cristaux sur roche-mère, prélevez délicatement un fragment de ces cristaux fragiles pour préparer une huile dynamisée en vue de massages sur zone ou sur le chakra coronal avec un wand (cristal de massage).

Co

L'oligoélément utile en soins : le cobalt (Co)

L'action du cobalt se manifeste essentiellement au niveau du système nerveux neurovégétatif et des conséquences sur le système cardiovasculaire par ses effets hypotenseurs et vasodilatateurs. Il est donc particulièrement

recommandé en association avec le manganèse, le phosphore ou le lithium dans les cas d'hypertension artérielle, les migraines et céphalées, les migraines ophtalmiques. Le magnésium et le phosphore peuvent être associés au cobalt dans le traitement de ces pathologies.
On lui connaît aussi de bonnes propriétés tranquillisantes sur des crises émotives afin de donner au sujet plus de confiance en lui lors d'épreuves qui le paralyseraient, engendrant des confusions de l'esprit ou des fatigues physiques et intellectuelles. Le lithium est recommandé en complément dans ces cas de figure.
Le cobalt est aussi un antispasmodique efficace sur les troubles gastro-intestinaux coliques, hoquet, spasmes du colon. On y associera le magnésium, le phosphore et le lithium.
On l'utilise aussi pour lutter contre l'anémie, afin de renforcer l'action de la vitamine B12 (qui contient du cobalt) sur les globules rouges.

CONCLUSIONS

Vous avez choisi l'érythrine. Si l'on se réfère à ses propriétés énergétiques, vous pourriez bien être en recherche d'une spiritualité dans laquelle la création intuitive serait prépondérante.

Si l'on se réfère à oligoélément cobalt, il se peut que vous ayez besoin de vous soulager de migraine répétées ou de problèmes gastro-intestinaux. L'érythrine pourrait bien vous convenir.

Mais ce n'est pas tout: L'érythrine vous sera utile si vous éprouvez le besoin de doper vos capacités dans le domaine de la création intuitive. Vous pourriez réaliser des œuvres d'art, des écrits poétiques, des compositions musicales inspirées et subtiles qui pourraient engendrer dans votre public une sorte d'état extatique.

Vous pourriez même proposer des ateliers ou chacun pétrirait la terre dans une inspiration spirituelle, ou des ateliers de création intuitive lors desquels chacun pourrait manifester sa créativité, sans contraintes et sans limites.

Avec l'érythrine vous pourrez libérer l'activité créatrice qui vous conduira, vous et ceux à qui vous la ferez vivre, vers une spiritualité créatrice.

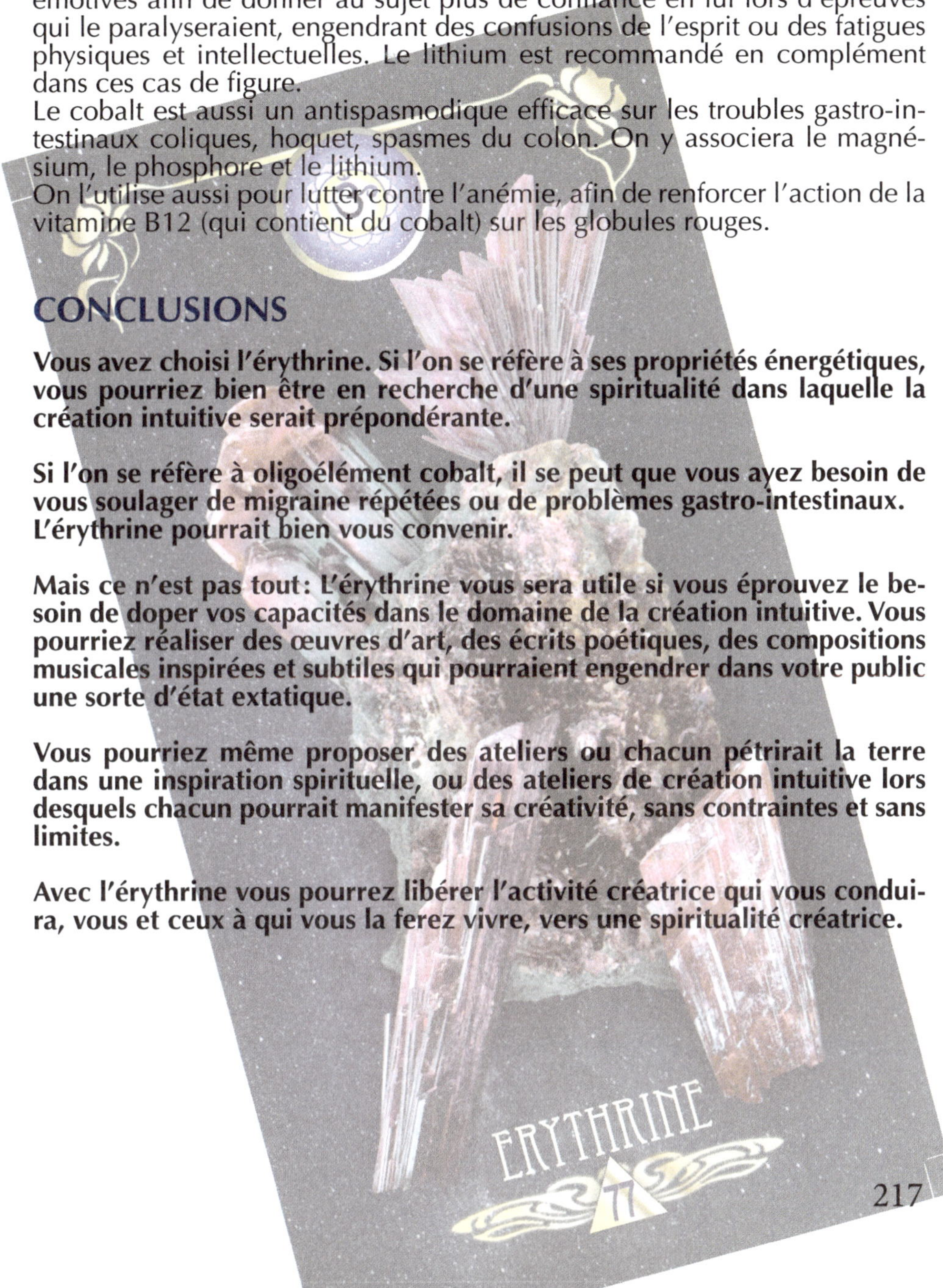

CARTE N°78
FLUORITE VIOLETTE

Les fonctions du chakra correspondant : Chakra coronal

Le chakra coronal répond à une symbolique puissante: il est le Un qui renferme le Tout, ou le Tout dans l'Un.
Le chakra du sommet réunit toutes les énergies des autres chakras. Il est le point de rencontre et de fusion des Forces Cosmiques, de l'esprit divin avec nos propres énergies pour l'accomplissement suprême de soi.
En tant que point de fusion, le chakra du sommet permet d'atteindre la synthèse ultime: chaque partie de notre corps et de notre esprit est un tout qui se fond dans l'ensemble social qui lui-même fait partie d'un tout, sur terre et dans le ciel, au milieu des forces cosmiques et universelles. Il est l'unité absolue.
Il est le centre de nos origines, de notre mort, de notre présent et de notre renaissance perpétuelle. Le sentiment d'éternité se manifeste lorsque les deux mouvements sont perçus simultanément. Ce n'est qu'alors que l'on accède à la Connaissance de la Sagesse.
Il est au-delà du spirituel et du matériel. Il est le siège de la connaissance intuitive, parfaite et totale car il nous élève au cœur de l'esprit divin, siège de toutes choses.
L'ouverture du chakra du sommet débloque totalement les autres chakras. Il rayonne tant que tout votre entourage en est favorablement influencé. En vous se trouve la conscience de l'unité de tout, dans l'accomplissement des desseins divins au travers de vos actes.

Un soir d'été, levez simplement les yeux vers le ciel étoilé: cette myriade d'étoiles, si nombreuses qu'elle forment des nuages dans le ciel de nuit, si nombreuses qu'il ne vous est pas possible de les compter, ce n'est qu'une petite partie de notre galaxie.
Essayez de vous situer dans cet ensemble directement perceptible et là,

sentez déjà votre chakra du sommet s'entr'ouvrir. Vous avez compris que vous êtes la composante d'un TOUT qui est UN, régi par des forces qui vous échappent, sur lesquelles vous n'avez aucun contrôle, aucune influence.

Maintenant, faites le voyage à l'inverse, vers l'infiniment petit. Essayez de cernez la ronde des atomes, le ballet des particules. Essayez de vous situer par rapport à eux, d'appréhender leurs dimensions, les forces qui les animent. Là non plus, vous n'avez aucun contrôle, aucune influence. Pourtant, ces phénomènes sont en vous, comme en toute chose, sur terre, dans l'eau, l'air, le feu, dans l'univers entier qui est UN, de l'infiniment petit à l'immensément grand, bien au-delà et bien en-deçà de votre niveau de compréhension ou d'observation.
Alors, favorisez l'ouverture de votre chakra du sommet en laissant aller votre esprit à n'être rien d'autre qu'un TOUT. Étant TOUT, vous en avez la connaissance immédiate. Vous êtes univers et atome, vous êtes les forces qui les régissent. Vous êtes hors du temps car les distances ont disparu.

Les principales propriétés énergétiques de votre pierre

La fluorite violette est une bonne pierre de structuration de l'esprit.
C'est principalement la perfection de sa cristallisation qui retiendra notre attention : les fluorites cubiques ou octaédriques parfaites en font de merveilleux outils des géométries cristallines périphériques pour un centrage du sujet sur les quatre point cardinaux. Utilisées en outils périphériques, les fluorites octaédriques sont posées sur le sol aux quatre points cardinaux, pointes hautes dirigées vers le sujet s'il souhaite concentrer les forces vers lui, dirigées vers l'extérieur s'il souhaite diffuser sa propre énergie.
En amas de cristaux cubiques est excellente dans un lieu de travail intellectuel car elle aide à la concentration et à la réflexion cartésienne. C'est la pierre que les scientifiques placent dans leur bureau, dans leur laboratoire de recherche (grands blocs cristallisés et maclés). Elle organise les rouages de la pensée rationnelle, aide aux démarches logiques en y apportant une touche de créativité. Intimement liée au progrès, la fluorite est vraiment la pierre du chercheur. Elle structure l'imaginaire.
Le cristal de fluorite octaédrique a la forme de deux pyramides inversées. Il symbolise l'équilibre entre le ciel et la terre, entre le rêve et la réalité, entre le spirituel et le physique. En méditation, on aura soin de le tenir verticalement. Comme le quartz biterminé, la fluorite octaédrique est un excellent outil de télépathie.
La fluorite violette est un excellent stabilisateur de l'aura, dans la forme, le rayonnement et le positionnement, surtout lorsqu'on les emploie en périphérie.
Comme toutes les pierres qui peuvent revêtir de nombreuses couleurs, on utilisera les fluorites en fonction des propriétés spécifiques de ces couleurs :
La fluorite violette, mauve, lilas, pourpre est destinée à la spiritualité, à l'intuition. Elle permet l'accès à la sagesse.

CONCLUSIONS

Lorsque vous tirez cette carte, vérifiez tout d'abord si une autre carte « fluorite » est apparue dans votre jeu: fluorite jaune ou fluorite bleue. Dans chacun de ces cas, c'est bon signe car il s'agit d'une confirmation, voire d'un renforcement.

D'une façon générale, la fluorite violette signifie que vous éprouver le besoin d'inventer des moyens d'expression de votre spiritualité qui sortent des sentiers battus. Elle enrichira votre créativité et vos capacités d'invention pour innover avec une grande liberté d'esprit, hors de toutes les influences ou pressions extérieures.

Mais si vous avez déjà tiré une autre carte « fluorite », un phénomène de renforcement énergétique apparaîtra:

• Avec la fluorite jaune: une stimulation de l'esprit qui vous permettra de structurer vos pensées et vos réflexions et de réactiver vos capacités mémorielles dans le domaine de la spiritualité.

• Avec la fluorite bleue: une stimulation de vos capacités intuitives et de vos capacités d'expression et de communication dans le domaine de la spiritualité.

• Et si vous avez déjà ces deux cartes, c'est merveilleux: vous irriguez en énergies vos trois chakras supérieurs, gorge, troisième œil et coronal, en parfaite harmonie.

CARTE N°80
LABRADORITE

La protection et l'enracinement

• **Les fonctions du chakra correspondant :**
La Labradorite étant prioritairement une pierre de protection, elle ne s'adresse à un chakra particulier que lorsque l'on doit appliquer quelques propriétés thérapeutiques.

Les principales propriétés énergétiques de votre pierre

Plus qu'une pierre de soins, c'est tout d'abord une des trois grandes pierres de protection comme l'œil de tigre et la tourmaline noire. Comme chacune d'entre elles, elle agit de façon spécialisée :
La labradorite agit comme une sorte de bouclier doublé d'une éponge : elle absorbe les énergies négatives, les maux et les peines d'autrui, les dissout et protège son utilisateur. Son rayonnement chaleureux vers l'extérieur est charmeur. Elle amplifie le don de plaire aux autres : c'est la pierre qui crée des amitiés. Elle est particulièrement recommandée aux personnes solitaires.
La principale qualité de la labradorite est de se prémunir des énergies négatives émises dans son proche environnement par des gens à problèmes que l'on doit côtoyer. Il ne s'agit pas de repousser ces personnes mais au contraire de se protéger de leurs mauvaises émanations énergétiques pour être mieux à même de les aider sereinement. De ce point de vue, c'est une pierre de protection très puissante recommandée pour toutes les personnes qui doivent souvent côtoyer des gens à problèmes et essayer de les aider à les résoudre.
Ainsi, les thérapeutes, officiels ou alternatifs, médecins, psychologues, assistantes sociales, avocats, policiers, magistrats, animateurs de rue, médiateurs, etc., devraient-ils tous porter en permanence de la labradorite. Elle est un bouclier efficace pour bloquer les flux d'énergies négatives émises

par les gens qu'ils sont supposés aider sans que leur jugement en soit perturbé, en conservant leur sérénité dans un esprit d'apaisement.
La labradorite est une pierre qui confère à son utilisateur une grande sérénité dans un environnement énergétique perturbé, permettant ainsi de rechercher les meilleurs compromis possibles pour venir en aide à son interlocuteur, car c'est aussi une grande pierre de compassion.
C'est une excellente protection aussi bien sur le plan physique que sur le plan psychologique car elle permet de se prémunir contre les agressions, qu'elles soient verbales ou physiques et d'y réagir avec discernement.
Elle donne accès à la connaissance universelle en développant de puissantes qualités intuitives qui favorisent les prémonitions. Elle peut ainsi aider à développer des capacités extrasensorielles, voyance, extralucidité, perception et interprétation des structures colorées des auras, par exemple.

Conseils d'utilisation :

• **En protection rapprochée et discrète**, un pendentif porté entre le chakra du cœur et celui de la gorge est tout indiqué. Ce pendentif peut être constitué d'une pierre roulée, d'une pierre taillée ou d'un disque « Pi » (couramment appelé « donut » en raison de sa forme). Cette forme est, me semble-t-il, la plus efficace en protection rapprochée dans la mesure où elle bloque les énergies négatives aussi bien sur sa périphérie qu'en son centre. Un collier est tout aussi indiqué dans la protection du chakra de la gorge : il modère l'expression spontanée pas toujours bien indiquée lors de conversations délicates ou polémiques lors desquelles il est préférable de tourner sept fois sa langue dans la bouche avant de parler.
Le bracelet convient également lorsque l'on a un contact physique avec son interlocuteur, par exemple en lui serrant la main pour le saluer.

• **En protection large**, cela concerne les lieux dans lesquels des rencontres fréquentes se produisent avec des gens à problèmes : cabinets d'avocats ou médicaux, salles de soins, éventuellement commissariats de police, tribunaux, etc. Un grand bloc de labradorite bien irisée est recommandé. S'il est placé sur un bureau, orientez-le de telle sorte que ses irisations soient visibles par vous plutôt que par votre interlocuteur : vous sentirez bien mieux les énergies de tempérance qui en rayonnent alors qu'elles pourraient perturber votre interlocuteur et le distraire.
À défaut d'un grand bloc, on peut utiliser de larges galets plats (comme presse-papiers, par exemple), des pierres roulées, petites ou grandes, disséminées dans le bureau, sur les étagères, au-dessus de la porte en compagnie de l'œil-de-tigre, aux quatre coins de la pièce, dans les tiroirs du bureau, etc. Vous créerez ainsi une sorte de réseau énergétique protecteur.

Al

L'oligoélément utile en soins : l'aluminium (Al)

Comme on n'utilise que très rarement la labradorite en soins oligothérapeutiques, il ne me semble pas nécessaire de développer les fonctions métaboliques de l'aluminium.

CONCLUSIONS

La labradorite est venue à vous. Il est certain que vous éprouvez le besoin de vous protéger, très probablement dans le cadre de vos activités professionnelles ou sociales.

Il se pourrait bien que vous soyez « une éponge émotionnelle » ou un(e) hypersensible empathique. Si tel est le cas, la labradorite vous dégagera de des influences négatives que vous envoient les autres lorsqu'ils vous exposent leurs problèmes et de ne pas vous perdre entre vos propres émotions et celles des autres. Elle élimine radicalement ce genre de confusions.

Avec la labradorite vous aurez enfin du discernement et vous trouverez la paix émotionnelle intérieure en ne vous laissant plus influencer par les problèmes des autres, afin de pouvoir leur apporter une aide désintéressée cohérente et efficace, en toute sérénité.

Il est certain que, dans cette configuration, la Labradorite serait votre pierre de protection idéale.

CARTE N°81
OBSIDIENNES

La protection et l'enracinement

• **Les fonctions du chakra correspondant :** Les Obsidiennes étant prioritairement des pierres de protection, elles ne s'adressent pas à un chakra particulier à part la variété Œil Céleste que l'on apposera de préférence au chakra coronal ou au chakra du troisième œil.

Les principales propriétés énergétiques de votre pierre

Symboliquement, les Obsidiennes ouvrent les plaies et les referment. C'est un « Abîme sans fond » : ce symbole doit être compris comme étant le cœur de la Terre-Mère en relation directe avec le cosmos. C'est l'intégration de l'être dans la grande union cosmique.

On distinguera l'obsidienne unie, l'obsidienne mouchetée de petites étoiles (obsidienne étoilée ou floconneuse), l'obsidienne dorée ou argentée piquetée de nuages floconneux dorés ou argentés, l'obsidienne arc-en-ciel dite « Œil Céleste », irisée de zones violacées, bleutées, grises et vertes concentriques.

Chacune de ces variétés présente des propriétés particulières que nous traiterons plus loin.

Les obsidiennes chassent les illusions, les mythes et les fantasmes.

Elles sont profondément ancrées dans le concret, mais elles construisent autour du patient un rempart de protection qui favorise sa propre concentration lors de ses recherches méditatives.

• **L'obsidienne noire**, quelles que soient ses variantes (étoilée, argentée, dorée ou arc-en-ciel) a une grande importance en lithothérapie.

Concrète, elle est un lien solide avec la Terre-Mère.

Protectrice, elle joue un rôle de puissant bouclier contre les énergies né-

gatives et les influences les plus néfastes. Tranchante comme un rasoir, elle pourfend les ténèbres et donne l'accès à la lumière de la connaissance, à la vérité. Elle élargit le champ de conscience, permet à l'âme de grandir et prospérer en l'irriguant des énergies fertiles puisées dans le terreau de la mémoire. C'est la pierre de l'équilibre absolu Yin et Yang, dans laquelle l'obscurité transcende la lumière et la lumière se fond dans les ténèbres.
Dans les arts divinatoires, elle est aussi efficace que la boule de cristal (quand c'est du vrai Cristal de roche et pas du verre au plomb) pour peu que l'on sache l'apprivoiser sans crainte d'un retour de flamme douloureux: l'obsidienne ne supporte que le Vérité. Dans tous les travaux effectués avec une obsidienne, on se régénérera en fin de séance par une méditation sur un cristal de roche, et plus particulièrement avec un icosaèdre, un beau cristal biterminé ou un grand diamant de Herkimer, qui apportera sa lumière radieuse pour compenser l'obscurité apparente de l'obsidienne.
À défaut d'une tourmaline noire, on peut utiliser l'obsidienne noire ou brune au niveau du premier chakra ou à la plante des pieds lorsque l'on fait une méditation avec une pierre bleue ou violette sur les chakras supérieurs afin de garder un lien avec la terre et faciliter le retour au concret lors des méditations qui sollicitent les forces cosmiques.

- **Larmes d'apaches**

Ce sont de petits nodules d'obsidienne noire ou brune, d'un diamètre d'un millimètre à trois centimètres environs, souvent translucides lorsqu'on les regarde en pleine lumière avec une transparence grise ou brune. On les trouve dans les déserts de l'ouest américain et, d'après la légende, là où un Indien est mort.
La larme d'Apache permet d'éliminer les blocages qui restreignent les capacités d'expression, notamment par l'autocensure.
Elle élimine les complexes d'infériorité, le sentiment d'être un martyr de la société, les sensations de brimades. De ce fait, elle est un excellent soutien à toutes les personnes qui présentent des tendances paranoïdes.

- **Obsidienne argentée**

Elle permet d'accéder à la pureté et à l'humilité lors de la recherche de la vérité.

- **Obsidienne Brune** (ou Obsidienne acajou)

Elle est évidemment moins intéressante sur le plan de la spiritualité, moins protectrice que l'obsidienne noire mais plus stabilisante. Nous la recommandons aux personnes qui n'ont pas le sens des réalités ni celui des responsabilités. Elle ramène en douceur les dissipés et les rêveurs vers le monde réel, les contingences matérielles et le concret.

- **Obsidienne dorée**

Elle donne de l'énergie pour éloigner les influences négatives qui viennent de soi et le courage d'atteindre la vérité.

Excellente pierre de spiritualité, l'obsidienne dorée convient à la recherche théologique.
Nous déconseillons formellement de l'utiliser en magie noire au risque de basculer vers le côté obscur de la spiritualité.

• **Obsidienne étoilée** (ou Obsidienne floconneuse)
C'est probablement la moins puissante de toutes les obsidiennes, mais à quelque chose malheur est bon: c'est aussi celle qui ne nécessite aucune précaution particulière pour son utilisation.
On préférera l'obsidienne noire étoilée de blanc. Elle symbolise un ciel nocturne étoilé. Elle est très utile lorsque l'on pénètre dans une roche météoritique pour retracer son voyage dans le temps et l'espace.
C'est une pierre très équilibrée entre le spirituel et le matériel, entre les énergies Yin et les énergies Yang. C'est une pierre d'impartialité.
L'obsidienne noire mouchetée de brun rouge donne de l'énergie pour parvenir au terme de ce voyage.
Elle apporte de l'aide aux hypocondriaques en leur donnant le sens des réalités et en recentrant les déviances de leurs somatisations.
C'est un bon antispasmodique.

• **Obsidienne « Œil Céleste »**
C'est incontestablement la plus puissante et la plus complète des obsidiennes. Taillée en boule ou en cabochon, elle est le témoin divin de la quête de la vérité et de la connaissance.
On ne méditera à l'aide de l'Œil Céleste que lorsque l'on aura la certitude de vouloir connaître la vérité sur soi. On ne doit pas jouer à se faire peur car la vérité est parfois douloureuse et traumatisante.
Elle est très efficace pour guérir les dépressions nerveuses, les convulsions, l'hystérie, l'épilepsie et calmer la peur.
C'est elle qui va nous permettre d'aller au fond de nous-mêmes, d'explorer les zones obscures de notre mémoire enfouies sous des années de refus de la vérité, de révéler des pans entiers de notre personnalité ignorée, masqués par une éducation trop stricte, par une autorité parentale étouffante, par le conformisme social, par les pressions de l'entourage.
C'est une pierre de très haute spiritualité. Elle est le siège de toutes les énergies positives et rayonne puissamment de sa protection.
Elle favorise l'élévation de l'âme, l'expansion de l'aura vers les couches supérieures du spirituel, le passage d'un corps énergétique à l'autre, l'accès à la lumière divine, le rayonnement lointain du corps causal.
Plus encore que pour toute autre obsidienne, on lui doit le plus grand respect car elle est l'œil de l'esprit suprême. On ne la sollicitera que pour des travaux revêtant la plus grande importance sous peine de ne ressentir en elle aucune activation, voire une réprobation.
C'est une pierre capable de procurer de grandes joies et de prodiguer beaucoup de bonheur, mais en cas d'irrespect à son égard, elle peut provoquer une grande tristesse et même des tendances suicidaires.

Si

L'oligoélément utile en soins : le silicium (Si)

Comme on n'utilise que très rarement les obsidiennes en soins oligothérapeutiques, il ne me semble pas nécessaire de développer les fonctions métaboliques du silicium.

CONCLUSIONS

Vous avez choisi les obsidiennes. Il est certain que vous éprouvez le besoin de vous protéger mais encore faut-il choisir soigneusement celle qui répondra le mieux à vos préoccupations actuelles.

Je vous engage à relire soigneusement le paragraphe sur les propriétés énergétiques des obsidienne afin que vous puissiez faire le choix de la pierre qui vous rendra les meilleurs services.

Cependant, comme je ressens en vous une certaine propension à vouloir inconsciemment occulter certains traits de votre personnalité, ou de vos comportements, ou d'épisodes douloureux de votre parcours qui engendrent certainement de la culpabilité, j'aurais tendance à vous recommander l'obsidienne « œil céleste » afin de vous inciter à renoncer à votre tendance à vous mettre la tête sous le sable comme une autruche afin de ne pas voir la réalité, comme si vous la cachiez sous les tapis pour la faire disparaître. C'est un comportement tellement illusoire !

En effet, l'obsidienne « œil céleste », plus qu'une pierre de protection est avant tout la pierre de la Vérité sur Soi.
Il est indispensable que vous en preniez conscience et que vous acceptiez votre Vérité afin de vous débarrasser de vos travers et des souvenirs douloureux qui vous perturbent.

CARTE N°82
ŒIL DE TIGRE

La protection et l'enracinement

• **Les fonctions du chakra correspondant :** L'Œil de Tigre étant prioritairement une pierre de protection, il ne s'adresse pas à un chakra particulier. Cependant, en soins, on privilégiera la chakra racine ou le chakra du plexus solaire selon le type de soins.

Les principales propriétés énergétiques de votre pierre

L'œil de tigre est un bouclier, une arme passive, défensive, protectrice et psychologique. Il est l'emblème de l'affirmation de sa foi dans les valeurs que l'on défend.
Il favorise le bon fonctionnement du système digestif. Comme son effet protecteur élimine le stress, il évite les problèmes d'estomac, d'acidité gastrique. Il redonne de la souplesse aux os et aux muscles, procure des impulsions musculaires plus vives (détente, réflexes).
Il amplifie l'acuité visuelle, améliore la vision nocturne.
L'Œil de tigre a un effet miroir : il réfléchit les énergies négatives vers son émetteur. De ce fait, il a un effet protecteur et, en quelque sorte, pédagogique : il fait prendre conscience du mal qu'une personne mal intentionnée inflige à son entourage en le lui faisant subir.
On chassera les ondes négatives de chez soi en disposant quelques morceaux d'Œil de tigre dans la maison et au-dessus de la porte pour les empêcher d'entrer. L'Œil de tigre protège contre d'éventuels sorts qui vous seraient jetés.
Il donne de l'énergie et du dynamisme, le sens du contact avec autrui, le sens de l'amitié. Il procure aussi une grande indépendance d'esprit, de l'autonomie, la liberté de penser, avec une grande force de caractère, de la confiance en soi et beaucoup de souplesse. Il déteste les conceptions figées et se porte garant de l'évolution de la pensée.

Si

L'oligoélément utile en soins : le silicium (Si)

Comme on n'utilise que très rarement l'œil de tigre en soins oligothérapeutiques, il ne me semble pas nécessaire de développer les fonctions métaboliques du silicium.

CONCLUSIONS

Vous avez choisi l'œil de tigre. Il est évident que vous éprouvez le besoin de vous protéger et tout particulièrement dans votre environnement familial, social ou professionnel des agressions que vous subissez de la part de personnes, agressives, jalouses ou malveillantes que vous côtoyez parfois. L'œil de tigre vous assurera la meilleure des protections.

L'œil de tigre vous sera utile si vous avez besoin de vous protéger d'une personne de votre entourage proche ou lointain qui vous veut du mal depuis l'intention jusqu'au passage à l'acte.

L'œil de tigre dispose d'une spécificité particulière: il repousse les énergies négatives vers celui qui vous les envoie afin qu'il prenne conscience que son attitude n'est pas appropriée. Cet effet miroir a un sens pédagogique.

En protection plus large, vous pouvez également poser un œil de tigre à l'entrée de votre maison: il renvoie aux visiteurs mal intentionnés leurs énergies négatives et freine leur désir de passage à l'acte.

CARTE N°83
SPINELLE NOIR

La protection et l'enracinement

• **Les fonctions du chakra correspondant :**
Le spinelle noir étant prioritairement une pierre de protection, il ne s'adresse pas à un chakra particulier. Cependant, en soins, on privilégiera le chakra racine.

Les principales propriétés énergétiques de votre pierre

Le spinelle noir une pierre assez rare, d'une grande dureté, proche de celle du diamant.
Malgré leur petite taille, les cristaux de spinelle sont des pierres d'une grande puissance.
Il en existe de nombreuses variétés de couleurs qui, chacune, ont des propriétés particulières, souvent comparables avec les propriétés d'autres types de pierres de couleur identique, mais avec des nuances qualitatives et quantitatives au niveau des énergies :
• **le spinelle violet** est plus puissant que l'améthyste avec des propriétés comparables (voir Améthyste),
• l**e spinelle bleu violacé** est très proche de la tanzanite mais un peu moins puissant,
• **le spinelle noir** a des propriétés comparables au schorl (tourmaline noire) mais est plus adapté à la protection contre les énergies négatives qu'il renvoie au plus profond des ténèbres d'où elles sont issues qu'à un ancrage au sol pour un retour plus facile à la conscience. Dans les traditions de l'alchimie chinoise c'est un principe actif, générateur d'énergie de force.
Il donne le courage et la force de vaincre les obstacles d'une vie matérielle parfois difficile à assumer pour une personne trop sensible, confrontée à trop de problèmes, notamment d'ordre administratif et contribue ainsi à mettre de l'ordre dans sa vie.
Tout en force physique, le spinelle noir est capable de vous aider à déplacer

des montagnes. C'est un bouclier digne de figurer sur la liste des pierres de grande protection car le spinelle noir repousse les forces du Mal au plus profond des ténèbres dont elles sont issues.

Le spinelle noir a des propriétés comparables au schorl (tourmaline noire) mais il est plus adapté à la protection contre les énergies négatives qu'à un ancrage au sol pour un retour plus facile à la conscience. Sa couleur noire permet de le classer parmi les pierres d'enracinement et de protection. Sa cristallisation en octaèdre provoque une circulation des énergies à double sens : de bas en haut et de haut en bas. Le spinelle noir repousse les forces du Mal au plus profond des ténèbres dont elles sont issues tout en canalisant les énergies cosmiques vers le corps physique, illuminant les zones obscures de la conscience, contribuant ainsi à chasser les ténèbres.

Il protège des sorts et des malédictions, surtout lorsqu'ils sont dirigés contre votre santé ou votre intégrité physique. De ce fait, il permet d'éviter bien des accidents.

Al Mg

Les oligoéléments utiles en soins : l'aluminium «Al) et le magnésium (Mg)

Comme on n'utilise que très rarement le spinelle en soins oligothérapeutiques, il ne me semble pas nécessaire de développer les fonctions métaboliques de ses oligoéléments.

CONCLUSIONS

Vous venez de tirer la carte du spinelle noir. Il est certain que vous éprouvez le besoin de vous protéger et tout particulièrement contre certaines manifestations ésotériques peu bienveillantes.

Seriez-vous victime de rituels de magie noire ? de manifestations de forces maléfiques que vous auriez activées volontairement ou par simple maladresse ?

Les forces maléfiques sont puissantes et impévisibles. Ne jouez pas avec le feu, vous risquez d'y brûler votre âme et de perturber considérablement la tranquillité de votre quotidien.

Le spinelle noir est un puissant bouclier. Il vous rassurera et vous assurera la meilleure des protections.

CARTE N°84
STIBINE

La protection et l'enracinement

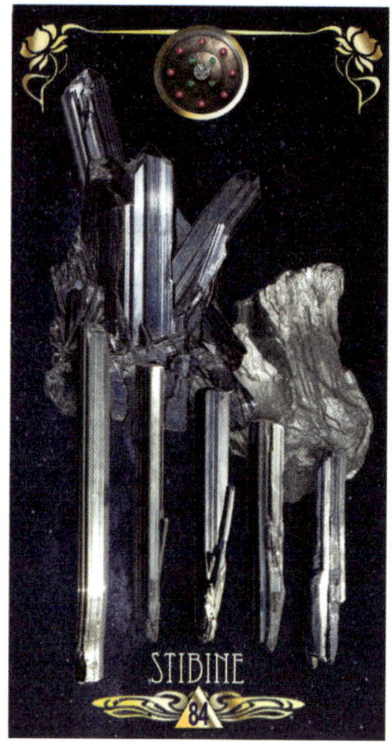

• **Les fonctions du chakra correspondant:**
La Stibine étant prioritairement une pierre de protection, elle ne s'adresse pas à un chakra particulier.

Les principales propriétés énergétiques de votre pierre

On l'appelle aussi Antimoine, Antimonite, ou Stibnite. Sa couleur est généralement un gris clair à reflets métalliques.
La tradition majeure de cette pierre provient des travaux des alchimistes. Pour eux c'est un matériau primordial qu'ils nommaient « matière des sages », « loup gris des philosophes », ou « fils naturel de Saturne ». Il le considéraient comme l'avant-dernière étape de la transmutation du vil métal en or par la Pierre Philosophale. Symboliquement, ce serait donc la pierre qui permet d'atteindre la perfection.
Dans la première édition (1992) du Dictionnaire des Pierres utilisées en lithothérapie, il était écrit: « On aura soin de ne jamais pointer un cristal de stibine chargé vers un être de chair car on lui doit amour, assistance et protection ». Dans la deuxième édition (1999), l'expérience aidant, on pouvait lire: « Cependant, en cas de douleur localisée, on n'hésitera pas à le pointer sur la zone douloureuse car la stibine combat effectivement le mal et la douleur. Pas d'utilisation prolongée. Des séances courtes et répétées sont préférables. »
En fait, il aura fallu une quinzaine d'années pour commencer à comprendre et à maîtriser les énergies très particulières de la stibine. Après de nombreuses expérimentations et de multiples tests effectués, on a pu constater les phénomènes suivants:
Le travail avec la stibine est très désagréable pour le praticien qui encaisse toutes les mauvaises énergies que le cristal de stibine prélève sur le patient.

C'est plutôt douloureux quand on sent ces énergies remonter de la pierre dans les doigts, se propager dans le poignet, l'avant-bras, le coude, le bras, le cou, l'épaule et gagner la colonne vertébrale au milieu du dos. Pour canaliser correctement ces très désagréables énergies dans des cas de traitements assez lourds, il a fallu faire appel à des Maîtres Reiki pour prêter assistance et cela n'a pas non plus été sans douleurs pour eux. Nous n'étions pas trop de deux pour maîtriser correctement le phénomène et expulser les énergies négatives prélevées sur le patient en les canalisant au sein de la Terre-Mère qui les a dissoutes. On a pu constater l'extraordinaire efficacité de la stibine sur des problèmes de tendinites, de déchirures musculaires, de crampes musculaires, de rhumatismes articulaires, de prostatites, de problèmes oculaires. On n'a probablement pas encore fait le tour de ses merveilleuses propriétés. En soins, le cristal de stibine doit rester dans la main du soignant et ne doit pas être approché à moins d'un centimètre de la peau du patient (on a pu constater à plusieurs reprises un tremblement de la peau, comme si une onde énergétique soufflait de la pointe du cristal). Nous sommes persuadés que la stibine nous réserve encore quelques belles surprises concernant les influences qu'elle peut avoir sur le plan émotionnel et mental.

Pour effectuer un travail efficace, on choisira de préférence des grands cristaux rectilignes que l'on a bien en main et sur lesquels on pourra éventuellement fabriquer un manche comme pour une épée. C'est une pierre de protection contre les forces du mal. Lors de méditations dans des zones inconnues ou maléfiques, il est fondamental de bien se protéger. Le schorl (tourmaline noire) et l'obsidienne noire sont la base de toute protection, mais la stibine est une arme redoutable contre les manifestations du mal. Elle agit en protection rapprochée. Elle s'accommode merveilleusement de la présence du soufre qui en renforce les effets (j'ai pu avoir en mains un extraordinaire cristal de stibine de plus de 1,20 mètre de long, entièrement recouvert naturellement de particules microcristallines de soufre natif… Nous vous laissons juge de la puissance phénoménale d'une telle pierre !). Selon les préceptes fondamentaux de l'Alchimie, la stibine est l'amie de l'émeraude dans la recherche de la perfection. Associées, elles permettent de franchir cette ultime étape difficile et parfois douloureuse qui conduit à la Sagesse absolue. Mais soyez concentrés sur votre travail et purifiez bien votre esprit, car cet ultime élan pourrait bien aboutir à un échec pratiquement définitif, comme cela se produit en Alchimie lors de cette ultime étape qui conduit au Grand Œuvre : tout votre travail de structuration de votre système énergétique pourrait bien être à refaire entièrement.

« *Bis repetita placent* » !

La stibine est une fantastique pierre de protection contre les forces du mal. Certains l'appelle « l'Épée de Dieu », d'autres « l'Épée du Diable » (ou de Satan). Ce n'est pas innocent !

Lors de méditations ou de rituels magiques dans des zones inconnues ou maléfiques, il est fondamental de bien se protéger. Si la tourmaline noire est la base de toute protection, la stibine est une arme redoutable contre

les manifestations du mal. L'antimoine agit en protection rapprochée. Pointez-la comme une épée ou un poignard contre les entités maléfiques, mais méfiez-vous des retours de bâton : certaines entités maléfiques particulièrement agressives et puissantes ne se laissent pas faire. N'oubliez pas vos tourmalines noires !
Nous avons été confrontés à de très étranges phénomènes en séance de soins : une patiente se plaignait de maux qu'elle attribuait à une sorte de crabe énergétique situé au niveau de ses omoplates sur la colonne vertébrale. En approchant le cristal de stibine de la zone, une forte perturbation énergétique s'est manifestée. Pour l'apaiser, une épée de stibine a été utilisée. Cela a provoqué une sensation d'échauffement du cristal au fur et à mesure que la résistance de cette « chose » montait en puissance, provoquant des douleurs au praticien depuis les doigts jusqu'aux épaules. Ne parvenant pas à éliminer ces très mauvaises et puissantes énergies, il fallait tenter de les faire glisser sur la colonne vertébrale (c'est le lieu de passage du canal de circulation des énergies). Le déplacement vers le haut étant impossible, le praticien a essayé de forcer cette entité à descendre pour pouvoir l'éliminer par le chakra racine. Pendant la séance, il n'a été possible de la déplacer que jusqu'au niveau des reins où elle s'est accrochée fermement. Ce n'est que plusieurs années plus tard que la patiente a été débarrassée de cette « chose » désagréable qui la vidait de son énergie.
Lors d'une autre séance pendant un séminaire, une des élèves se plaignait de ce qu'elle appelait un « implant » au niveau de la voûte nasale. En approchant le cristal de stibine, le praticien a été immédiatement envahi de douleurs insupportables dans tout le bras jusqu'au milieu du dos, et a ressenti de violentes nausées. Il a dû se faire assister par un maître Reiki, pour canaliser ces puissantes énergies vers le sol, vers la Terre-Mère, afin qu'elle les absorbe et les disperse. Après quelques longues secondes de douleurs partagées avec son assistant improvisé, le phénomène a subitement disparu… Nous ne saurons probablement jamais de quoi il s'agissait. En conclusion, ne jouez pas à vous faire peur si vous n'avez pas une bonne maîtrise de cet outil. Allez-y doucement, progressivement, et vous finirez par le maîtriser.
Sur le plan thérapeutique, on a pu constater un travail impressionnant de restructuration dans les cas de tendinites ou de déchirures musculaires.

S

L'oligoélément utile en soins : le soufre (S)

Comme on n'utilise que très rarement la stibine en soins oligothérapeutiques, il ne me semble pas nécessaire de développer les fonctions métaboliques du soufre.

CONCLUSIONS

L'apparition de la stibine dans votre tirage n'est pas un très bon présage mais, rassurez-vous, il est plein d'espoir.

Il est probable que vous éprouvez le besoin de vous protéger contre des forces qui vous dépassent, que vous ne comprenez pas, pour lesquelles il n'existe pas d'explications rationnelles et qui vous perturbent, parfois sur le plan physique par l'apparition de syndromes étranges, parfois par des manifestations extérieures (bruits, déplacements ou disparition d'objets, sentiment d'être observé, malaises psychiques ou hallucinations, présence d'entités, série d'évènements dramatiques pour vous et votre entourage, etc.).

La stibine vous permettra de vous en débarrasser et vous assurera la meilleure des protections… mais la prudence s'impose : il ne faut pas faire n'importe quoi avec cette pierre incroyablement puissante, si puissante que certains la nomment « Epée de Dieu » ou « Epée du Diable » parce qu'on n'arrive pas à en cerner réellement les bienfaits et les risques que l'on prend en l'utilisant.

Cette pierre est un des principes fondamentaux de l'alchimie depuis le Moyen-Âge. Elle nécessite une solide culture initiatique pour être correctement maîtrisée afin que vous puissiez vous en servir sereinement et éviter des maladresses qui pourraient avoir des conséquences désagréables.

CARTE N°85
TOURMALINE NOIRE

La protection et l'enracinement

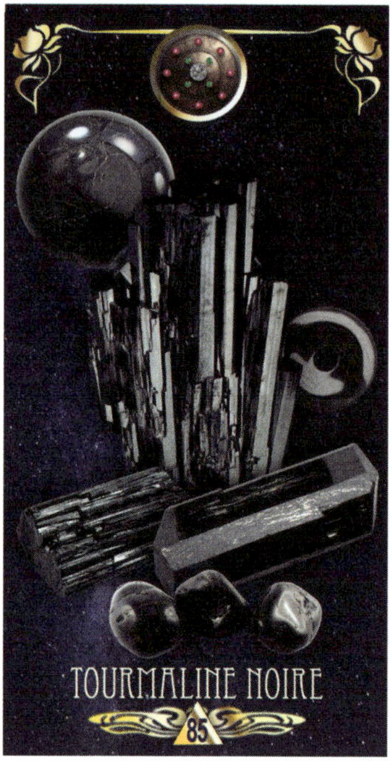

C'est incontestablement la pierre maîtresse des pierres utilisées en lithothérapie. On doit la considérer comme fondamentale et indispensable dans tout travail de thérapie ou de méditation, surtout dans les sphères supérieures, dans tous les rituels magiques, dans toutes les pratiques ésotériques.
C'est la pierre que vous devriez vous procurer avant toute autre.
Comme c'est une protection absolue sur de nombreux plans, on peut considérer que la tourmaline noire est une pierre de protection quasiment universelle.
Il n'y a jamais aucune perturbation ni aucun conflit énergétique lorsqu'on utilise une tourmaline noire avec d'autres pierres.

Les principales propriétés énergétiques de votre pierre

Les multiples protections de la tourmaline noire

• Phénomènes physiques
La tourmaline noire a la propriété de protéger contre les phénomènes d'électricité statique et les ondes hertziennes : dans les coins extrêmes d'une maison, d'un appartement ou d'un jardin d'agrément situé à proximité d'une ligne électrique à haute tension, sur le compteur d'électricité de la maison, sur la télévision, sur l'écran de l'ordinateur, et d'une façon générale sur tous les appareils électriques qui produisent des ondes et vibrations préjudiciables dans les activités d'un passionné des énergies des pierres, et tout particulièrement les téléphones portables, émetteurs de ces micro-ondes si utiles pour vous cuire les neurones !

• Protection rapprochée
La tourmaline noire peut être portée sur soi pour se protéger des énergies néfastes de personnes négatives de son entourage, pour se protéger d'évé-

nements douloureux (accidents, oublis, agressions...)

- **Protection spirituelle**

Le schorl provoque un enracinement profond dans la terre. C'est pourquoi on l'utilise sur le chakra racine ou en contact avec la plante des pieds. Il favorise le retour à la conscience, recentre toutes les déviances et digressions de l'esprit, l'empêche de basculer dans la folie, le canalise dans une sorte de tube protecteur qui refoule toutes les influences négatives extérieures, dans ces moments où l'esprit est particulièrement vulnérable parce qu'ouvert à l'infini, ultrasensible, en état de recherche de la connaissance, donc ignorant des dangers qui le menacent.

- **Géobiologie**

Pour le géobiologue, c'est la pierre la plus efficace pour la protection d'un espace de vie. Elle compense activement les perturbations négatives comme les cheminées cosmotelluriques, les nœuds géopathogènes (Hartmann, par exemple), les croisements de flux souterrains...

Pour protéger un lieu de vie, il suffit de placer quatre tourmalines noires à chaque étage, aux quatre coins extrêmes de la maison ou de l'appartement. Elles peuvent aussi être placées directement à l'emplacement de la perturbation géobiologique.

- **Magie, ésotérisme, occultisme**

La tourmaline noire est IN-DIS-PEN-SABLE ! À moins que vous préfériez vous attirer des problèmes, prendre des coups, subir des souffrances physiques ou psychologiques.

Quelques soient les rituels que vous pratiquez, bourrez-vous les poches de tourmalines noires, placez-en autant que possible dans votre cercle de protection, portez des bracelets et des colliers de cristaux naturels de tourmaline noire. Dans ces circonstances, abondance de biens ne nuit pas, bien au contraire.

Quelques soient les travaux que vous menez, que ce soit en magie blanche, en magie noire, en occultisme, en spiritisme, en nécromancie, en alchimie, en voyance, en chiromancie ou toute autre forme d'ésotérisme, même lors d'une simple lecture de tarots, protégez-vous !

La tourmaline noire est faite pour cela et c'est ce qu'il y a de mieux.

Conseils d'utilisation des tourmalines noires en fonction de leurs différentes formes

Comme la plupart des pierres, les tourmalines noires peuvent se présenter sous de nombreuses formes, qu'elles soient naturelles ou travaillées par la main de l'homme. Chacune de ces formes a son utilité propre, un domaine d'utilisation dans lequel elle donnera le meilleur d'elle-même.

Comme de coutume, nous recommandons systématiquement les cristaux naturels : ils sont généralement plus efficaces et plus puissants que les pierres roulées. Mais comme il en existe de nombreuses formes naturelles, on peut se demander comment choisir le cristal qui convient le mieux pour l'utilisation que l'on souhaite en faire.

Voici quelques conseils :

• **Cristal naturel monoterminé** (une pointe)

On le choisira si possible avec un bel état de surface. Les plus beaux cristaux sont luisants comme des miroirs mais ce sont aussi les plus chers.

On saura se contenter d'un état de surface brillant à mat. Ses proportions sont variables (rapport entre diamètre et longueur).

Cette forme permet des utilisations très variées.

S'il s'agit d'un cristal plat avec une base large et peu de longueur de colonne, on l'utilisera plutôt pour la protection d'un espace, une chambre, un bureau. C'est aussi la forme qui convient le mieux dans un cercle magique de protection.

• **Cristal naturel biterminé** (deux pointes)

Comme pour le cristal monoterminé, on trouve différents états de surface et différentes proportions. Comme tous les cristaux biterminés d'autres variétés de pierres, le cristal biterminé de tourmaline noire permet une circulation des énergies dans les deux sens et diffuse ses énergies sur les deux pointes.

Il est idéal pour la protection lors de méditations faisant appel à une haute spiritualité, par exemple en voyage astral.

Un cristal biterminé de 2 à 5 centimètres de longueur serait parfait en protection rapprochée au quotidien : on peut le garder dans une poche ou dans un sac à main. Les grands cristaux de plus de 8 centimètres de longueur avec un diamètre supérieur à 5 centimètres sont parfaits pour la protection des lieux de vie.

• **Grands cristaux pour la protection de l'habitat**

Ces cristaux naturels n'atteignent pas la perfection de structure et d'état de surface des cristaux dont je parle plus haut. En fait, ils paraissent être composés d'une multitude de cristaux de petit diamètre étroitement associés, ce qui les rend une peu plus fragiles et parfois friables aux extrémités. C'est de la tourmaline noire dite « fibreuse » dont le prix est généralement plus raisonnable que les exemples cités plus haut. Cela n'enlève rien à leurs propriétés et ces cristaux ne sont pas destinés à être manipulés fréquemment. Leurs grandes dimensions et leur poids impressionnant (de 300 grammes à plusieurs kilos) leur permettent d'encaisser les énergies négatives les plus lourdes et les plus actives (lignes à haute tension, par exemple). C'est pourquoi ils sont prioritairement destinés à la protection de l'habitat en les plaçant aux coins extrêmes de l'habitation, à chaque étage.

Ils servent également dans les rituels magiques et d'autres pratiques ésotériques, en protection individuelle rapprochée, en protection du lieu, dans une cercle de protection magique, dans un groupe de travail, etc.

De plus, ces cristaux sont généralement d'un excellent rapport qualité/prix.

• **Cristaux en bâtonnet**

Les cristaux naturels, qu'ils soient mono ou biterminés, sont considérés comme des cristaux bâtonnets lorsque leurs proportions présentent une longueur de 4 à 5 fois (ou plus) supérieure à leur diamètre.

Par exemple, un cristal d'un centimètre de diamètre est considéré comme

cristal bâtonnet lorsque sa longueur est au minimum de 5 centimètres. C'est très utile lorsque l'on désire orienter les flux d'énergie émis par la ou les pointes dans des directions précises.
Personnellement, j'aime beaucoup ces outils très précis dont la cristallisation et l'état de surface sont souvent parfaits.
Certains peuvent atteindre des proportions de un à dix, voire plus. On les considère alors comme des bâtonnets « laser » (exactement comme les cristaux « laser quartz » en cristal de roche). On les garde en mains pour diriger les énergies contre ce vers quoi on désire se protéger.
Comme les grands cristaux d'antimoine, ils sont capables d'annihiler les énergies négatives les plus puissantes et de renvoyer aux ténèbres les entités néfastes les plus agressives.
Si ces outils sont extraordinairement puissants et précis, il faut bien reconnaître qu'ils sont hélas très rares et, évidemment, d'un coût assez élevé.

• **Cristaux « aiguille »**

Les cristaux aiguilles sont des cristaux en bâtonnet de très petit diamètre (1 à 5 mm) pour des longueurs pouvant varier de 2 à 10 cm. Le cristallisation et leur état de surface sont généralement parfaits.
Leurs petites dimensions sont idéales pour pouvoir les utiliser avec un téléphone portable ou tout appareil qui peut générer des ondes électromagnétiques ou des microondes.
On peut en fixer un ou plusieurs en périphérie de l'écran de l'ordinateur.

• **Les pierres roulées**

Comme d'habitude, on en glissera une ou plusieurs dans la poche ou dans le sac à main pour une protection rapprochée. Si on ne dispose pas de cristaux naturels, on dispersera des pierres roulées dans la maison ou au bureau, au-dessus des portes en compagnie de l'oeil-de-tigre, sur des étagères, dans les tiroirs, etc.
À défaut de cristaux naturels, on peut aussi les utiliser dans un cercle de protection magique. Si ces pierres n'ont pas la puissance des cristaux naturels, ce sont néanmoins de bonnes protections.

• **Pendentifs, colliers et bracelets**

On trouve de nombreux bijoux fabriqués à partir de tourmaline noire. Certains sont fabriqués à partir de pierres polies (boules sphériques de colliers, par exemple), de pierres roulées et de cristaux naturels.
Comme d'habitude, mieux vaut choisir vos bijoux de protection équipés en cristaux naturels. Ils seront bien plus efficaces.

Quelques rappels indispensables :

1. La tourmaline noire est la plus universelle des pierres de protection. Son domaine d'applications est si vaste qu'elle couvre à peu près tous les cas dans lesquels on pourrait avoir besoin de protection.
2. La tourmaline noire est la plus puissante et la plus efficace des pierres de protection. Aucune autre ne saurait rivaliser avec la puissance de ses énergies, surtout lorsqu'on travaille avec des cristaux naturels.

3. La grande variété de ses formes naturelles permet de gagner en précision lors d'applications spécifiques, ce qui n'est le cas pour aucune autre pierre de protection.

X L'oligoélément utile en soins : Aucun

La composition chimique des tourmalines est d'une complexité extrême avec une multitude d'oligoéléments.
Cependant, comme on n'utilise jamais la tourmaline noire en soins oligothérapeutiques, il ne me semble pas nécessaire de développer les fonctions métaboliques des oligoéléments qu'elle contient.

CONCLUSIONS

La tourmaline noire vous a choisi(e) : elle a un message à vous transmettre car il est certain que vous éprouvez le besoin de vous protéger.

Relisez soigneusement tout ce qui précède afin de faire le bon choix de la pierre qui vous conviendra.

Gardez en mémoire le fait que la tourmaline noire est la pierre de protection la plus universelle et sans aucun doute une des pierres de protection les plus efficaces.

**La tourmaline noire vous sera utile lorsque vous avez besoin de vous protéger des ondes électromagnétiques ou de perturbations géobiologiques dans votre maison (nœud de Hartmann, puit cosmotellurique, etc.).
Vous pourrez la poser sur un compteur électrique ou sur un ordinateur et elle absorbera les mauvaises ondes qui viennent perturbées votre corps et votre esprit.**

La tourmaline noire pourra également vous aider si vous manquez d'ancrage et que vous avez besoin de rééquilibrer votre chakra racine en ce sens. Enfin la tourmaline noire se fera une joie de vous protéger également des énergies néfastes des personnes négatives de votre entourage. La tourmaline noire est une pierre de protection très complète.

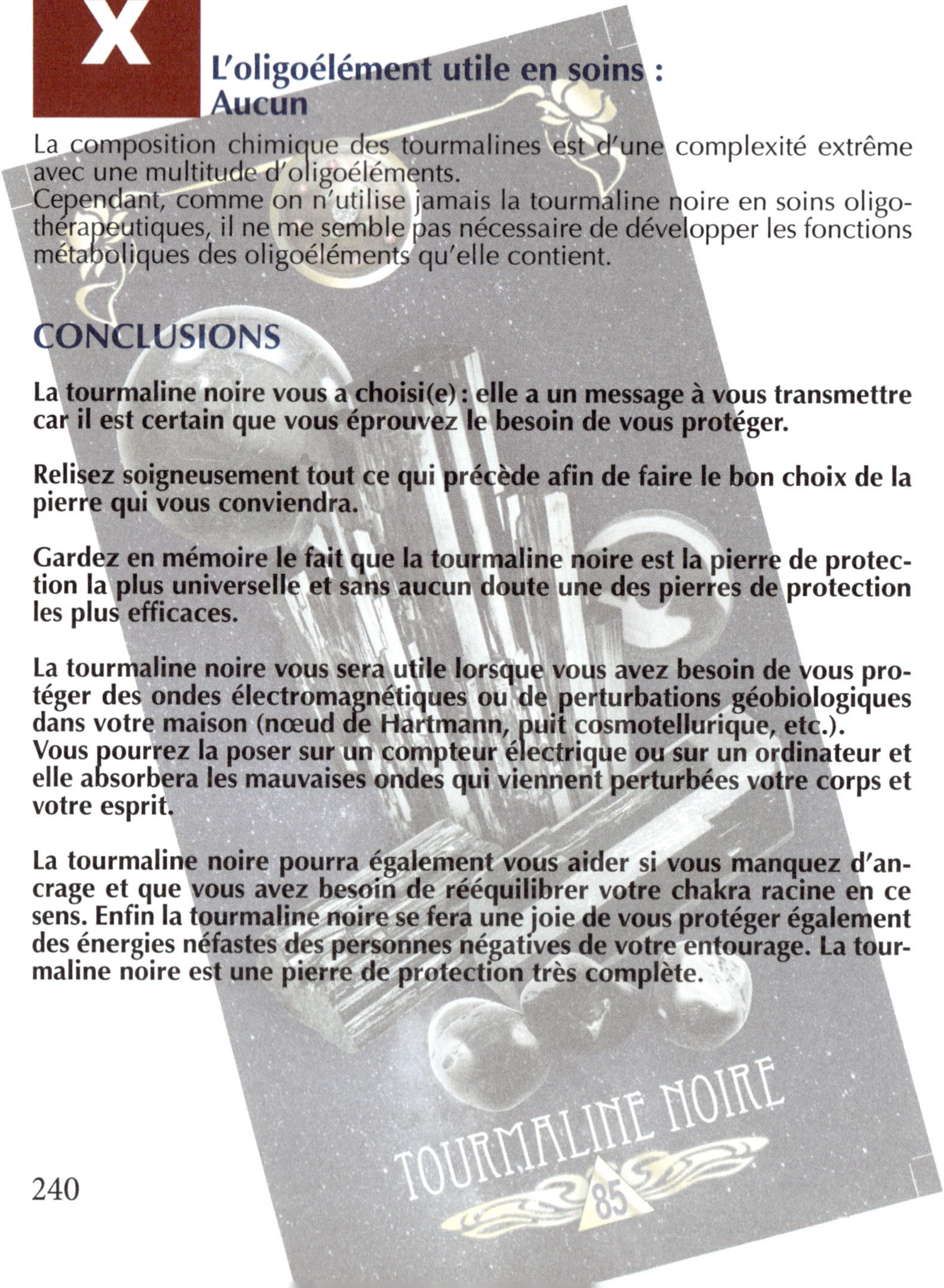

TAROT
DIVINATOIRE
DES
CRISTAUX

II

TROIS TIRAGES SIMPLES

TIRAGE II
TROIS TIRAGES SIMPLES

Le petit tirage du jour

Chaque matin au petit-déjeuner, sortez votre jeu, battez les cartes soigneusement, coupez le jeu, étalez les cartes de l'un des deux paquets devant vous, fermez les yeux en vous concentrant paisiblement et tirez une carte au hasard pour savoir ce que la journée vous réserve.
Cette carte vous indiquera la pierre que vous devrez porter sur vous dans la journée pour fluidifier et équilibrer vos énergies. Mieux encore : si vous avez l'habitude de méditer, n'hésitez pas à faire une petite séance d'équilibrage en posant la pierre sur le chakra concerné. Si vous avez tiré la carte «FORCE•PROTECTION•ENRACINEMENT», c'est que vous avez besoin de vous protéger. Tirez alors une carte parmi celles qui présentent un bouclier en partie supérieure avec de savoir quelle pierre vous convient.
Reportez-vous alors à la carte correspondante de cet ouvrage pour disposer des informations complètes.

Le tirage pour vos achats de pierres

Si vous avez décidé d'acheter une ou plusieurs pierres et que vos hésitations ne vous permettent pas de faire un choix définitif, n'hésitez pas à faire appel à votre Tarot Divinatoire des Cristaux en l'utilisant de la même manière que lors de votre « Petit tirage du matin » en répétant le processus autant de fois que nécessaire si vous avez décidé d'acheter plusieurs pierres. Au cas où vous auriez un doute sur l'équilibrage d'un de vos chakras, n'hésitez pas à réduire le nombre de cartes de votre tirage en ne sélectionnant que les cartes qui correspondent à ce chakra.

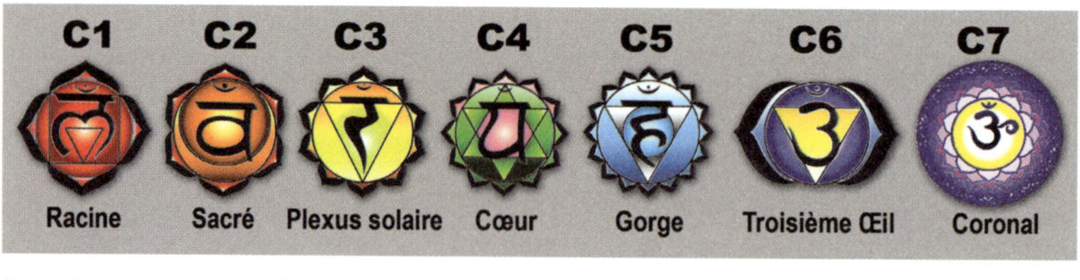

Pour bien comprendre comment les chakras fonctionnent, sur quels organes ils agissent, pour bien équilibrer et harmoniser vos énergies, référez-vous au livre ***CHAKRAS - Harmonisation avec les cristaux*** (Ambre éditions).

Le tirage de votre protection du jour

• Vous ressentez une inquiétude ce matin : vous avez mal dormi sous l'influence d'énergies négatives d'origine géobiologique (nœud de Hartmann, faille cosmo-tellurique, conflit de voisinage, par exemple).
• Vous craignez des agressions dans votre contexte social, au travail avec vos collègues ou votre supérieur hiérarchique, dans la rue ou dans les transports en raison des risques de délinquance, dans vos relations affectives en raison de jalousies ou de tentatives de domination à votre égard.
• Et bien d'autres circonstances dans lesquelles vous auriez besoin de protection.
Alors n'hésitez pas à faire un petit tirage de cartes de protection d'installation simple :
• Battez les cartes, coupez-les et distribuez-les en trois tas dans l'ordre suivant en utilisant toutes les cartes numérotées, face visible :

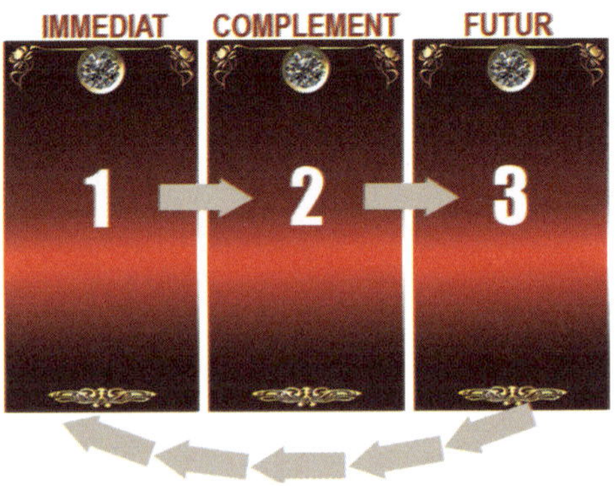

• Dès qu'une pierre de protection apparaît dans la colonne de gauche, c'est la pierre qui vous convient immédiatement.

Poursuivez alors votre distribution sur les colonnes 2 et 3.
• Si une pierre de protection apparaît dans la colonne 2, c'est que vous

aurez peut-être aussi besoin de cette pierre comme complément de protection.
Si aucune pierre de protection n'apparaît dans cette colonne, c'est que la pierre apparue dans la première colonne est suffisante

• Si aucune pierre de protection n'est apparue dans la colonne 1, c'est que vous n'avez pas un besoin particulier de protection immédiate.
Poursuivez alors votre distribution dans les trois colonnes et ne tenez compte que de l'apparition d'une pierre de protection dans la troisième colonne. Cela signifie que vous aurez besoin de cette pierre dans un futur plus ou moins proche.

TAROT DIVINATOIRE DES CRISTAUX

III

LE TIRAGE D'HARMONISATION DE VOS CHAKRAS

TIRAGE III
HARMONISATION DES CHAKRAS

L'installation

Vous pressentez que votre système énergétique est peut-être légèrement perturbé, que les énergies qui y circulent ne sont pas suffisamment fluides, que vos comportements ou vos sensations physiques peuvent vous laisser supposer que certains de vos chakras sont en déséquilibre, qu'ils soient sous-actifs ou suractifs.
Grâce à ce tirage, vous pourrez alors identifier les chakras que vous aurez besoin de rééquilibrer énergétiquement et les pierres qui vous seront utiles pour atteindre une bonne harmonie.

Le principe de ce tirage est sensiblement similaire à celui de votre protection du jour.

• Retirez du jeu les cartes « JE SUIS », « FORCE•PROTECTION•ENRACINEMENT » et « PAIX•ÉQUILIBRE•HARMONIE ».
• Battez les cartes, coupez-les et répartissez l'ensemble des cartes, faces cachées en 4 tas dans l'ordre suivant : paquet 1, puis paquet 2, puis paquet 3, puis paquet 4, et ainsi de suite jusqu'à épuisement des cartes.

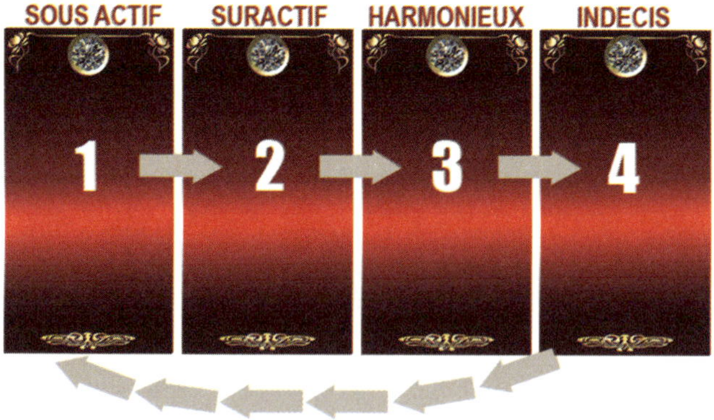

L'interprétation

Retournez alors la dernière carte de chacun des paquets.

- Le premier paquet suggère que le chakra indiqué est sous-actif. Il peut donc être utile d'activer ses flux énergétiques avec la pierre indiquée sur la carte.
- Le second paquet suggère que le chakra indiqué est suractif. Il y aura lieu de tempérer ses énergies, en évitant de travailler avec la pierre indiquée sur la carte.
- Le troisième paquet suggère que le chakra concerné est en équilibre énergétique et que la pierre de la carte peut aider à maintenir son harmonie dans l'ensemble de votre système énergétique.
- Le quatrième paquet représente l'indécision. Il présente un chakra et la pierre qui pourrait contribuer à lever vos indécisions quand au fonctionnement du chakra indiqué.

TAROT DIVINATOIRE DES CRISTAUX

IV

LE TIRAGE AVEC SYNTHESE GLOBALE

TIRAGE IV
SYNTHESE GLOBALE

L'installation

• Battez les cartes, coupez le jeu et disposez les cartes selon le schéma ci-dessus, faces non visibles et laissez libre l'espace n°5 au centre de l'installation.

• Découvrez les cartes une à une dans l'ordre indiqué en essayant de les interpréter :

- La carte n°1 symbolise vos espérances.

- La carte n°2 symbolise les obstacles qui vous empêchent d'atteindre vos objectifs.
- La carte n°3 met en valeur vos blocages du passé ey les freins qui vous empêchent de progresser.
- La carte n°4 vous sensibilise aux aides matérielles ou immatérielles que vous pouvez obtenir de l'extérieur.

La synthèse

On obtient cette synthèse en appliquant une technique de calcul issue de la numérologie.
Vous trouverez en bas de chaque carte un numéro dont le premier chiffre est symbolique du chakra concerné. Le second est un numéro aléatoire attribué à la carte.

• Additionnez les nombres qui figurent sur chacune de vos quatre cartes.

Exemple: 51+22+43+46 = 119, puis additionnez les chiffres du nombre obtenu pour découvrir un nombre à deux chiffres: 1+1+9 = **11**
C'est le numéro de votre carte de synthèse. Cherchez la carte qui porte ce numéro et placez-la au centre du jeu dans la case restée vide.

L'interprétation

Vous devrez alors l'interpréter, sachant qu'il s'agit d'une pierre qui correspond au chakra racine puisque le premier chiffre est un «1». Si cette carte est déjà présente dans votre tirage, elle devient alors votre carte de synthèse.

Référez-vous à la carte correspondante au début de ce livre pour interpréter correctement votre synthèse (chakra concerné, propriétés énergétiques de la pierre, oligoélément, conclusions).
Si le chiffre obtenu ne correspond à aucune des cartes du jeu, c'est qu'une interprétation n'est pas possible dans cette configuration.
Il peut donc être utile de faire un nouveau tirage.

TAROT DIVINATOIRE DES CRISTAUX

V

LE GRAND TIRAGE COMPLET

TIRAGE V
GRAND TIRAGE COMPLET

L'installation

Installez la carte « JE SUIS » au centre du jeu.
Après avoir battu les cartes et coupé le jeu, installez les cartes selon l'ordre indiqué ci-dessus :

1. La carte qui assure globalement votre stabilité énergétique.
2. La carte qui assure votre équilibre spirituel.
3. La carte qui assure votre équilibre matériel.
4. La carte qui assure les équilibres de votre santé et de votre bien-être.
5. La carte qui assure l'harmonie de vos rapports familiaux.
6. La carte qui assure l'harmonie de vos relations sociales.
7. La carte qui assure l'équilibre avec vos relations professionnelle et la stabilité de vos revenus financiers.

Vous pouvez pratiquer ce tirage de deux manières :
• soit en prélevant vos cartes dans l'ordre du paquet,
Soit en prélevant les cartes au hasard.

L'interprétation

Exemple de tirage

Sur cet exemple de tirage :
1. La carte « STABILITÉ » recommande l'œil de fer.
2. La carte « SPIRITUEL » recommande l'améthyste.
3. La carte « MATÉRIEL » recommande la moldavite.
4. La carte « SANTÉ - BIEN ÊTRE » recommande l'aigue marine.
5. La carte « FAMILLE » recommande la calcédoine.
6. La carte « AMITIÉS » présente la carte «force, protection, enracinement» (carte « joker »). Vous n'avez donc rien à craindre de ce point de vue.
7. La carte « TRAVAIL - FINANCES » recommande la rhodochrosite.
Reportez-vous alors aux descriptions et significations de chacune de ces cartes afin d'interpréter votre tirage correctement en prenant en compte que ce sont ces cartes qui assurent globalement votre équilibre énergétique.

Exemples :
1. L'œil de fer est effectivement une carte de stabilité mais une autre carte pourrait bien révéler une carence dans ce domaine.
2. L'améthyste est une excellente pierre d'élévation en matière de spiritualité mais une autre carte pourrait déceler une carence, voire un excèsdans le domaine de la spiritualité. Interprétez ce tirage en fonction du chakra correspondant et des propriétés énergétiques de la carte que vous avez tirée.

Cette démarche doit être appliquée soigneusement à toutes les cartes de votre tirage.

Le risque de récession

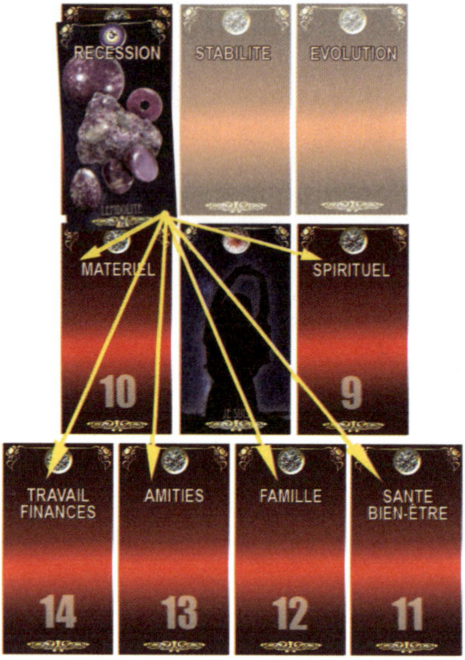

La carte tirée indique un risque général de récession énergétique dans un avenir plus ou moins proche. Il sera donc nécessaire d'éviter cette pierre. Reportez-vous à l'analyse de cette pierre pour essayer de comprendre pourquoi. Elle détermine une action récessive sur chacune des pierres de la suite de votre tirage.

Afin de préciser ce risque de récession énergétique, développez votre tirage dans le même ordre que précédemment. Chacune des pierres de votre tirage vous indique plus précisément quelle pierre vous devriez éviter dans chacun des domaines abordés : spirituel, matériel, santé-bien-être, famille, amitiés, travail-finances.

Comme précédemment, reportez-vous alors aux descriptions et significations de chacune de ces cartes afin d'interpréter votre tirage correctement en prenant en compte que ce sont ces cartes qui pourraient provoquer en vous des déséquilibres énergétiques et perturber l'harmonie des chacun des domaines de votre vie.

Les possibilités d'évolution

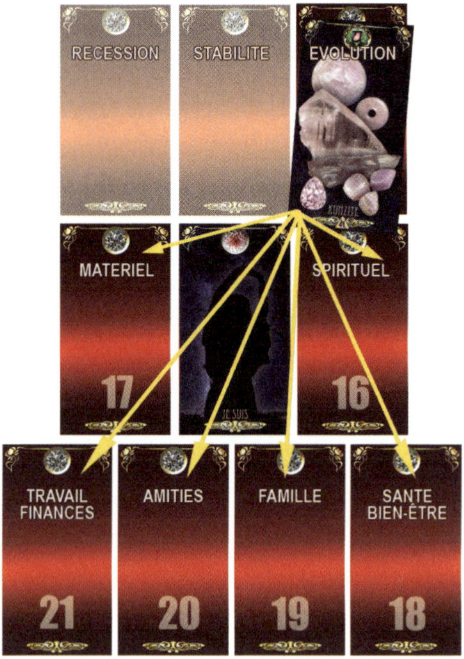

La carte tirée indique une possibilité globale d'évolution énergétique dans un avenir plus ou moins proche. Il est donc recommandé de l'utiliser dans les jours qui viennent si vous sentez que votre stabilité énergétique se dégrade.
Reportez-vous à l'analyse de cette pierre pour essayer de comprendre pourquoi. Elle détermine une possibilité d'évolution positive grâce à chacune des pierres de la suite de votre tirage.
Afin de préciser cette possibilité d'évolution énergétique, développez votre tirage dans le même ordre que précédemment. Chacune des pierres de votre tirage vous indique plus précisément quelle pierre vous est recommandée afin d'évoluer positivement dans chacun des domaines abordés: spirituel, matériel, santé-bien-être, famille, amitiés, travail-finances. Comme précédemment, reportez-vous alors aux descriptions et significations de chacune de ces cartes afin d'interpréter votre tirage correctement en prenant en compte que ce sont ces cartes qui pourraient aider à renforcer vos énergies et consolider l'harmonie de chacun des domaines de votre vie.

Une juste interprétation de cette méthode de tirage n'est pas toujours simple mais avec un bon entraînement et un peu d'expérience, cela vous semblera évident avec un peu de bon sens et de méticulosité.

TABLE DES MATIÈRES